推力

決定你的健康、財富與快樂

Nudge

IMPROVING DECISIONS ABOUT
HEALTH, WEALTH, AND HAPPINESS

理查·塞勒、凱斯·桑思坦◎著
Richard H. Thaler & Cass R. Sunstein
張美惠◎譯

推力 Nudge

目錄 CONTENTS

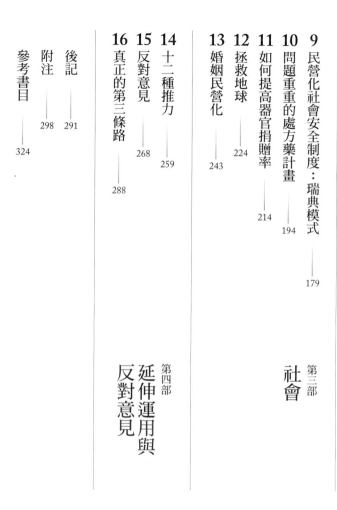

第三部
社會

第四部
延伸運用與反對意見

導讀：一種觀念與提醒

朱敬一

自凱因斯以降，經濟學家對於「大政府」與「小政府」之爭辯，已經持續了近七十年。二次大戰後美國取代英國成為經濟學研究的學術領導者，復因其對政府角色之主張相異而分為不同學派。主張大政府者多處麻州的哈佛、麻省理工學院，與加州的史丹福、柏克萊；而主張小政府者則集中於芝加哥大學。大政府學派瀕臨大西洋或太平洋，海水是鹹的，故稱為鹹水學派。小政府學派臨密西根淡水湖，故又稱淡水學派。其實，絕大多數的學者派別屬性沒那麼絕對，學術口味既嗜淡亦嚐鹹，媒體戲稱這些人為「帶有鹹味的淡水」(Brackish)派。

大政府派主張政府多做事、多提供社會福利保障，故公部門預算規模當然也比較大。但古往今來貪官汙吏之輩從不嫌少，故政府愈大，其易受政客之扭曲幅度自然也比較大。西方國家經常在大選年暴增其公共支出，以製造繁榮假象。臺灣政府亦常於大選前推出「一週一利多」，這些都是政府公權力受政客扭曲的明證。一九四九至一九七九年大約是大政府凱因斯學派的全盛時期；之所以大政府派會在三十年間由盛轉衰，多少也與該時期政客們毫不節制地濫增政府支出有關。

小政府主張政府少做少錯，盡量尊重市場機能。然而由於政府介入少，市場上優勝劣敗的衝擊自然也比較大，一概由人民自行承擔，這樣任憑市場力量運作，當然對弱勢群體較為不利，甚至可能產生弱者「永難翻身」的惡劣結果。小政府派最大的缺點，即在於其對社會弱勢者的冷漠。美國總統歐巴馬在競選期間譏笑共和黨小政府論者，談他們要讓人民自己決定前途（on our own），其實是讓人民自生自滅。相對的，主張大政府的民主黨人則希望政府多幫助人民，最好能將人民自危機邊緣拯救出來。

由芝加哥大學（經濟系）塞勒與（法學院）桑思坦兩位教授所撰寫的《推力》（*Nudge*）一書，嘗試在淡水與鹹水兩派之間尋得一個折衷，而他們認為其主張可以稱之為「第三條路」。塞勒與桑思坦用許多例子刻畫他們的想法。例如，學生餐廳的經理可以靠改變食物陳列位置，而引領學生做出「選用健康食品」的抉擇。政府可以稍微改變人民同意的方式，而大幅增進死後器官捐贈的比例。請客主人可以對客人時加提醒，而減少正餐前堅果零嘴的食用。這些例子都是經由某位資訊優勢者的提醒，而讓人們做出對自己更有利的選擇。因為前者只是做提醒而未做強制，最後的抉擇者還是個人，故作者以輕推（nudge）為其書名。兩位作者更以自由父家長制（libertarian paternalism）為名，刻畫其背後的哲學理念。

在政治哲學上，libertarianism可以譯作放任式自由主義，認為要「盡量」尊重個人自由，大概是小政府主張者的極限。paternalism可以譯為父家長制，認為人民這也不懂那也不懂，非得由「作之君、作之師」的父母官照顧料理，才能提高福祉。這大概是大政府主張者的極限。作者將這兩個字合起來，既贊成政府對個人加以推力、卻也強調最後還是要由個人選擇；既有大政府的父權關懷、也有小政府的個人選擇自由，其努力尋找中間路線的用心，確實是躍然紙上。

兩位作者都是學識基礎深厚之教授，不但學說背後有行為經濟學與心理學的理論基礎，且下筆輕鬆幽默，在隨手拈來的日常事例中驗證其學說，讀來頗為生動。如果將此書視為一種概念的彙整，我完全同意父母對子女適度輕推的重要性與必要性；但若將自由父家長制應用到政府，容許政客以此概念推行其政策，甚至形成一種政治哲學的新派別，我則有不小的質疑。

簡單的說，塞勒與桑思坦雖然臚列了許多輕推情境的條件與原則（例如要留給人們相當的選擇空間），但始終沒有交待「輕推」這個動作的主詞是誰、受詞又是誰？誰能決定自己是資訊優勢者、自己看得比別人清楚、自己可以決定自助餐菜色的排列、自己是智識優勢者、自己能推別人而不是被別人推的人？在兩位作者所舉的例子中，資訊優勢與理想的選擇方向都非常清楚，此時往哪個方向推，所有人都沒有異議，故輕推一把爭議不大。但是在現實社會中，有時候資訊優勢並不清楚；往東輕推最後會跑到花蓮、往西輕推最後落點在澎湖，那麼輕推的人幾乎就有主宰結論的生殺權，聽起來有些恐怖。例如諾貝爾獎得主愛羅（Kenneth

Arrow）著名的論點，就是議程設定常能主宰議事結論。因此，放任在議程上「輕推」，當然是十分危險的。此時，我倒認為輕推與費希金（Fishkin）所擔心的操控（manipulation），其實沒有多少差別。

我比較能夠接受的輕推，是一種觀念、一種提醒，而不是一種政策主張或政治哲學。讀者若能從這個角度切入閱讀，當然就能避開前述的「操控」陷阱。有了這樣的心理準備，這就是一本很值得參考的書。

朱敬一

二〇〇九、八、八

於南港中央研究院

前言

自助餐廳

我們的朋友卡洛琳負責某大都市的學校營養午餐事務，每天都有數百所學校的數十萬名學童在她的自助餐廳吃飯。卡洛琳接受過營養學的專業訓練（畢業自某州立大學），且極富創意，常能跳脫傳統思維。

她的朋友亞當是個很有統計概念的管理顧問，在連鎖超市服務。有天晚上喝了幾杯酒之後，兩人想出一個有趣的點子。他們要在學校餐廳進行一項實驗：菜色不變，但改變食物的排序與展示方式，看是否會影響孩子的選擇。卡洛琳找來數十所學校的自助餐廳管理人，請他們按照特定方式安排，例如有些餐廳的甜點要排在最前面，有些在最後面，有些則排在另外一列。其他食物的排列也都各不相同，有些將薯條擺在與眼睛同高的地方，有些則在同樣高度放置胡蘿蔔。

亞當依據他在超市的平面設計經驗，預期實驗結果會很驚人。他的預測是對的。卡洛琳只不過是調整食物的排列組合，便能夠讓許多食物的攝取量增加或減少二五％之多。她因此學到一個很重要的啟示：孩子和大人一樣，可以因環境的小改變而受到極大的影響。這種影響可以是正面，也可以是負面的，舉例來說，卡洛琳知道她可以藉此讓孩子多吃健康食物，少吃不健康的食物。

她不僅有數百所學校可以實驗，還有一群研究生志願協助蒐集與分析資料，她自信有很大的力量可以影響孩子的飲食習慣。卡洛琳開始思考應該如何運用這新發現的力量，她那些平常很真誠但偶爾會惡作劇的朋友與同事紛紛提供以下的建議：

1. 考量所有的因素之後，以最有利學生的方式安排。
2. 隨機排列。
3. 依據學生自行選擇的方式排列。
4. 以供應商提供最高回扣的食物能夠賣得最好為原則。
5. 追求最高利潤，其他免談。

選項1有明顯的優點，但似乎有侵擾學生權益之嫌，甚至可說是一種家長制（paternalistic）的管理方式。但其他選項更糟糕！選項2看似最公平最有原則，從某種意義來說也確實很中立。但如果各校都是隨機排列，必然會有某些學校的孩子比其他學校的學生吃得更健康。這樣合適嗎？如果卡洛琳可以輕易改善多數孩子的健康，她應該追求這樣的中立嗎？

選項3——盡可能仿效孩子會自行選擇的排列方式——似乎最能避免侵擾學生。也許這才是真正中立的選擇，也許卡洛琳應該讓孩子隨心所欲（至少在面對較年長的孩子時），但稍微思考一下就會發現這很難落實。亞當的實驗顯示，孩子的選擇與食物的排列方式有關。那麼孩子的真正好惡是什麼？所謂依據學生「自行選擇」的方式排列是什麼意思？任何自助餐廳都無法避免用某種方式排列食物。

選項4是貪官汙吏的最愛，使操控食物項目的排列不啻是另一項得以濫用權力的武器。但卡洛琳是正直的人，完全不考慮這個選項。不過假定卡洛琳認為最賺錢的餐廳就是最好的餐廳的話，選項5就會跟選項2、3一樣吸引她，但如果會因此損及孩子的健康，卡洛琳還應該追求最高的利潤嗎？更何況她的職責是為學區效力？

卡洛琳就是我們所謂的**選擇設計師**（choice architect），一個選擇設計師有責任安排人們做決定的環境。卡洛琳雖是我們虛擬的人物，但真實生活中其實有很多人在扮演選擇設計師的角色，只是多數人都不自知。如果你是選票的設計者，你就是選擇設計師；如果你是一個醫生，必須告訴患者還有哪些療法，你就是選擇設計師；如果你必須設計表格讓新進員工填寫後加入公司的醫療保險計畫，你就是選擇設計師；如果你為人父母，必須告訴子女有哪些教育上的選擇，你就是選擇設計師；如果你是個銷售員，你也是選擇設計師（想必你早已經知道了）。

選擇設計與建築設計有很多地方相似，一個很重要的相似處是不存在所謂「中立的」設計。試以設計新的學術大樓為例，建築師可能被告知必須達到某些條件，例如必須有一百二十間辦公室，八間教室，十二間學生會議室等等；大樓必須座落在特定地點，另外還要注意法律、美學、實務等各方面的許多限制。建築師終究必須設計出一棟具體的建築，要有門、窗、樓梯和走道。優秀的建築師很清楚，看似任意形成的決定——如廁所的位置——對建築使用者的互動將產生微妙的影響，因為每一次去洗手間都有可能遇見同事（不論這是好是壞）。成功的建築不只要美觀，還要兼顧「實用」。

下面的討論會告訴讀者，看似不重要的小細節也可能對人們的行為產生重大的影響。理想的經驗法則是假設「每件事都重要」。很多時候，小細節的影響力源自讓使用者的注意力集中到某個方向。一個讓你想不到的絕佳例子是荷蘭史基霍機場（Schiphol Airport）的男廁，設計者在每個便池裡刻了一隻黑色蒼蠅。很多男性小便時不太注意瞄準，結果當然搞得一團糟，但當他們看到一個標的時，自然會專注起來，瞄準率也就提高許多。想出這個點子的基布恩（Aad Kieboom）覺得效果太神奇了：「瞄準率改善不少。當人們看到蒼蠅時，自然會瞄準直射。」基布恩是經濟學家，主導史基霍機場的擴建，他的團隊進行蒼蠅實驗後發現外濺情形減少了八〇%。[1]

「每件事都很重要」的道理，一方面會讓人覺得綁手綁腳，但同時又讓人感到十分振奮。優秀的建築師很清楚，自己雖無法建造出完美的房子，卻可透過某些設計發揮正面的效果，例如開放的樓梯可增進人們工作時互動與走路的機會，而這兩者都是有益的。正如建築師終究必須決定某種建造方式，像卡洛琳這樣的選擇設計師也必須選擇某種排列食物的方式，從而不可避免地影響了學生的飲食習慣。換句話說，她可以發揮輕推（nudge）的力量。*

自由家長制

如果在考量所有的因素之後，你認為卡洛琳應該運用推力讓學生選擇對他們最有益的食物（亦即選項1），那麼歡迎你加入我們的新運動：**自由家長制**（libertarian paternalism）。我們很清楚，這個名詞恐怕不易立即引起讀者的認同，受到流行文化與政治刻板印象的拖累，這

* 請勿將nudge與noodge混為一談。沙懷爾（William Safire）在《紐約時報雜誌》（二〇〇八年十月八日）的「論語言」專欄裡談到：「意第緒語noodge是一個名詞，意指『嘮叨不休，不斷抱怨』。nudge則是『輕推或輕戳肋部，尤其是用手肘』。以此方式**輕推**是要『示警、提醒或溫和警告別人』，這與noodge惱人的無盡抱怨大不相同。」

兩個字確實讓人有些反感，更糟糕的是其中兩個概念似乎自相矛盾。那麼我們為何要將兩個飽受批評又互相矛盾的概念放在一起？其實只要大家有正確的理解，就會發現這個名詞只是反映一般常識——而且兩者加起來比個別來看更正向，問題出在這兩個詞已被教條主義者挾持。

先看第一個字「自由意志主義」——這部分代表我們堅信原則上每個人應該都能自由做他想做的事，遇到不合意的安排也可以選擇退出。自由家長制主張人應該有「選擇的自由」[2]——套用已故經濟學家傅利曼（Milton Friedman）的用語，我們希望設計出來的政策能維持或增進選擇的自由。我們用**自由意志主義**來修飾**家長制**，純粹是表示維護自由，而我們所謂維護自由，絕對是非常認真的。自由家長制認為應該讓人們輕鬆決定自己的選擇，凡是想要行使自主權的人都不應該覺得受到阻礙。

再看第二個字「家長制」——我們認為選擇設計師可以影響人們的行為，讓人們享有更長壽、更健康、更美好的生活。換句話說，我們贊成政府或民間機構刻意引導民眾朝對其有利的方向做選擇。依據我們的理解，「家長制」是指透過政策影響人們的選擇，使人們享有更好的生活，且所謂更好係**依據人們自身的判斷**。[3]從社會科學的一些研究來看，很多時候人們會做出極糟糕的決定——原因在於人們沒有充分注意該注意的事項，或是掌握的資訊不夠完整，認知力不足，自制力太差。

自由家長制是一種相對微弱、溫和、非侵擾性的家長制，因為人們的選擇並未受阻撓或必須承受額外的負擔。如果人們想要抽菸，或吃很多糖果，或選擇不適當的醫療保險，或不存退休金，自由家長制不會強迫他們改變——甚至不會增加他們做那些事的難度。但這終究還是一種家長制，因為公私領域的選擇設計師都不只是追蹤或落實人們期望的選擇，而是刻意讓人們朝對其有利的方向做選擇，這正是我們所謂的推力。

選擇設計中若有任何元素嘗試讓人們的行為朝可預期的方向改變，但沒有禁止人們做其他選擇或大幅改變其經濟誘因，便可稱之為推力。既然是輕輕的推力，就表示這樣的介入可以用很少的成本輕易避開。推力不是命令，例如將水果擺放在與眼睛同高的架子可稱為推力，禁止垃圾食物則不是。

我們推薦的許多政策其實已在民間實施（有些是在政府的輕推之下，有些沒有）。本書探討的許多例子裡，雇主便是很重要的選擇設計師。在醫療與退休計畫這兩個領域裡，我們認為雇主確實可以提供員工很有助益的推力。有些民間企業除了賺錢之外也有心為善，這些企業甚至可以從環保推力中得益，有助於減少空氣汙染及溫室氣體排放。事實上，民間機構適合採行自由家長制的理由同樣適用於政府部門，後文會有更詳盡的討論。

一般人與經濟人：推力為何能發揮作用

反對家長制的人常說人類很擅於選擇，即使不能做到十全十美，至少會比別人代為選擇更好（尤其當那個別人是政府官員時）。不論有沒有學過經濟學，很多人似乎都認同（至少暗地認同）**經濟人**（*homo economicus*）的概念——亦即相信每個人的思考與選擇永遠是理性的，符合經濟學教科書對人類行為的描述。

經濟學教科書告訴我們，經濟人具有愛因斯坦的思考力，IBM深藍超級電腦的記憶力，甘地的堅強意志。但真的是這樣嗎？我們周遭好像沒有這樣的人。真實的情況是很多人若沒有使用計算機根本不會長除法，有時會忘了配偶的生日，新年夜往往沒有節制地喝到掛。這些人不是經濟人，而是很普通的人類（*homo sapiens*）。為了避免使用太多拉丁文，從現在開始我們提到這兩種想像與真實的人類時將分別稱為經濟人與一般人。

試以肥胖的問題為例。美國的胖子比例已逼近二〇％，超過六〇％的人被視為肥胖或過重。全球約有十億成人體重超重，其中有三百萬人達肥胖程度。肥胖盛行率在日本、中國及非洲部分國家不到五％，但在薩摩亞都會區卻超過七五％；依據世界衛生組織的資料，北美、英國、東歐、澳洲、中國的一些地方，肥胖盛行率自一九八〇年以來增加了三倍。已有太多證據顯示肥胖會使心臟病與糖尿病的罹患機率提高，且常導致早夭。那麼再說人人都會選擇正確的，或是要有一些推力才會有人選擇的飲食方式，真的是天方夜譚了。

當然，一般人在意的不只是健康，還有美味，況且吃本身就是快樂的一大來源。我們並不是說過重的人都必然不理性，但我們確實不認為所有（或幾乎所有）的美國人在飲食上都能做最好的選擇。同樣的道理也適用於其他具有風險的行為，如吸菸或喝酒——每年超過五十萬人因菸酒提早結束生命。以飲食與菸酒而言，人們目前的選擇實在不能稱為增進健康的最佳方法。事實上，許多人願意付錢給第三人幫助他們在這些方面做更好的決定。

本書的主要資訊來源是新興的選擇科學，以過去四十年來社會科學家的審慎研究結果為基礎。這些研究讓我們對人類許多判斷與決定的理性成分產生嚴重的懷疑。所謂經濟人並不需要有能力做出正確的預測（只有無所不知的人才能做到），但必須能做出客觀的預測。也就是說，預測可能會錯誤，但不會常態性地朝可預測的方向出錯。一般人不同於經濟人的地方在於他們會犯下可預期的錯誤。試以「規劃謬誤」（planning fallacy）為例——這是指對計畫完成所需的時間一貫抱持不切實際的樂觀態度。任何人只要雇用過承包商都知道，所有的工作都會比你預期的時間拖更久，即使你早已知道規劃謬誤也無法避免。

太多的研究證實人類的預測充滿了瑕疵與偏見，人類的決策能力也好不到哪裡去，「維持現狀的偏見」就是一個例子（意思就是惰性，只是換個較花俏的名詞）。基於下面將要探討的種種原因，人類就是有強烈的傾向要維持現狀或預設的選項。

例如當你買新手機時，你要做一系列的選擇。手機愈花俏，可以選擇的項目就愈多，包括螢幕背景圖片、鈴聲、響幾聲開啟語音信箱等等，製造商已就每一項目選定一個預設值。研究顯示，不論預設選項是什麼，很多人都不會改變，即使面對的是風險高很多的事情（而不只是鈴聲而已）。

這些研究帶給我們兩個重要的啟示。第一，絕不要低估惰性的力量；第二，這個力量可以被運用。如果民間企業或政府官員認為一項政策可以得到更好的結果，只要將該政策訂為預設選項，就可大幅增加該結果實現的機率。設定預設選項或其他看似瑣碎的類似策略（如改變選單），對結果會有很大的影響，包括提高儲蓄、改善醫療保險、鼓勵器官捐贈等等，後文都會有詳盡的討論。

溫和的推力就可發揮很大的力量，預設選項的效果只是其中一例。依據我們的定義，推力是指任何能夠有效讓一般人改變行為的做法，雖則對經濟人可能毫無效果。經濟人主要受誘因影響，如果政府課徵糖果稅，他們就會少買糖果，但他們不會受選項排列順序這類「不相干」的因素左右。一般人也受誘因牽引，但同時受推力的影響。*我們若能適度運用誘因與推力，將更有能力改善人們的生活，解決社會上許多重大的問題，而且不必犧牲每個人的選擇自由。

錯誤的假設與兩種誤解

很多主張自由選擇權的人反對任何形式的家長制，希望政府能讓人民自己選擇。這種觀念衍生出的標準政策就是盡可能提供最多的選項，然後讓人民選擇自己最喜歡的（過程中政府盡量不要干預或施加推力）。這套思維的優點在於為許多複雜的問題提供簡單的解決方案：只消盡可能擴大選項就好了（即提供種類與數量最多的選項）——其他一概不用管！從教育到處方藥保險計畫——很多領域都有人推動這樣的政策。很多時候，「盡可能擴大選項」甚至變成了政策緊箍咒。有些人認為若不這麼做，就只剩一條路可走——透過政府命令採行「一體適用政策」。這些人忽略了盡可能擴大選項與單一命令之間還有很多空間，他們反對（或自以為反對）家長制，對推力充滿懷疑，我們相信這種懷疑導因於一種錯誤的假設與兩種誤解。

所謂錯誤的假設，是誤以為幾乎所有人在絕大部分的情況下都會做出最符合自身利益的

＊警覺性高的讀者會注意到誘因有很多種形式。如果我們透過具體行動提升人們的認知能力——例如將水果放在與眼睛等高處，糖果放到較不明顯的地方——或許讓人們選擇糖果的「成本」提高了。從某種意義來說，我們的某些推力的確會產生認知（而非實質）的成本，從而改變了誘因。唯有當成本很低時，推力才能稱為推力，也才符合自由家長制的定義。

選擇，或至少會比別人代其選擇更有利。我們要指出這是錯的——而且錯得很明顯。事實上，多數人只要略加思索一定會發現。

請想像一個新手要和一個老手對奕，可以預見前者會因選擇不當而敗北——但只要提供一些提示就可輕易改善他的選擇。很多時候，一般消費者就像那位新手，必須與許多試圖賣產品給他的老練專家交手。一般而言，人能做出多好的選擇是個經驗問題，答案要視情況而定。照理說，如果人們具備做這件事的經驗、掌握充分的資訊且能得到立即的反饋，應該可以做出較佳的選擇——如選擇冰淇淋口味時。反之，當人們對所選擇的事物沒有經驗、掌握的資訊不多、未能快速或經常得到反饋時，則會選得比較差——例如要在水果與冰淇淋之間做選擇（無法快速明確得知長期下來對健康的影響，且很難獲得清楚的反饋），或例如要在不同的治療方式或投資組合之間做選擇時。如果你必須在五十種處方藥計畫之中做選擇，且每一種各有不同的複雜特點，你可能會需要一點幫助。只要人們無法做出完美的選擇，調整選擇設計就可能讓人們的生活過得更好（所謂更好當然是依據當事人的判斷而非官僚的標準）。透過選擇設計改善人們的生活不僅可行，很多時候甚至可以輕易做到，後文會提供許多例子。

接下來再談兩個誤解。第一個誤解是以為我們可以避免影響人們的選擇。很多時候，有些機構或個人**不得不**做出影響他人行為的選擇。這種情況下不可能不運用推力讓人們朝某個方向前進，不論有心或無意，這些推力總會影響人們的選擇。以前述卡洛琳的餐廳為例，人們的選擇必然廣泛受到選擇設計的影響。誠然，有些推力是無心的，例如雇主決定按月或雙週付薪一次並不是為了提供任何推力，但可能會驚訝地發現後者可讓員工存下較多錢，因為每年會有兩個月收到三張支票。公私機構也確實可以努力維持中立——例如採取隨機選擇制或努力瞭解人們真正想要的是什麼，但無心的推力也可能產生很大的影響，有時候，這種形式的中立並不可取，下面會舉很多例子說明。

很多人談到民間機構時很樂意接受這一點，卻強力反對政府以改善人民生活為目標而影響民眾的選擇。他們唯恐民意代表與官僚將自己的利益擺在前面，或是只著眼於某些民間團體的狹隘目標。這些意見我們都能理解，政府部門當然可能會犯錯、懷有偏見或逾越分際，有時甚至相當嚴重。我們之所以認為推力優於命令、規定、禁令，一部分也是基於這個原因。但就像自助餐廳一樣（事實上很多自助餐廳都是政府經營的），政府總得提供一個起始點，這是無可避免的。後文會一再提到，政府時時透過某些規則提供起始點，也就會影響人們的選擇與後續的結果。從這個觀點來看，反對推力的立場毫無助益——只會讓人鑽進死胡同。

第二個誤解是認為家長制必然會涉及強迫手段。以前述自助餐廳的故事為例，選擇食物的排列順序並不會強迫任何人吃什麼食物，但卡洛琳（或身處該職位的任何人）確實可依據我們所定義的家長制的思維做特定的安排。話說回來，如果在小學的自助餐廳裡將水果與沙拉擺在甜點之前，從而促使孩子們多吃蘋果少吃奶油夾心蛋糕，有人會反對這麼做嗎？如果顧客不是小孩而是青少年或成年人，本質上有任何不同嗎？既然這裡面並未涉及強迫，我們認為即使對那些最強力擁護自由選擇權的人，某種形式的家長制應該是可以接受的。

下面會就儲蓄、器官捐贈、婚姻、醫療保險等各種不同領域提供立場一貫的建議。我們既堅持選擇權不能受限，因此設計不良或甚至貪汙腐敗的風險應可大減，一旦遇到低劣的選擇設計，自由選擇還是最佳保障。

選擇設計實例

選擇設計師若能設計出對使用者很友善的環境，便可大幅改善人們的生活。很多成功的企業能夠對社會有貢獻或在市場上占有一席之地，正是基於這個理由。有些選擇設計非常明顯，能夠讓消費者與雇主感到滿意。（iPod與iPhone是很好的例子，兩者不僅造型很炫，也能真正滿足使用者的需求。）有些選擇設計被視為理所當然，這種情況下若能喚起大家的注意應該會有更好的效果。

試以我們的雇主芝加哥大學為例。就像許多大企業一樣，芝加哥大學每年十一月有一段「開放加入期」，期間員工可就健康保險、退休儲蓄等福利修正參加的條件。員工必須上網做選擇（無法上網的人可利用學校提供的公共電腦）。學校會以傳統的郵寄方式寄給每位員工一份資料，告知如何登錄與選擇；員工另外還會收到書面與電郵提醒。

員工都是凡人，總有些人會忘了登錄，對那些較忙碌或健忘的人，預設選項的設計便顯得格外重要。為簡化問題，我們且假設沒有上網選擇的人有兩種結果：一是維持前一年的選擇，一是回復為「零」。假設有一位員工珍妮去年提撥一千美元到退休金帳戶，新的一年她沒有做選擇。預設選項的設計可以有兩種，一種是預設為繼續提撥一千美元，另一種是設定為不提撥。我們不妨分別稱之為「維持現狀法」與「歸零法」，選擇設計師應該選擇何者作為預設選項呢？

主張自由家長制的人會先探討，像珍妮這樣有思考力的員工真正希望的是什麼。這個原則未必能導出清楚的選擇，但絕對優於隨機設計預設選項，或不論碰到什麼情況都將「維持現狀法」或「歸零法」設定為預設選項。舉例來說，我們可以合理推斷多數員工不會想要取消有優渥補助的健康保險，因此，將預設選項設定為維持現狀（與前一年相同）絕對優於歸零（即沒有健康保險）。

再拿員工的「靈活運用帳戶」來做比較，這是指員工每個月撥出一筆錢來支付特定支出（如未保險的醫療費或育兒費）。這筆錢必須在一年內花掉，不能留到隔年，且每年的預估金額可以有很大的差異（例如孩子上學之後育兒費便會下降）。在這種情況下，預設選項採取歸零法會比維持現狀法合理。

這是很具體的問題。我們曾與學校三位高階主管討論相關問題，會議舉行的時間恰是員工開放加入期的最後一天。我們詢問三位主管是否記得登錄的期限，一人說他打算當日完成，很高興我們提醒他；第二位承認根本忘了；第三位說希望他的太太沒有忘記！接著我們便開始討論補充薪金扣減計畫的預設選項如何設計較恰當（那是一種可節稅的儲蓄計畫）。在此之前預設選項一直是「歸零制」，但考量提撥的動作隨時可停止，大家一致同意最好轉換為「與前一年相同」的維持現狀制。我們確信很多心不在焉的教授將因此享有較舒適的退休生活。

這個例子凸顯出高明的選擇設計具有一些基本特點：做選擇的都是凡人，設計者應盡可能讓選擇的過程方便簡單。除了寄發提醒通知之外，也要知道不論設計者（以及當事人）多麼努力，總有些人會搞不清楚，在設計選擇機制時要盡量減低這些人的負擔。上面所探討的（以及更多的）原則都可適用於公私領域，除了目前的作為之外，我們還有很多努力的空間。

新的道路

後文對於民間的推力有很多討論，但自由家長制主要還是應用在政府部門，我們會提出一些建議作為公共政策與法律制定的參考。我們希望也相信自由家長制的政策能獲得保守派與自由派的同心支持。事實上有些政策已獲得英國保守黨領袖柯麥隆（David Cameron）及美國民主黨總統候選人歐巴馬大力支持（編按：英文版問世時，歐巴馬尚未當選）。主要原因是其中很多政策的成本極低（甚至是零），對納稅人完全不構成負擔。

現在很多共和黨員不再以單純反對政府的措施為滿足。卡崔娜颶風的經驗顯示人民會要求政府採取行動，因為這是集結、組織與分配必要資源的唯一方法。共和黨當然希望改善人民的生活，他們只是對於減少人民的選擇機會抱持合理的懷疑。

事實上，很多民主黨員對強勢政府也不是那麼熱衷支持。理性的民主黨員當然希望政府能改善人民的生活，但在很多領域裡，他們也開始認同自由選擇權是制定公共政策時一個重要甚至不可或缺的基石。可見在這個部分兩黨確實有機會找到交集。

而促進兩黨共識的一個重要基礎就是自由家長制。在許多領域——如環保、家事法（family law）、選校權——我們認為高明的管理不在於政府的規定與限制，而應著重選擇的自由。如果能以誘因與推力取代規定與禁令，自然能朝向小而美的政府發展。簡而言之：**我們並不支持大政府，而是主張增進政府的效能。**

事實上，許多證據可以證明我們的樂觀並非一廂情願（雖則我們要承認這種樂觀或許帶有偏見）。例如在儲蓄的議題上，自由家長制（詳見第六章）在美國國會已獲得兩黨廣泛而熱烈的支持，包括現在與前任的共和黨參議員，如猶他州的班奈特（Robert Bennett）、賓州的山多倫（Rick Santorum），還有民主黨員如伊利諾州的伊曼紐（Rahm Emanuel）。其中一些重要概念已在二〇〇六年悄悄制定成法律，新的法令將幫助許多美國人享有更舒適的退休生活，同時完全不會造成納稅人的負擔。

簡單地說，自由家長制非左非右，非民主非共和。在很多地方，我們看到深思熟慮的民主黨員已不再一味支持縮減選項的方案，很多深思熟慮的共和黨員對具有建設性的政府措施也不再憑直覺反對。儘管兩黨有許多歧見，我們希望雙方能夠攜手共同提供一些溫和的推力。

第一部
一般人與經濟人

Nudge

1 偏見與謬誤

請看看這兩張桌子：

假設你考慮要將其中一張擺在客廳當咖啡桌，你認為兩張桌子的尺寸各是多少？猜猜看長與寬的比例又是多少？請憑肉眼觀察。

如果你與多數人一樣，一定以為左邊那張比右邊的長而窄。一般猜測左邊的長寬比是三：一，右邊是一．五：一。現在請拿出尺來量量看，你會發現兩張桌面一模一樣。你可以多量幾次，因為這種情況真的不是眼見為憑。（塞勒與桑思坦到常去的餐廳吃午餐的時候，塞勒拿這張圖給桑思坦看，後者立刻抓起筷子來量。）

這個例子告訴我們什麼？如果你以為左邊那張比

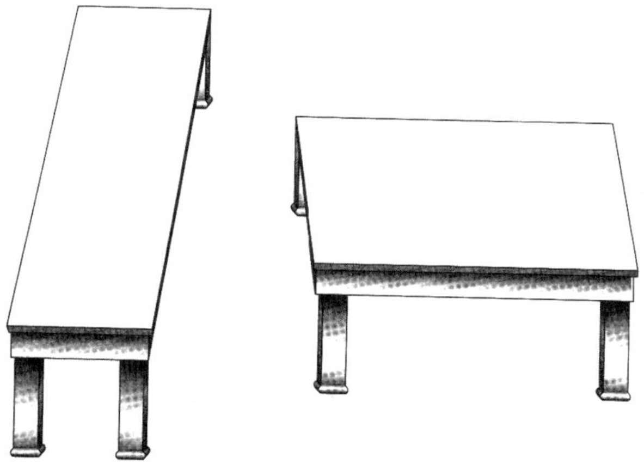

圖1-1　兩張桌子（取材自薛帕〔Roger Shepard〕的資料〔1990〕）

右邊的長而窄，可以確定你是正常人。你一點問題都沒有（至少從這個測驗看不出來）。但你的判斷顯然是偏頗的，而且這在我們的預料之中。沒有一個人認為右邊的桌子比較窄！你不僅錯了，而且很可能自以為正確。如果你願意的話，下次當你碰到另一個正常但喜歡打賭的人，例如在酒吧時，大可以利用這張圖小賺一筆。

接著請看圖1－2。這兩個圖形看起來一樣嗎？如果你是正常人，視力也不差，大概會說是一樣的（答案正確）。其實這兩個圖形正是圖1－1的桌面，只是去掉了桌角且調整了角度。正是桌腳與角度讓人在看圖1－1時產生不一樣的錯覺，去掉這兩項因素，便可讓我們的視覺系統恢復到平常高度精確的狀態。＊

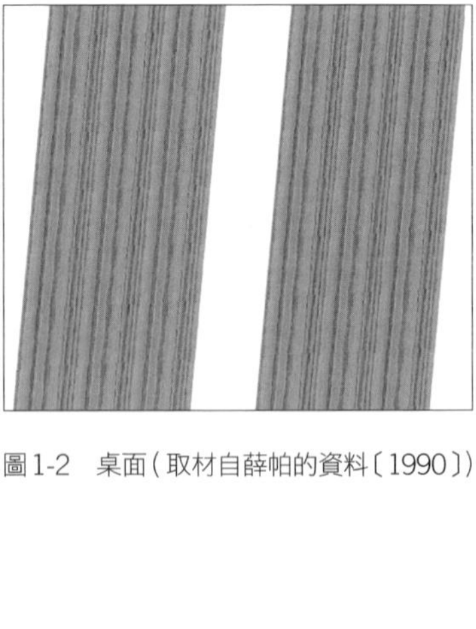

圖1-2　桌面（取材自薛帕的資料〔1990〕）

這兩張圖反映了行為經濟學家從心理學那裡學到的一個重要觀點。在正常的情況下人腦可以發揮極佳的功能，我們可以認出多年未見的人，理解本國語言的複雜邏輯，跑完一段階梯而不跌倒。有些人會說十二國語言，改良最精密的電腦，創造出相對論。但即使是愛因斯坦大概也會被這兩張桌子騙過去，這並不是說人腦有什麼問題，而是說我們如果能認清一般人一再犯錯的地方，對人類的行為必然會有更深刻的瞭解。

要達到這個目的，首先要探討人類思維的某些層面。心理學家兼藝術家薛帕便是對視覺系統有所瞭解，才能畫出前述引人錯覺的桌子，他知道怎樣畫才能把我們的腦子引向歧途。另外有人則是因深諳認知系統的機制，而發掘出人類一貫的偏見。

我們的思考方式：兩種系統

人腦的運作方式確實讓人有些困惑。我們怎會在做某些事時如此聰明，有些事卻那麼無知？貝多芬失聰之後還能寫出偉大的第九號交響曲，家裡的鑰匙卻常常不知道放在哪裡——這其實一點都不讓人驚訝。但一個人怎會同時那麼聰明又那麼愚蠢？很多心理學家與神經科學家對人腦的運作方式有相當一致的描述，很有助於瞭解這些看似矛盾之處。專家認為人類的思考方式主要可分為兩種：一種是直覺、不假思索的，另一種是思考、理性的。[1]第一種我們稱為自動系統（Automatic System），第二種稱為省思系統（Reflective System）。（心理學有時稱之為系統一與系統二。）兩種系統的主要特點列在表1－1。

＊這裡面的關鍵是垂直線看起來比水平線長，所以聖路易大拱門（Gateway Arch）看起來高度大於寬度，其實兩者相等。

表1－1　兩種認知系統

自動系統	**省思系統**
無法控制	可控制
不費力	要費力
聯想性思考	演繹性思考
快速	緩慢
無意識	能自覺
講求技巧	遵循規則

自動系統很快速，屬於（或感覺像是）直覺反應，與我們一般認定的**思考**無涉。例如當一顆球突然朝你飛來你會立刻躲開，或搭飛機遇到亂流時會心情緊張，或看到可愛的小狗會不自覺面露微笑，這都是運用到自動系統。腦部科學家說自動系統的活動與腦部最古老的部位有關，人腦的這個部位與蜥蜴（或小狗）差異不大。[2]

省思系統比較屬於刻意、自覺的作為。當別人問你：「四一一乘以三十七是多少？」你會用到省思系統。多數人在考量開車到某地應走哪一條路線，或是應該讀法學院或商學院時，也可能用到省思系統。我們在寫這本書時（多半）運用的是省思系統，但有時候在洗澡、散步時並沒有想到這本書，腦中卻會冒出一些構想，這些可能便是來自自動系統。（民眾在投票時似乎主要仰賴自動系統。[3] 一個候選人若是給人的第一印象不佳，或試圖以複雜的論述與統計資料贏取選票，恐怕不太有勝算。）*

多數美國人對以華氏表示的溫度會做出自動系統的反應，對攝氏度數則要運用省思系統理解；歐洲人恰好相反。一般人使用本國語言時用的是自動系統，嘗試說外語時則要用到省思系統，真正具有雙語能力的人應該是在說兩種語言時都使用自動系統。傑出的棋手與專業運動員都有很好的直覺，能夠透過敏銳的自動系統快速評估複雜的狀況，並以驚人的精準度與超凡的速度做出反應。

自動系統就好比是你的直覺反應，省思系統則是有意識的思想。直覺有時候很準確，但我們往往因過度倚賴自動系統而犯錯。自動系統會告訴你：「飛機搖晃得厲害，我要死了！」省思系統的反應則是：「飛機很安全的！」自動系統會告訴你：「那隻大狗會咬我。」省思系統的回答是：「多數寵物其實都很乖。」（在這兩種情況下，自動系統都會不斷大聲嚷嚷。）一開始自動系統完全不知道如何打高爾夫或網球，但經過無數小時的練習之後，一個傑出的高爾夫球員可以避開思考，倚賴自動系統——他們就像其他優秀的運動選手一樣，很瞭解「想

* 只需請民眾快速看看候選人的照片，說出哪一個人看起來比較有能力，就能極準確預測國會大選的結果。受測試的學生根本不認識那些候選人，但依據他們的判斷，有三分之二的人都當選了！（托德洛夫〔Toderov〕等人〔2005〕；班傑明〔Benjamin〕與夏培洛〔Shapiro〕，2007）

太多」是危險的，還不如「信賴直覺」或者「做就對了」。自動系統的訓練仰賴不斷重複練習——但這種練習需要投入大量的時間與心力。青少年開起車來比較危險，原因之一是他們的自動系統還未做過太多練習，運用省思系統又比較緩慢。

下面的測驗可以幫助你瞭解直覺的運作方式。下面有三個問題，請寫下你想到的第一個答案，答完之後再想一想。

1. 球拍與球售價合計一．一美元，球拍比球貴一美元，請問球賣多少錢？
2. 五部機器可在五分鐘內做出五個產品，那麼一百部機器要花幾分鐘才能做出一百個產品？
3. 池塘裡有一整片蓮葉。蓮葉的規模每天擴大一倍，四十八天後能布滿整個湖面。請問布滿半個湖面要幾天？

你的第一個答案是什麼？多數人答十美分、一百分鐘和二十四天，但這些答案都是錯的。只要你想一下就知道為什麼了。如果球的售價是十美分，球拍比球貴一美元，合起來應是一．二美元而不是一．一。任何人只要檢查一下他的答案，就一定不會這樣回答。但佛萊德瑞克（Shane Frederick）的研究（2005）顯示，上述這個答案最常見，即使是優秀的大學生也不例外。

（他稱這一系列的問題為認知反射測試〔cognitive reflection test〕。）

正確的答案是五美分、五分鐘和四十七天。當然，你應該已經知道了，至少你若問過你的省思系統就知道了。經濟人在做任何重要的決定之前都會先徵詢省思系統（如果有時間的話），但一般人有時會聽任內在的蜥蜴提供答案而未細加思考。如果你喜歡看電視，應該知道《星艦迷航記》（*Star Trek*）裡的史巴克，你可以把他想成永遠由省思系統掌控的代表人物。（柯克船長：「史巴克先生，你設計的電腦太棒了。」史巴克：「船長，你過獎了！」）反之，卡通《辛普森家庭》裡的荷馬（Homer Simpson）似乎根本忘了他的省思系統丟到哪裡去了。（有一集談到槍枝管制，荷馬跑去買槍，店員告知他法律規定要等待五天才能買，他回答：「五天？可是我現在就氣瘋了！」）

本書的一個主要目標是探討如何讓世上眾多的荷馬·辛普森（以及潛藏在我們心中的荷馬）過得更愉快、更安全。如果人們可以倚賴自動系統而不致惹上嚴重的麻煩，一定可以活得更輕鬆、更愉快、更長壽。

經驗法則

多數人的生活相當繁忙，不可能花太多時間思考與分析每件事。當我們必須做判斷時，如猜測安潔莉娜裘莉（Angelina Jolie）的年齡或克里夫蘭到費城的距離，便仰賴簡單的經驗法則，因為多數時候都能找到快速有用的答案。

事實上，有一位叫帕克（Tom Parker）的人還編了一本《經驗法則》（*Rules of Thumb*），內容是他請朋友寄給他的經驗法則實例。包括：「一顆鴕鳥蛋可供應二十四人的早午餐」、「一般大小的房間裡若有十個人，每小時可讓溫度提高一度」、「大學餐會上，若有二五％的客人來自經濟學系，肯定會破壞談話氣氛」——最後這一點後文會再討論。

經驗法則可以很有用，但也可能引發一貫的偏見。數十年前由兩位以色列的心理學家——特佛斯基（Amos Tversky）與卡尼曼（Daniel Kahneman）——率先提出這個觀點（1974），從而改變了心理學家（乃至經濟學家）對人類思考的看法。他們在最早的作品中指出三種捷思法（heuristics）或經驗法則——定錨（anchoring）、可得性（availability）、代表性（representativeness）——及其相關的偏見。這套方式後來被視為是以「捷思法與偏見」的角度來研究人類的判斷力。近年來，心理學家逐漸瞭解這些捷思法與偏見乃是自動系統與省思系統交互影響的結果。下面且一一說明。（譯按：捷思法是指運用經驗法則，有根據地猜測或直覺判斷快速獲致解決問題的方式。）

定錨

假設我們要猜測密爾瓦基市（Milwaukee）有多少人口（密爾瓦基在我居住的芝加哥北邊，開車約兩小時）。我和桑思坦對密爾瓦基都沒有什麼認識，只知道是威斯康辛州的最大城。那麼我們要從何猜起？一個可能的方法是從已知的猜起，我們知道芝加哥的人口約三百萬。於是我們想：密爾瓦基是個大城市，但當然沒有芝加哥那麼大。嗯，也許三分之一吧，大約一百萬。再假設某人來自威斯康辛州的綠灣（Green Bay），她被問到同一個問題，同樣不知道答案。但她知道綠灣約有十萬人，密爾瓦基比較大，猜想可能是三倍大吧——於是她猜人口三十萬。

這個過程叫作「定錨與調整」，你先找出一個定錨——亦即你知道的數字，然後朝你認為適當的方向調整。聽起來似乎沒什麼大問題，會發生偏差通常是因為調整的幅度不夠。多次研究顯示，碰到類似問題時，來自芝加哥的人常會猜得太多（因其定錨較高），來自綠灣的人則會猜得太少（因其定錨較低）。正確答案：密爾瓦基的人口是五十八萬。[4]

即使是明顯不相干的定錨也常會滲進決策過程中。讀者不妨試試這個問題：請將你的電話號碼後三碼加上兩百，然後將這個數字寫下來。你認為匈奴王阿提拉（Attila the Hun）何時侵入歐洲？那個年份比你的數字大或小？你能猜得多準？（提示：在西元後。）即使你對歐洲史不太瞭解，也不論阿提拉何時做了什麼，你總知道那個年份與你的電話號碼沒什麼關係。但當我們拿這個實驗給我們的學生測試時，猜測的年份晚了三百年以上者，多半是定錨高的學生。（答案是西元四一一年。）

定錨甚至會影響你對自身生活的觀感。有一項實驗詢問大學生兩個問題：一、你快樂嗎？二、你多久約會一次？當依這個順序詢問時，兩個問題的關聯性很低（點一一）。但如果倒過來先問多久約會一次，關聯性便劇增至點六二。顯然在約會頻率的提示下，學生會使用「約會捷思法」來回答快樂與否的問題。「天啊！我都不記得上一次約會是什麼時候了！我也太悲慘了吧。」夫妻之間也有類似的反應，只是多久約會一次必須改為多久做愛一次。[5]

依據本書的用語，定錨具有輕推的功能。在特定情況下，我們可以用非常不明顯的方式提議你從某個點開始思考，從而影響你選擇的數字。例如當慈善機構請你捐款時，通常會提供一○○元、二五○元、一○○○元、五○○○元及「其他」等選項。承辦人員如果稍有概念，這些數字應該不是隨機訂定的，因為這些數字會影響捐款的多寡。提供上列選擇必然會比提供五○元、七五元、一○○元、一五○元的選項募得更多捐款。

在很多領域裡，證據都顯示你要的愈多，得到的愈多（當然是指在合理範圍內）。律師在控告香菸公司時，常能爭取到天文數字的賠償，一部分是因為他們成功地引導陪審團定錨在百萬美元的單位。厲害的談判高手可以為客戶爭取到絕佳的條件，通常是因為他們一開始提出的條件讓對手覺得最後只付一半是撿到大便宜。

可得性

颶風、核能、恐怖主義、狂牛症、鱷魚攻擊、禽流感——這些事有多值得你擔心？你應該花多少心思避開相關風險？面對日常生活中的種種風險，你究竟應該怎麼做才能防患未然？

要回答這些問題，多數人運用的是所謂可得性捷思法。他們在評估風險時會以類似的例子是否容易想起為依據，如果很容易就可想起類似的例子，他們感到害怕或擔憂的機率會高很多。相較於不熟悉的風險（如曬傷或熱浪），熟悉的風險（如九一一後的恐怖主義）會讓人覺得比較嚴重。殺人案比自殺案更常聽到，因此人們常誤以為被殺的人多於自殺者。

與可得性有密切關聯的還有親近性與顯著性，這兩者也都很重要。如果你曾親身經歷大地震，會比你只在週刊讀過地震消息更容易相信地震可能發生。同樣的道理，鮮明、易想像的死因（如龍捲風）往往被高估發生的頻率，較不鮮明的死因（如氣喘）則被低估，即使實際的頻率要高得多（氣喘是龍捲風的二十倍）。同樣的道理，晚近發生的事會比久遠以前的事更容易影響我們的行為與恐懼感。在這些非常容易聯想的例子裡，自動系統很清楚其中的風險（可能過度清楚了），無需訴諸無趣的統計資料。

可得性捷思法有助於我們瞭解許多與風險相關的行為，包括公私部門採取防範措施的做法。例如民眾要不要購買天然災害險便深受最近的經驗影響[6]，地震剛發生時常能帶動地震保單熱賣，但隨著記憶逐漸消退，熱潮也穩定下降。如果最近都不曾淹水，住在淹水區的人買保險的機率便低很多。此外，如果你認識曾經歷淹水的人，不論自己有沒有經歷過，也比較可能買保險。

當我們要因應危機事件、事業抉擇與政治決策時，偏頗的風險評估可能會造成很不利的影響。當網路股當紅時，人們可能會跟著買，即使那時候已經不是聰明的投資。或例如有的人誤以為某一類風險特別高（如核能電廠意外），某一類風險相對較低（如中風）。這類誤解可能會影響公共政策，因政府在分配資源時可能會迎合民眾的恐懼心理，而非因應最可能發生的危險。

當「可得性偏差」作祟時，若能將人們的判斷朝真實的機率輕推，無論公私部門的決策品質都能獲得提升。例如要提高人們對某件事的恐懼感，一個很好的方法是提醒他們相關的意外；若要提振人們的信心，則可提醒他們曾經發生類似的情況而最後一切圓滿解決。容易記憶的事件往往會讓人誤以為發生的頻率較高，反之，如果一時無法想起類似的事件，人們對發生頻率的判斷又容易過度低估。

代表性捷思法

第三種基本捷思法叫做代表性捷思法。你可以把它想成相似性捷思法，當你（尤其是你的自動系統）要判斷A是否可能歸類到B時，你會問自己A與你（刻板）印象中的B有多相似（亦即A是否能「代表」B）。就像前面提到的兩種捷思法，人們會使用這個捷思法也是因為很好用。例如我們認為二〇〇公分的美國黑人比一六八公分的猶太人更有可能是職業籃球員，因為我們知道有很多高大的黑人籃球員，卻沒有太多矮小的猶太籃球員（至少現在沒有）。刻板印象有時還滿正確的！

當相似性與發生的頻率不一致時，偏見同樣可能悄悄滲入，「琳達」的實驗是最有名的證據。在這項實驗裡，參與者被告知：「琳達三十一歲，單身，聰明而敢言，主修哲學。作為一個學生，她很關切社會歧視與不公的問題，並曾參與反核示威。」接著實驗者被要求依機率大小排列出琳達未來八種最可能的發展。兩種最常見的答案是「銀行員」及「積極參加女性運動的銀行員」，多數人回答琳達成為「積極參加女性運動的銀行員」的機率高於「銀行員」。

這顯然犯了邏輯上的謬誤。邏輯上來說，事件A與B同時發生的機率當然不可能高於A或B單獨發生的機率。琳達是「銀行員」的機率必然高於她是「女性主義銀行員」的機率，因為所有的女性主義銀行員都是銀行員。這個謬誤源自運用代表性捷思法：「積極參加女性運動的銀行員」似乎比「銀行員」更符合琳達的描述。正如古爾德（Stephen Jay Gould, 1991）所說的：「我知道答案是什麼，但腦中有個小人不斷跳上跳下對我咆哮：『她絕不只是個銀行員，你到底有沒有看清楚關於她的描述！』」那個小人就是自動系統在做怪。

運用代表性捷思法會造成日常生活中嚴重的模式錯誤認知（misperceptions of patterns）。當一件事取決於機率時——如連續擲銅板——人們會以為出現梅花與人頭的順序就代表隨機出現的順序。不幸的是人們對隨機的順序不具備正確的認識，往往自以為其中的某些模式富有重要的意義（其實不過是巧合）。例如你可能擲銅板三次，結果三次都是人頭，便認定這銅板有些邪門。事實是不論你擲哪一個銅板，連續出現三次人頭都很正常。（讀者不妨試試看就知道了。為了做一個小試驗，桑思坦剛寫完這一段後連續擲了三次銅板——三次都是人頭。他很驚訝，其實他不該驚訝的。）

另一個例子的影響更大，那是康乃爾心理學家季洛維奇（Tom Gilovich）的研究，主題是二次大戰德軍轟炸期間倫敦居民的經驗。倫敦的報紙以地圖顯示德國V－1與V－2飛彈落在倫敦中部的地點，如圖1－3所示。讀者應該看得出來，飛彈的落點看起來一點都不隨機，似乎多集中在泰晤士河附近以及地圖的西北方。當時倫敦的居民相當擔憂，因為這顯示德軍似乎能精確瞄準飛彈的落點，有些人甚至懷疑空白處可能就是德國間諜藏身之處。這是多慮了。事實上德軍只能瞄準倫敦中央區域，然後祈禱飛彈落在該落的地方。只要就落點的分散度進行詳細的統計分析，便會發現並沒有絲毫規則。

但落點圖**看起來**一點都不隨機，到底是怎麼回事？我們會注意到某種模式，常常是因為我們都是在看過證據後再進行非正式的測試。二次大戰的例子很能說明這種現象。如果我們將地圖劃分成四個象限（如圖1－4a），然後進行正式的統計測試——如果讀者不太有統計概念，那就數出每個象限裡有幾點就好了——結果確實會看到非隨機的模式。但並沒有哪一條鐵律規定這是測試隨機性的正確方式，假設我們以斜線方式劃分成四個象限（如圖1－4b），便無法推翻飛彈隨機落下的假說。可惜的是我們對自己的知覺很少進行如此嚴謹的替代測試（alternative testing）。

季洛維奇（與同僚維倫〔Vallone〕及特佛斯基〔1985〕）另外就隨機模式的誤解提供了最有名（或

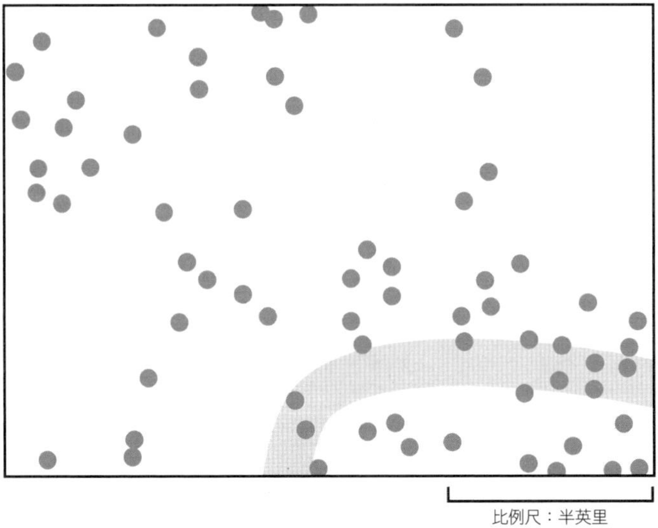

圖1-3　顯示V-1飛彈落點的倫敦地圖（取材自季洛維奇〔1991〕）

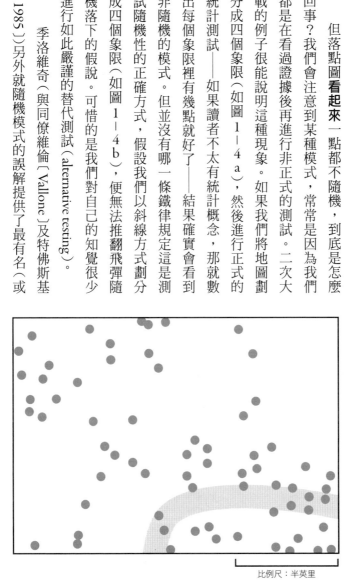

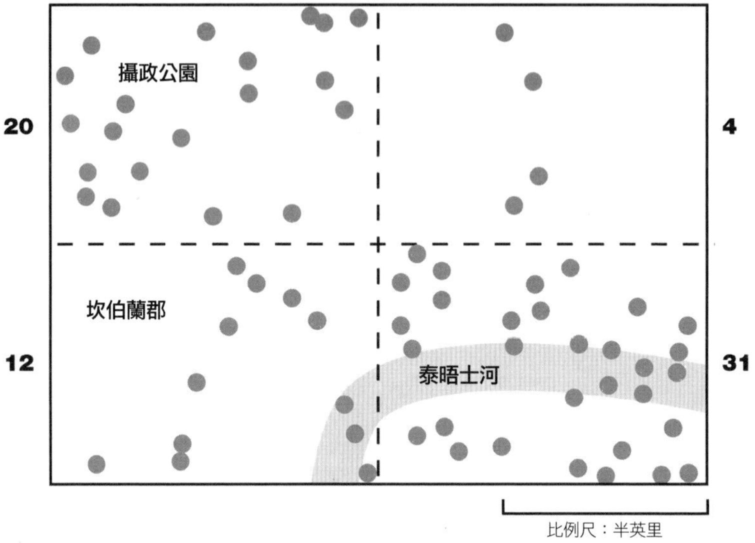

a

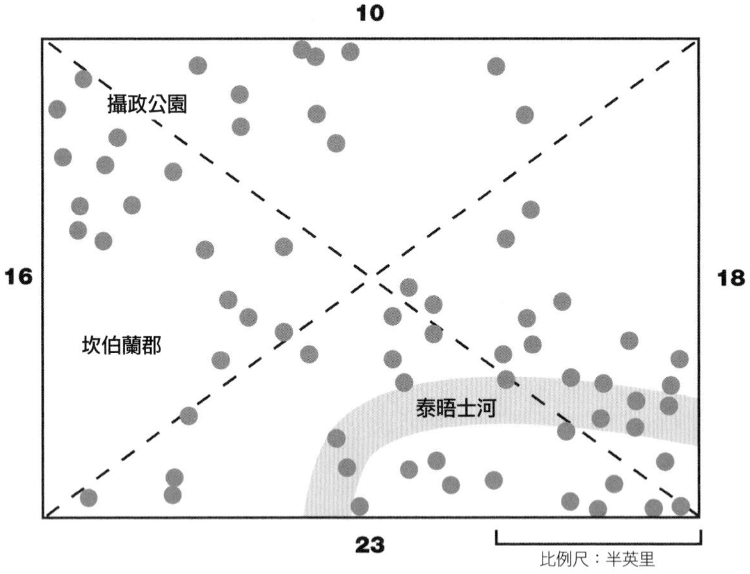

b

圖1-4　顯示V-1飛彈落點的倫敦地圖，分別以垂直—水平線（a）及斜線（b）劃分四個象限。圖外的數字代表各象限的點數。（取材自季洛維奇〔1991〕）

者說最惡名昭彰）的例子，亦即籃球迷普遍相信存在「連勝」（streak shooting）的明顯模式。此處不擬詳細討論，因為根據我們的經驗，這種認知錯覺實在太強大，多數人（受到自動系統的影響）甚至不願意考量自己堅信不移的概念有錯誤的可能。這裡且做一個簡單的說明：多數籃球迷相信，一個球員若剛進一球（進許多球更好），再進球的機率較大。球員若連續進球，或進的球多集中在最近幾次，就是所謂的「手風順」（hot hand），所有的播報員都認為這是持續進球的好兆頭。高明的策略是盡量將球傳給該球員。

但事實上「手風順」是一大迷思，剛進球的球員再進球的機率並沒有比較大（反而還小一點），這是真的。

人們聽到這種說法後，很快便對手風順的理論進行修正。也許是因為對手調整戰術，更加小心防守那位「手風順」的球員，也許那位手風順的球員自己調整戰術，嘗試難度更高的投籃方式。這些觀察都有待研究，但請注意，球迷在沒有看到資料之前，當被問到某球員連續進球之後的投籃命中率（shooting percentage）時，通常會直接訴諸手風順理論——完全不認為有必要附帶其他條件。很多研究人員深信季洛維奇原始的實驗結果是錯的，努力去尋找手風順的實證。到目前為止還沒有人找得到。[7]

寇勒（Jay Koehler）與康利（Caryn Conley, 2003）進行過一項非常乾淨漂亮的測試，運用的是NBA明星賽的年度三分球投籃賽。參加比賽的都是籃壇最佳三分球射手，他們必須在三分線後連續投籃，看誰在六十秒內投進最多次。這種情況下沒有人防衛，投籃的地點也固定，看起來是觀察手風順的最理想條件。就像原先的研究一樣，比賽中找不到連續性的證據。但播報員還是自以為看到球員的潛力突然改變──「貝洛斯手風真是順！里格勒簡直像著火一般！」然而播報員的激情演出完全不具預測力，他還未做出手風順的評語之前，球員進球的比例為八〇．五％，評論之後只有五五．二％──與比賽中的總得分率五三．九％相較並沒有高出多少。

當然，球迷看電視時搞不清楚狀況並無大礙，問題是同樣的認知偏差也發生在其他比較嚴重的地方。試以「癌症群聚」現象為例，這會造成公私領域的大恐慌，且常要進行長期的調查，探究到底為何會突然莫名其妙有許多人同時罹癌。例如在某個社區，居民的罹癌率突然提高，可能半年內五百人當中有十人被診斷出罹癌，而這十人都住在三個街區的範圍內。事實上美國政府每年都接到上千個疑似癌症群聚的通報，很多案例都必須進一步調查是否為「流行病」。[8]

問題是在一個人口三億的國家，每年總有某些地區會出現較高的罹癌率，所呈現的「癌症群聚」現象可能是隨機變動的結果。但人們還是堅稱這不可能純屬巧合，進而陷入恐慌，有時候政府竟也錯誤地為此介入調查。所幸通常都沒有什麼需要憂慮的，但代表性捷思法確實會讓人們將隨機的變動與因果模式混為一談。

樂觀與過度自信

塞勒的「管理決策」課開課之前，會請學生在網站上不記名填寫問卷，其中一個問題是：「你預期自己在班上的成績落在哪個十分位？」學生可勾選前一〇％、前二〇％等等。這些是企管碩士班的學生，應該很清楚在探討分布問題時，一定是半數的人在前五〇％，半數在後五〇％。當然，全班只有一〇％的人成績落在前一〇％。

但調查結果顯示，很多人對自己的成績排名抱持極不實際的樂觀預測。通常只有不到五％的人預期成績在中等（五〇％）以下，半數以上的人預期成績在前二〇％。每一屆幾乎絕大多數學生都自認落在一一—二〇％，我們認為這可能與謙虛有關，他們其實自認在前一〇％，但因謙虛而往下挪一〇％。

不是只有MBA的學生對自己的能力過度自信，這種「中上心態」是很普遍的。九〇％的駕駛人自認駕駛技術在中等以上，即使他們不是來自沃柏岡湖（Lake Wobegon，譯按：沃柏岡湖是美國一位電臺主持人虛擬的小鎮，那裡的女人都很堅強，男人都英俊，小孩很優秀）。幾乎所有的人（包括那些很少露出笑容的人）都自認幽默感高於一般水準（因為他們知道什麼叫好笑）！就連大學教授也無法免於這種心態。在大型大學裡，九四％的教授自認比一般教授優秀，我們相信這種過度自信的現象適用於絕大多數的教授。[9]（是的，我們承認也有此缺點。）

即使當面對的事情非同小可時，這種不切實際的樂觀心態還是看得到。約五〇%的婚姻以離婚收場——多數人都聽過這個統計數字。但在結婚時，幾乎所有的夫妻都自認離婚的機率幾近零——包括那些曾離過婚的人！[10]（英國名作家約翰生〔Samuel Johnson〕曾說，梅開二度是「希望戰勝經驗的表現」。）同樣的心態也見諸創業的人。創業的失敗率至少在五〇%以上，但在一項創業者調查裡（受訪者所經營的通常都是小事業如包工、餐廳、美髮院），受訪者要回答兩個問題：(1)你認為以你所從事的事業而言，一般的成功率是多少？(2)你的成功機率是多少？最常見的答案是：五〇%與九〇%，很多人甚至回答第二題是一〇〇%。[11]

很多個人的冒險行為都可以用不切實際的樂觀來解釋，尤其是涉及人生與健康的風險時。如果你請學生想像他們的未來，他們通常認為自己將來被裁員、心肌梗塞、罹癌、離婚或酗酒等等的機率遠比同學低。同性戀者一向低估自己罹患愛滋病的機率，即使他們對愛滋病的一般風險已有所認識。很多老年人低估自己發生車禍或罹患重病的可能。吸菸者明知統計上的風險，甚至會加以誇大，但多數人都自認罹患肺癌與心臟病的機率比多數非吸菸者低。樂透彩能賣得不錯，一部分原因就是人們懷有不切實際的樂觀。[12]

不切實際的樂觀是普遍的人性，多數社會類屬（social categories，譯按：社會類屬包括種族、年齡、性別等)的多數人都有此特性。當人們高估了自己的安全或能力時，可能便不會採取合理的預防措施。當人們因抱持不切實際的樂觀而冒險時，略加輕推或許便可發揮很大的助益。事實上前面已提過一種做法：只要提醒人們注意負面的事件，他們就不會那麼樂觀了。

得與失

人都不喜歡失去(自動系統的得失心特別重)。失去A的痛苦大約比得到A的快樂高出一倍。用專業術語來說，人類有「嫌惡損失」(loss averse)的特性。怎麼說呢？

我們且以一個簡單的實驗做說明。[13]在一個班級裡，半數學生獲贈印有校徽的馬克杯。實驗者請未獲贈的學生看看同學的馬克杯，為了鼓勵有杯子的人賣給沒有的人，實驗者請學生回答一個問題：「請說明在下列價格時你是否願意讓售或購買馬克杯？」結果顯示讓售價大約是購買價的兩倍。研究人員做過數十次同樣的實驗，使用過的杯子數以千計，結果幾乎都一樣。也就是說，當我有一個杯子時，我就不想失去。但如果我沒有，倒不會覺得一定要有。這表示人們並不會賦與東西固定的價值，同樣的東西失去時的痛苦通常超過得到時的快樂。

我們也可以從賭博的行為測量嫌惡損失的程度。假設我找你打賭，擲出人頭你贏X元，梅花則輸一百元。那麼X是多少你才願意賭呢？多數人的回答大約是兩百，表示贏兩百元的希望可以抵銷輸一百元的可能。

嫌惡損失的心理會讓人產生惰性，亦即強烈地想要保有目前擁有的東西。當你為了怕失去而不願放棄擁有的東西，即使原本願意交換也可能變成不願意。在另一項實驗裡，半數學生（當然還是）獲贈馬克杯，半數獲贈一大條巧克力糖。馬克杯與巧克力的價格相當，且在預先測試時學生對兩者的喜好度差不多。但當被告知他們可以交換時，卻只有十分之一的人願意交換。

足見嫌惡損失心理可作為一種認知的推力，促使我們維持不變，即使改變才真正對我們有利。

維持現狀的偏見

人類會有惰性不只是因為嫌惡損失的心理，還有許多理由讓人習於維持現狀。這種現象表現在很多地方，山姆爾森（William Samuelson）與札克豪（Richard Zeckhauser）稱之為「維持現狀的偏見」（1988）。多數教師都知道，即使沒有刻意安排座位，學生通常都會坐在固定的位子。問題是人們在面對影響較深遠的重大事件時，還是可能抱持維持現狀的偏見，甚至因此惹上大麻煩。

試以退休儲蓄計畫（如美國的401(k)）為例，多數參與者都是選定資產配置後便忘了它的存在。TIAA－CREF是很多大學教授參加的計畫（TIAA-CREF是Teachers Insurance and Annuity Association - College Retirement Equities Fund的縮寫，意指教師保險年金協會——大學退休權益基金），一九八〇年代末有人對參與者做過一項調查，發現教授們一生之中改變資產配置的平均次數是——說了你可能不信——零。換句話說，半數以上的參與者一直維持提撥金一開始的分配方式，絲毫沒有改變。有一點可能更值得注意：很多人加入計畫時是單身，結婚後依舊將母親列為受益人！

維持現狀的偏見很容易被利用。許多年前，美國運通公司（American Express）寫了一封讓人愉快的信給桑思坦，告知他可以自選五種雜誌免費看三個月。聽起來似乎是超級好康（即使是不大愛看的雜誌），因此桑思坦開心地選了五種，但他不知道將來若不採取行動終止訂閱，就會繼續收到雜誌——當然是依一般標準收費。近十年來他一直持續訂閱那些很少讀的雜誌。（他一直想著要去終止，但就是沒有動作。下一章將會討論拖延的問題。）

造成維持現狀偏見的一個原因是心不在焉。很多人會採取「無所謂」捷思法，一個很好的例子是看電視的延續習慣。電視臺主管花很多心力研究節目表，因為他們知道觀眾晚上打開電視機時若是收看NBC，通常便會一直看下去。遙控器在這個國家已流行數十年，「轉臺」的實際成本不過就是按個鍵。但當一個節目結束更換新的節目時，極高比例的觀眾會（在心裡）說「看什麼都無所謂」，然後便繼續看下去。桑思坦當然不是雜誌自動訂閱制的唯一受害者，掌控發行量的主管很清楚，採取自動續訂制（顧客必須打電話才能取消）時續訂率會高很多。相較之下，若是顧客必須表達意願才能續訂，續訂率自然會低很多。

人們既有嫌惡損失心理的特性，又常未加深思做出選擇，表示某一選項若被設定為「預設值」，很容易便能搶占市場大餅。預設選項因此成為很強大的推力。在很多情況下預設選項甚至能發揮額外的推力，因為消費者可能以為（或誤以為）預設選項暗含鼓勵的意思，表示雇主或政府或電視節目表的編排者希望大家選擇預設值。基於這個因素及其他考量，設計最佳的預設值將是本書一再探討的主題。

架構

假設你罹患嚴重的心臟病，醫生建議你進行一種高難度的手術。你當然想要知道成功率有多高，醫生說：「在一百個動過這種手術的病人當中，九十人五年後還活著。」你會怎麼做？如果醫生以特定方式說明事實而能讓人覺得安心，你可能就會接受手術。

但醫生也可以用另一種方式陳述答案，例如說：「在一百個動過這種手術的病人當中，十人在五年內去世。」如果你和多數人一樣，可能會被醫生的話嚇到而不想動手術了。你的自動系統想著：「死掉的人還真不少，我可不想成為其中之一！」在多次實驗中，人們對「九十人活著」與「十人去世」的反應大不相同——雖則兩句話的內涵完全一樣。就連專家也無法免於架構效應的影響——醫生若被告知手術後「九十人活著」，會比被告知「十人去世」更願意推薦該手術。[14]

架構的影響也表現在其他領域。一九七〇年代，信用卡開始成為流行的付款方式，有些零售商想要對現金付款者與刷卡付款者採取不同的收費標準。（信用卡公司通常會向零售商收取每筆一％的費用。）為了避免這種現象，信用卡公司設定了一套規則禁止零售商這麼做。但後來國會立法認定這些規定違法，信用卡遊說團體便把注意力轉向用語的斟酌。他們希望業者若要採取兩套收費標準，能把刷卡價視為「正常價」（預設值），現金價視為折扣價——而不是以現金價為正常價，對刷卡的顧客額外收費。

信用卡公司對心理學所說的「架構」有很好的直覺判斷。簡單地說，人們會做何種選擇一部分取決於問題的呈現方式。這個概念對公共政策的制定有很大的影響。舉例來說，現在大家很關注節約能源的議題，試考量下列幾種宣傳的方式：⑴如果你使用節能方法，每年可省下三五〇美元；⑵如果你不使用節能方法，每年會損失三五〇美元。結果證明強調損失的方法⑵比方法⑴更能有效促進節能，如果政府要鼓勵民眾節能，方法⑵會是比較強大的推力。

架構能發揮效果是因為人們在做決策時通常有些被動，不夠深思熟慮。他們的省思系統並沒有去檢驗同一問題若以不同方式重新架構是否會有不同的答案，沒有這麼做的一個原因是他們不知道如何處理矛盾的結果。這也告訴我們，架構是很強大的推力，必須審慎選擇。

結論是什麼？

本章旨在簡單分析人性的弱點，現代人都很忙碌，這個世界又很複雜，人們面對許多事情通常無法一一深思熟慮再做決定，於是只好採取經驗法則——有時卻會因此迷失方向。正因太忙碌，能夠專注的範圍又有限，人們通常不會去思考同一個問題若換個方式陳述，自己的答案是否也會跟著不同。然而人是可以被輕推的，在我們看來這才是最重要的。人們在做選擇時會受到許多因素影響（甚至包括面對人生重大抉擇時），那是標準的經濟理論無法完全預期的。下面且舉最後一個例子說明。

芝加哥的湖濱路（Lake Shore Drive）是世界上景致最美的都會大道之一，環繞芝加哥東界的密西根湖沿岸，沿途可欣賞到芝加哥絕美的天際線。但其中有一段路是一連串的S型彎道，非常危險。很多駕駛人因未注意到時速二十五英里的速限而出車禍。最近市政府採取新的措施鼓勵駕駛人減速。

在剛進入危險彎曲路段時，駕駛人會看到路面出現降低速度的警語，接著是一連串的白色條紋。該條紋並未提供多少觸覺上的資訊（那不是減速丘），只是傳遞視覺的訊息。剛開始條紋的距離很平均，到了最危險的路段時，條紋變得密集起來，讓人感覺似乎車速愈來愈快（參見圖1－5），駕駛人基於本能自然會減速。當我們開車經過這條熟悉的道路時，感覺這些條紋似乎在對我們說話，溫和地勸告我們在到達最大的彎度之前先踩煞車。這正是推力的具體表現。

CURVE
25
MPH
INNER LAKE SHORE DRIVE
LAKE SHORE DRIVE
REDUCE
SPEED

圖1-5　芝加哥湖濱路

2 抗拒誘惑

誘惑

很多年前的某一天，塞勒在家宴客（客人當時都還是很年輕的經濟學家），拿出一大碗腰果讓大家配酒，沒幾分鐘便發現那碗腰果將被吃光，也就會破壞了待會兒用餐的食欲。塞勒當機立斷將碗拿起來，（自己偷吃了幾顆後）拿到廚房去，讓大家眼不見為淨。

他回到客廳時，眾賓客都謝謝他的明智。接著大家開始討論起一個問題，眼前正在享用的一碗腰果被拿走了，為何讓大家這麼高興？（現在你可以明白第一章談到的一條經驗法則是多麼明智：參與飯局的賓客裡，經濟學家所占的比例必須設定上限。）經濟學（及日常生活）有一條基本原則：多一些選擇絕不是壞事，因為你永遠保有拒絕的權利。在塞勒拿走腰果之前，大家可以選擇吃或不吃——現在沒有選擇了。在經濟人的世界裡，看到腰果被拿走而感到高興是不合法則的！

要探討這個問題，我們必須考量賓客的喜惡如何變化。在七點十五分（即塞勒拿走腰果之前），賓客有三種選擇：吃一些腰果、吃掉全部腰果或不再吃。他們的第一個選擇應該是吃一些，然後不再吃。最壞的選擇是吃光，因為那會破壞食欲。但到了七點半，腰果若沒有被拿走，必然會被吃光，也就實現了他們最不希望的結果。他們為何在短短十五分鐘內改變心意？或者改變心意的說法並不正確？

依據經濟學的術語，這群賓客所表現的是**動態矛盾**（dynamically inconsistent）的行為。人們一開始喜歡A甚於B，到後來卻選擇B。在很多地方都可以看到這種動態矛盾，例如在週六早上，人們想著要運動，不要看電視，到了下午卻窩在沙發看足球比賽。我們要如何理解這種行為？

美國高等法院法官史都華（Potter Stewart）說過一句名言：我雖然無法定義什麼是色情，「但看到時自然會知道」。誘惑也有這個特性：容易辨識，但不容易定義。要採用我們的定義，必須先認清人們的激發狀態（state of arousal）會隨著時間變動。為了簡化起見，我們只考慮兩邊的極端狀態：冷與熱。當莎莉肚子正餓，廚房飄來陣陣讓人食指大動的香味，我們可以說她正處於熱的狀態。但當她在週二遙想著週六晚餐之前應該吃多少腰果時，則是處於冷的狀態。一樣東西若我們在熱狀態消耗的多過於冷狀態，就會被稱之為「具誘惑性」。這並不是說在冷的狀態下所做的決定一定比較好。舉例來說，有時候我們唯有在熱的狀態下才能克服對新事物的恐懼；比如讓我們拚了命大膽一試，因此嘗到美味的甜點；或者從此墜入情網。但話說回來，我們確實常常在熱的狀態下惹出大麻煩。

多數人都知道誘惑的存在，也都會採取行動努力抗拒。最典型的例子是尤里西斯（Ulysses），他面對的是危險的海妖及其難以抗拒的歌聲。尤里西斯在冷的狀態下命令水手用蠟塞住耳朵，以免被歌聲所惑。此外，他要求水手將他綁在船桅上，如此他可以聽見歌聲但不致因陷入熱的狀態而無法抵擋誘惑、將船駛近歌聲。

尤里西斯成功解決了他的難題。但多數人往往低估了激發狀態的影響而遭遇自制力不足的問題，這就是行為經濟學家羅文斯坦（George Loewenstein, 1996）所說的「冷熱同理差距」（hot-cold empathy gap）。我們在冷的狀態時，往往不瞭解我們受到激發狀態的影響時會如何改變欲望與行為。於是，我們輕忽了周遭環境會影響我們的選擇——而這又會反映在行為上。舉例來說，湯姆正在節食，他同意去參加商場的飯局，自認可以控制只喝一杯酒，完全不碰甜點。但當主人點了第二瓶酒，服務生推來一車甜點時，一切都破功了。百貨公司大拍賣時瑪莉蓮去逛街，心想只會看看真的很便宜又真正需要的東西，最後卻買了一雙穿了會痛的鞋子（只因打三折）。羅伯自以為能堅持安全性行為，但真正被挑動時卻總是心猿意馬。那些難以戒菸、戒酒、想運動卻一直沒有運動、債臺高築、錢存不下來的人，其實也都有類似的問題。

要瞭解自制的問題，我們可以想像一個人內在同時包含兩個半自主的我：一個是審慎有遠見的「計畫者」，一個是短視的「行動者」。你可以把計畫者想成省思系統的代言人，或是隱藏在內心的史巴克，行動者則是深受自動系統的影響，或者說是每個人心中的荷馬．辛普森。計畫者追求的是你的長遠利益，但必須不斷應付行動者的感覺、搗蛋和頑固，因為行動者稍微受到刺激便經不起誘惑。根據神經經濟學最近的研究（真的有這樣一門科學），確實有證據可以支撐這種自制力的雙頭馬車現象。人類腦部的某些部分會受到誘惑，另外有些部分會試著評估面對誘惑的因應之道，幫助我們抗拒誘惑。[1] 有時候這兩個部分會陷入嚴重的衝突——最後總會有一方敗下陣來。

不用心的選擇

腰果的例子所反映的不只是誘惑的問題，還與前面談到惰性時所說的不用心的行為有關。在很多情況下，人們會將自己設定為「自動駕駛」的模式，並未真正專注在手邊的事。（自動系統最喜歡這種狀態。）例如在週六早上，你開車去添購日用品，卻不知不覺朝上班的路開去——好一會兒才驚覺賣場在相反的方向。或者週日早上你和往常一樣邊喝咖啡邊看報紙——突然想到和朋友約好一個小時前一起吃早午餐呢。吃是我們最心不在焉的事情之一，很多人根本是眼前擺著什麼就吃什麼，這就是為什麼一大碗腰果很容易就被吃光，即使接下來將有美食上桌。

爆米花也是如此——包括放了幾天的爆米花。幾年前，汪辛克（Brian Wansink）與同僚在芝加哥電影院進行一項實驗，每個進去看電影的人都免費贈送一大碗放了幾天的爆米花。[5]（五天前爆的，特別小心存放，吃起來時仍會喀吱作響。）客人沒有被告知那些爆米花已經放了好幾天，但大家都覺得不好吃，一位客人形容「就像裹著泡棉的花生」。實驗對象當中，半數的人拿到一大桶爆米花，半數拿到中型桶。平均而言，拿到大桶的人會多吃五三％——雖然他們並不覺得好吃。電影散場後，汪辛克問他們是否可能因為拿的是大桶而吃較多，多數人都否認，聲稱「這種技倆唬不了我」，但他們錯了。

湯也是如此。汪辛克另外進行過一項高明的實驗（2006），請實驗者坐下來喝一大碗湯廚牌（Campbell）番茄湯，請他們盡量喝。實驗者不知道那些湯碗經過特殊設計，會自動加湯（底部是空的，連接到桌底下的裝置）。不論他們怎麼喝，永遠不會見底。很多人沒有注意到已經喝了一大堆，就是一直喝，直到實驗者（好心地）喊停。大盤子與大包裝就是會讓人吃下更多，這是一種選擇設計，也是很有用的推力。（提醒：如果你要減重，請換用小盤子，不管買什麼盡量買小包裝，而且冰箱裡不要儲藏誘人的食物。）

當自制的問題與無心的選擇加在一起，結果就是一連串負面的結果。數百萬美國人明知抽菸有害健康還是繼續抽菸，很重要的一點是，絕大多數癮君子都表示想戒菸。將近三分之二的美國人過重或肥胖，很多人一直沒有參加公司的退休計畫，儘管參加了可以獲得高額補助。這些例子無不顯示適度的推力可以造福許多人。

自制策略

人們或多或少都知道自己的弱點，也因此會尋求外援，例如購物前會列出清單作為提醒，早上會用鬧鐘叫醒自己，會請朋友阻止自己吃甜點或戒菸。這些都代表我們的計畫者嘗試採取行動來控制行動者，常見的做法是改變行動者面對的誘因。

不幸的是行動者通常很難控制（試想像你要如何控制荷馬．辛普森），不論計畫者多麼努力，結果可能都會被破壞。試以每天都用得到的鬧鐘為例，樂觀的計畫者將鬧鐘設定在六點十五，預計時間一到便可展開充實的一天，一心想睡覺的行動者卻會把鬧鐘按掉，一直睡到九點，這會導致計畫者與行動者陷入嚴重的衝突。有些計畫者會將鬧鐘放到房間的另一端，這樣行動者至少必須起床才能關掉，但如果行動者關掉後又爬回床上，一切便前功盡棄。所幸有一些很具創新精神的企業主伸手助了計畫者一臂之力。

「克拉奇」（Clocky）就是這一臂之力（參見圖2－1）。克拉奇是一種「會跑去躲起來的鬧鐘，你必須起床才能找出來」。計畫者會設定幾分鐘讓行動者賴床，時間一到，克拉奇便從床頭櫃跳下，在房間裡跑來跑去，一邊發出惱人的聲音。只有一個方法可以把這該死的東西關掉，就是下床把它找出來。屆時，不論多麼睡眼惺忪的行動者也一定醒過來了。

計畫者有很多策略可以控制難以駕馭的行動者，但有時候外在的協助也很有用。下面要探討公私機構如何提供這方面的協助。日常生活中派得上用場的一個方法是非正式的賭注，塞勒就曾用這個方法幫助年輕的同事。這位同事（姑且稱之為大衛）是學校新聘的教員，學校預期他到任前就可取得博士學位，最不濟也應在到任一年內取得。大衛有很多動機促使他完成論文，包括強大的金錢誘因：在他博士班畢業前，學校給他的職位是「講師」而不是助理教授，而且不會開始進行正常的退休金提撥——提撥金額約等於他的薪資的一〇％（一年數千美元）。大衛內在的計畫者知道不應再拖延，但行

克拉奇Clocky

克拉奇是一種「會跑去躲起來的鬧鐘，你必須起床才能找出來。鬧鐘響起，你把它按掉，克拉奇會從床頭滾下，跳到地上滾開，胡亂碰撞直到找到一個地方定下來。克拉奇每天會停在不同的地方，好像在和你玩捉迷藏。

克拉奇的設計目的是要重新詮釋普通的鬧鐘，讓它不再是讓人感到緊張又討厭的東西，而是變得很有趣，拉近人類與科技的距離。

圖2-1　克拉奇的廣告（感謝nanda llc.允許收錄）

動者總是把心思放在其他更有趣的計畫上，遲遲不肯進行寫論文這件苦差事。（思考新構想通常比撰寫舊報告有趣得多。）

塞勒便是在此時介入，提供大衛下列建議。他請大衛開立數張面額一百美元的支票給他，兌現日是每個月的第一天。如果大衛沒有在每個月第一天午夜前將論文的一章塞入他的門縫，塞勒就會將支票兌現，拿那筆錢去辦一場大衛無法參加的派對。四個月後大衛完成論文，沒有一次延遲（雖然多數篇章都是在期限將到之前的幾分鐘才交出）。值得注意的是，學校提供給大衛的金錢誘因其實遠比一百元更多（光是退休提撥部分），但我們的計畫還是奏效了。

那是因為聽任塞勒兌現支票去和別人吃喝玩樂的痛苦很顯著，相較之下，損失學校的提撥金似乎很抽象而模糊。塞勒的很多朋友威脅也要創立類似的事業和他競爭，但塞勒提醒他們，要在這一行闖天下憑藉的是惡名聲，必須讓人知道你真的會把支票軋進去。

有時候朋友也可以一起運用賭注策略。羅馬里斯（John Romalis）與卡蘭（Dean Karlan）這兩位經濟學家便很聰明地運用在減重計畫上。他們在讀經濟學研究所時便注意到自己的體重不斷增加，尤其是求職期間時常被潛在雇主請去吃飯喝酒。於是他們達成協議，計劃在九個月之內減重三十磅。只要其中一人沒有做到，就必須付給對方一萬美元。這次打賭非常成功，兩人都達成目標。接著他們又設定更困難的目標——維持不復胖，打賭內容是任何一人只要提前一日告知，就可隨時去請對方量體重，超過目標體重的一方必須付給對方一筆錢。四年內這樣的突襲檢查有好幾次，只有一次一方過重（罰款立刻付清）。請注意，這個例子就和大衛一樣，他們雖然很想減重，但自知若沒有賭注的激勵，很容易便會飲食過量。

我們不難想像將類似的做法正規化。第十六章會介紹一個特殊的網站Stickk.com（卡蘭是創辦人之一），提供一個方法讓人們內在的計畫者可以控制行動者。在某些情況下，人們甚至可能希望政府協助他們強化自制力，最極端的情況是政府明令禁止（如吸毒、嫖妓、酒駕）。這可視為純粹家長制而非自由家長制，雖則這也可能影響第三人的利益。但有時候人們會希望政府扮演的角色不是那麼具侵擾性，例如課徵菸稅對癮君子或許就是好的，因為這只是鼓勵你不要抽菸卻沒有完全禁止。[3]另外，美國有些州提供一種方法幫助賭徒自制——民眾可讓自己列入禁入賭場的黑名單（同樣詳見第十六章）。這不是強制規定，拒絕配合也不費成本，因此確實符合我們對自由意志主義的定義。

政府實施的自制策略中，日光節約時間是比較有趣的例子（很多地方稱之為夏令時間）。調查顯示很多人支持此一措施，覺得白天「多出」一小時很不錯。當然，每一天的白晝時間是固定的，將時鐘往前撥一個小時根本不會讓白晝真的延長，只不過是將時間的名稱改變了——將「六點」稱為「七點」——如此卻可發揮推力讓我們提早一小時醒來。除了傍晚可以多看一小時的壘球比賽，也有助於節約能源。附帶提供歷史資料：最早提出這個概念的是富蘭克林（Benjamin Franklin），時任美國駐巴黎使節。富蘭克林是出了名的小氣，他估計如此可省下數千磅的蠟燭。不過這個概念直到一次世界大戰才開始廣泛實施。

很多情況下市場就可提供強化自制力的服務，完全無需政府介入。事實上，企業在協助人們心中的計畫者戰勝行動者的同時也能大發利市，等於行善兼賺錢。曾風行一時的一種獨特的金融服務——聖誕儲蓄俱樂部（Christmas savings club）——就是一個有趣的例子。俱樂部的典型運作方式是這樣的：十一月時（感恩節前後），客戶到銀行開戶，同意一年內每週存入固定金額（如十美元），中間不可領出，期滿領出時恰好趕上聖誕節購物季。這類帳戶的利息通常接近零。

我們不妨從經濟學的角度來加以探討，這種帳戶沒有流動性（一年內不可領出），作業成本很高（每週必須存錢），報酬率幾近零。如果經濟學的作業要學生證明這種機構無法生存，應該很容易。但多年來，聖誕儲蓄俱樂部普遍存在，投資額高達數十億美元。然而，我們只需瞭解這些人是一般人而非經濟人，就不難解釋俱樂部為何欣欣向榮。凡是因缺錢而無法開心過聖誕節的人家，都會希望來年不要出現同樣的問題，解決方法就是加入俱樂部。為了換得有錢買禮物的保證，定期存款的麻煩與利息的損失都不算什麼了。我們只要回頭想想把自己綁在船桅上的尤里西斯——無法將錢領出並不是缺點，而是一大優點。事實上，缺乏流動性正是俱樂部的重要特點。從很多方面來看，俱樂部等於是成人版的小豬撲滿，撲滿的設計同樣是存錢比拿錢方便，很難將錢取出是整個設計的精髓。

聖誕儲蓄俱樂部現在還存在，但有了信用卡之後對很多家庭而言已沒有這個需要了。＊現在購物可以融資，民眾不再需要為了聖誕節預先存錢。這當然不是說新的方法在各方面都比俱樂部好，既沒有利息可領又不能動用錢，聽起來似乎很笨，顯然不如把錢存入有利息的帳戶更好。但話說回來，零利率總比付一八%或更高的信用卡利息好。

信用卡與聖誕儲蓄俱樂部的市場爭奪戰很能凸顯一個更普遍的現象，後文將再進一步探討。市場提供強大的誘因讓企業去滿足消費者的需求，並為此互相競爭，不論那些需求是否反映出最明智的選擇。也許會有某企業設計出像聖誕儲蓄俱樂部這麼聰明的自制策略，但這並無法阻止別的企業預借現金給民眾，等到聖誕儲蓄金滿期再還款。信用卡與聖誕儲蓄俱樂部互相競爭，兩者其實系出同源——都是由銀行提供。競爭雖有助於壓低價格，卻未必對消費者最有利。

即使我們能夠做出明智的選擇，充滿競爭的市場總有辦法讓我們失去抗拒拙劣選擇的最

＊聖誕儲蓄俱樂部已經不太流行，但多數美國人還是會利用一種沒有利息的儲蓄工具——或可稱為復活節帳戶。四分之三的美國人能夠退稅，平均金額超過二千美元。如果將這些錢形容為免息借貸給政府，恐怕不會那麼受歡迎。其實納稅人可以調整扣繳率（withholding rates）以減少退稅金額，那麼原則上就可賺取這筆錢一年的利息，但很多人還是寧可將退稅當作強迫儲蓄的方法。收到退稅時感覺就像意外的收穫。

後一絲力量。在芝加哥的歐海爾機場（O'Hare Airport），兩家食品業者隔著走道競爭生意。一家賣水果、優格及其他健康食品，另一家是肉桂卷專賣店（Cinnabon），這可怕的肉桂麵包含有高達七三〇大卡的熱量與二十四克的脂肪。你內在的計畫者也許決定走向健康食品店，但肉桂卷專賣店的烤箱直接將香味傳送到店前的走道。你想知道哪一家店前面的排隊人龍較長嗎？

心理帳戶

鬧鐘與聖誕儲蓄俱樂部都是人們用以解決自制問題的外在設計，另一種方法是採用內在的控制機制，亦即**心理帳戶**（mental accounting）。很多家庭利用這套（可能隱含的）機制來評估、調節與處理家庭的預算。事實上，幾乎每個人都會使用心理帳戶，只是有些人可能不自知而已。

演員金哈克曼（Gene Hackman）與達斯汀霍夫曼（Dustin Hoffman）的一段對話生動表現出這個概念，那是我們在某DVD影片的幕後花絮中看到的。話說哈克曼與霍夫曼在窮困的藝術青年時期就已經是好朋友，哈克曼說起有一次到霍夫曼的公寓，後者向他借錢，哈克曼同意了，但他走進廚房時，看到桌上排了幾個玻璃罐，每個罐子裡都有錢。其中一個註明「房租」，另一個註明「水電」等等。哈克曼問霍夫曼明明有錢何必向他借，霍夫曼沒說話，只是指指標著「食物」的空罐。

依據經濟學理論（與簡單的邏輯），錢是「可替換的」，意指每一張鈔票都沒有規定用途。房租罐裡的二十元和食物罐裡的二十元能買到相同的食物，但還是有很多家庭會採取違反可替換原則的心理帳戶，理由和企業一樣：都是為了控制支出。多數企業都訂有不同項目的預算，凡是在這類企業裡工作過的人大概都能體會一種挫折感——需要購買一項重要的東西時，因該帳戶的預算告罄而不得支用。其實其他帳戶明明有錢，只是和霍夫曼廚房裡的房租罐一樣，只能看不能用。

在家庭經濟裡，這種違背可替換原則的現象隨處可見。我們認識的一位金融教授便發明了一種極富創意的心理帳戶。每年年初他都會指定一筆錢（如二千美元）預定要捐給聯合勸募協會（United Way），在這一年中若發生任何不好的事——如違停罰單——他便在心裡從捐款扣除，彷彿是投保金錢小損失的「保險」。*

在賭場裡也可看到心理帳戶在運作。有時候你會看到某位幸運的賭客在進場沒多久便贏

* 你可能覺得這是剝奪了聯合勸募協會的捐款，其實不然。該教授會確保他的捐款預算大到足以涵蓋所有的意外支出。

錢，接著你會看到他將贏來的錢放入一邊口袋，他自己的錢放在另一邊（這是另一種心理帳戶）。賭客甚至為此發明了不同的名稱，贏來的錢叫作「賭場的錢」（house money），放在不同的口袋是為了「用賭場的錢繼續賭」，彷彿那和別的錢有所不同。實驗證明人們用賭場的錢賭博時會更積極。[4]

同樣的心理也會影響從不賭博的人。當投資獲利時，人們比較願意用「贏來的錢」玩大一點。舉例來說，心理帳戶與一九九〇年代的股市狂飆很有關係，很多人愈來愈勇於冒險，因為他們自認是拿先前幾年贏來的錢投資。同樣的道理，人們獲得意外之財時比較可能衝動大買奢侈品，但若是慢慢存下來的錢則往往捨不得花，縱使那些存下來的錢完全閒置著。

心理帳戶的重要性就在於那些帳戶被視為不可替換。誠然，霍夫曼（及他的父母那一輩）使用的玻璃罐已大致消失，但很多家庭仍會指定不同用途的帳戶：子女的教育、旅遊、退休等。很多時候這些錢真的存在不同的帳戶，而不只是帳面上的紀錄。這些帳戶被視為神聖不可互通，有時會導致看似很怪異的行為，例如同時以很不同的利率借款與貸放。在葛羅斯（David Gross）與蘇勒利斯（Nick Souleles）的研究樣本裡（2002），美國一般家庭的流動資產超過五千美元（通常為年利不到五%的儲蓄帳戶），但也有信用卡債約三千美元，利率一八%甚至更高。他們理應將儲蓄的錢拿去付清卡債——經濟學家稱之為套利機會（arbitrage opportunity），亦即買低賣高——但很少人這麼做。

就和前述的聖誕節儲蓄俱樂部一樣，這種行為不似表面看來那麼愚蠢。其中很多家庭的信用卡已借到極限，他們知道若是拿存款還清，可能很快又會借到極限。（信用卡公司很清楚這一點，只要客戶沒有遲繳利息，他們通常非常樂意讓借滿的人再增加額度。）因此，將錢存在不同的帳戶只是另一種成本高昂的自制策略，就和聖誕節儲蓄俱樂部一樣。

當然，很多人沒有存不了錢的問題，有些人的問題反而是不會花錢。比較極端的人我們稱為守財奴，但即使是一般人也可能對自己不夠慷慨。我們有一個朋友丹尼斯為此採取一種聰明的心理帳戶，他在六十五歲那年開始領社會福利金（Social Security payment），雖然他與妻子仍繼續全職工作。丹尼斯一向很會存錢（一部分是因為他的雇主強制實施一項很大方的退休計畫），他決定趁著還健康時趕快去做他喜歡的事（尤其是到巴黎旅遊兼享受美食），不要因為捨不得花錢而一延再延。於是他特別開了一個儲蓄帳戶存入社會福利金，將這些錢指定為「娛樂費」。他可以用這筆錢買時髦的新腳踏車或一箱上好美酒，但絕不能拿來修屋頂。

善用心理帳戶對我們每個人都可以很有價值，生活可以變得更有趣更安穩，例如設定一個近乎神聖不可動用的「雨天糧」帳戶**以及**一個可自由運用的「玩樂」帳戶。瞭解心理帳戶也有助於改善公共政策，如果政府要鼓勵儲蓄，便應該將增加的儲蓄導向不會誘引人花錢的心理（或真實的）帳戶，下文會有更詳盡的討論。

3 從眾心理

瓊斯牧師（Reverend Jim Jones）是人民聖殿教（People's Temple）的創辦人與領導者。一九七八年，瓊斯因被控逃漏稅，帶領一千多位追隨者從舊金山到蓋亞納（Guyana）的一小塊墾殖地。後來，瓊斯因被舉報虐童與施加酷刑而面臨聯邦政府的調查，竟慫恿追隨者先毒害子女後服毒自盡。他們事先準備了許多毒藥，起先有些人反抗，也有人高聲抗議，但都被壓制下來。瓊斯一聲令下，眾人在彼此的社會壓力下真的乖乖毒殺自己的子女，然後服毒自殺。他們被發現時手挽著手躺在一起。[1]

經濟人（以及我們認識的一些經濟學家）是比較不合群的動物。他們與別人溝通時總希望有收穫，而且很在乎自己的聲譽，只要有利於獲取真實的資訊，他們很樂於從別人身上學習。但經濟人絕不會趕流行，他們的衣服不會跟著潮流變長變短（除非是為了實用的目的），領帶不會跟著時尚變寬變窄（如果有經濟人打領帶的話）。（順帶一提，領帶原本是當作餐巾使用，因此確實具備實用功能。）反之，一般人常受其他一般人的推力影響。有時候，小小的社會推力就可促成市場與政治的巨大改變。

一般人並不完全和旅鼠一樣，但很容易受到他人言行的影響。（順帶一提，旅鼠並不會真的一個跟著一個跳進海裡自殺。這種汙蔑旅鼠的普遍觀念其實源自流傳在現代人類社會的傳言——也就是說，人們會有這種觀念是因為他們自己有從眾的傾向。）當你看到電影裡有人在微笑，你比較會跟著笑（不論劇情是否好笑）；同樣的，呵欠也具有感染力。傳統觀念認為兩個人在一起生活久了，就會愈長愈像，事實證明這種傳言是真的。（讀者可能會好奇原因：理由之一與營養有關——兩人會常吃一樣的東西，飲食習慣也一樣——但主要原因純粹是模仿彼此的表情。）事實上，長得相似的伴侶也比較幸福！

本章要探討社會影響力的形成原因與過程。探討這個問題有兩點重要性，第一，多數人都是以別人為學習對象。當然，通常這是一件好事，也是個人與社會賴以發展的力量。但我們有許多嚴重的錯誤觀念也是習自他人，當社會影響力導致人們產生錯誤或偏頗的觀念時，便可能需要一些推力。我們之所以要探討這個問題的第二個理由是：最有效的推力之一就是透過社會影響力（不論是往好的或不好的方向輕推）。在瓊斯鎮，這個影響力強大到讓一群人集體自殺，但社會影響力也可以創造或大或小的奇蹟。例如目前在很多城市（包括筆者的居住地），遛狗的人多半會攜帶塑膠袋，在公園散步因此變得愉快許多，事實上不清理排泄物被罰款的風險幾乎是零。選擇設計師必須知道如何鼓勵對社會有益的行為，以及如何遏止瓊斯鎮的悲劇再度發生。

社會影響力有兩種基本類型。第一種與資訊有關，當很多人表現出同樣的行為或抱持同樣的想法時，他們的行為與想法便會傳遞出特定的訊息，告訴你應該要有怎樣的行為與想法。第二種形式是同儕壓力。如果你在乎別人怎麼看你（可能你誤以為別人很注意你——請參見下面的討論），你可能為了避免觸犯眾怒或博取認可而從眾。

我們可以從幾項研究結果快速檢視社會推力的效果：

1. 少女若看到同儕生小孩，自己比較可能懷孕。*
2. 肥胖具感染力。當你最要好的朋友胖起來，你變胖的風險也會跟著升高。
3. 電視臺會互相模仿，引發難以解釋的一窩蜂現象。（例如實境節目《美國偶像》〔*American Idol*〕及其同類型的遊戲節目來來去去，科幻節目也是時而流行時而退燒，諸如此類。）
4. 大學生的用功程度深受同儕影響，因此剛進大學時任意安排的室友或同宿舍的人對彼此的成績及未來有很大的影響。（也許父母最應該擔憂的不只是孩子讀哪所學校，而是和誰同寢室。）
5. 聯邦法院的三人法官小組會受到彼此投票傾向的影響。典型的共和黨提名人若是與兩位民主黨提名人一起審理，投票傾向會變得偏左；反之，典型的民主黨提名人若是與兩位共和黨提名人一起審理，投票傾向會變得相當保守。不論是哪一黨的法官，只要與一名相反政黨的提名人一起審理，投票傾向都會趨於溫和。[2]

簡而言之，一般人很容易被其他的一般人輕推。為什麼？一個理由是我們喜歡和別人一樣。

和別人一樣

請想像你和另外五個人一起參加視覺測試，測試內容簡單無比：一大張白紙上有一條線，你要在螢幕上的三條線當中，找出與白紙上相同長度的那條。剛開始的三次測試都很簡單也很順利，每個人依序大聲說出答案，每個人的答案都一樣。但到了第四次發生了奇怪的事，在你前面的五個人先說答案——每個人都犯了同樣的明顯錯誤。接著輪到你了，你會怎麼做？

＊就和本書提到的所有例子一樣，我們都省略了「當所有的條件維持不變時」。因此這一句話的完整意思是：當預測青少女懷孕的其他風險因素獲得控制時，少女若看到同儕生小孩，自己比較可能懷孕。

如果你和多數人一樣，你一定以為自己的行為很容易預測：你會說出你認為對的答案。你看到的是什麼就是什麼，你是有獨立思考能力的人，因此你會據實以答。但如果你是一般人，而且真的參與這項實驗，你很可能會遵照前面五個人的說法，違背你自己的經驗認知。

一九五〇年代，優秀的社會心理學家艾許（Solomon Asch, 1995）進行了一系列類似的實驗。當實驗者沒有看到別人的答案時，幾乎都不會出錯，因為實驗內容很簡單。但如果其他人都犯錯，實驗者有三分之一以上的機率會跟著錯。在進行一系列十二個問題的實驗時，將近四分之三的人至少有一次違背自己的經驗認知跟著犯錯。請注意，在艾許的實驗裡，參與者彼此是陌生人，可能永遠不會再見面，因此並沒有特別的理由希望其他人喜歡自己。

這項實驗似乎反映出某種普遍的人性。複製與延伸此類從眾測試的實驗超過一百三十種，範圍遍及十七個國家，包括薩伊（Zaire）、德國、法國、日本、挪威、黎巴嫩、科威特（桑思坦，2003）。各國的犯錯模式差異不大——跟著錯的機率大約在二〇％到四〇％之間。看起來似乎機率不是很高，但別忘了，測試內容非常簡單。幾乎要讓人懷疑，是不是只要有足夠多的人指鹿為馬，就真的能讓人跟著指鹿為馬。

那麼人們到底為什麼有時候會忽略自己的經驗認知？前面已約略提到兩個理由，第一是別人的答案裡所蘊藏的訊息；第二是同儕的壓力以及不希望承受別人的不認可。在艾許的研究裡，很多從眾者私下受訪時都說自己一開始的判斷一定是錯的。當在場的每個人都接受某種說法或看法，你可能便會認定他們是對的。值得注意的是，最近的腦部攝影研究發現，當人們在類似的情況下從眾時，真的會和所有的人產生同樣的看法。[3]

另一方面，科學家也發現，在類似上述實驗的情境下，當人們被要求匿名提供答案時，比較沒有從眾的傾向。但如果人們認為別人看得到自己的反應，則比較容易從眾，有時候甚至以為或明知別人是錯的也會跟著錯。當一群人意見一致時所產生的推力最強大——即使涉及的問題很簡單、其他人的錯誤很容易判斷也一樣。

艾許要求實驗者所做的判斷很簡單，比較線條的長短一點都不難。如果涉及的判斷更難一些會如何呢？這個問題對我們的討論很重要，因為我們最感興趣的就是人們在面對艱難且不熟悉的問題時如何被影響，以及可以如何被影響。心理學家謝瑞夫（Muzafer Sherif, 1937）在一九三〇年代做了一些關鍵性的研究。他的實驗是請一些人坐在黑暗的房間裡，觀看前方一小點燈光。那燈光其實是靜止的，但利用自動效應（autokinetic effect）產生移動的錯覺。謝瑞夫請實驗對象估計燈光移動的距離。當個別受訪時，每個人的答案都不同，且每次測試後說出的答案也很不相同。這倒不足為奇，因為燈光並沒有移動，任何判斷都是瞎子摸象。

但當實驗對象以小組方式一起觀看，公開說出答案，便出現高度的從眾現象。每個人的答案漸趨一致，很快形成集體的規範（norm）——亦即對距離的判斷產生共識。一段時間後，特定小團體的規範愈趨固定，每個團體分別形成非常不同的規範而且相當堅持。這個重要的線索讓我們得以明白，一些看似相似的團體、城市甚至國家會走向非常不同的信念與行動，其源頭常常只是不太大甚至是武斷的差異。

謝瑞夫也做了推力的實驗。在某些實驗裡他會加入一個共謀者——其他實驗者當然都不知道。這時情況有了奇妙的變化。如果那位共謀者說話的語氣自信而堅定，他的判斷對整個團體會產生強大的影響。如果他的答案比其他人原先的判斷高出很多，那個團體的判斷便會向上調整；反之，如果低很多，則團體的判斷會跟著向下調整。可見小小的推力只要以自信的方式表達，就能對團體的結論產生巨大的影響。這給我們的啟示是，不論在公私領域，立場一貫而且堅定不移的人可以推動人或事往他希望的方向走。

更值得注意的是，團體的判斷會變得完全內化，即使是私下個別表示意見時也不會改變初衷——即使時間已過了一年，即使這些人再去參加新的團體而其他人提出不同的答案時，也不會改變。原初的答案甚至還會「代代相傳」，當新的成員加入，舊的退場，到後來所有的成員都不瞭解狀況時，原來的集體判斷還是無法動搖，儘管最初促成此判斷的那個人早已不在。[4]其後又有人運用謝瑞夫的方法進行一系列實驗，發現這種對距離的判斷會形成莫名其妙的「傳統」，一段時間後變得根深柢固，到後來很多人會一直遵循下去，不會去探究最初形成時是否有道理。[5]

這樣看來便不難明白為什麼有很多團體會落入「集體保守主義」(collective conservatism)

的窠臼：即使時移勢轉，需要新的做法才能因應，人們往往還是會堅持既有的模式。一種做法（如打領帶）一旦變成習慣便很可能繼續延續下去，即使已經沒有存在的理由。有些傳統可以延續很久，獲得許多人的支持或至少默認，其實最初只是一小撮人甚至一個人稍微輕推的結果。當然，如果可以證明某種做法會造成嚴重的問題，人們還是可能改變，但如果無法確知有害，人們可能便會繼續原來的做法。

這裡反映出一個很重要的問題——「多數的無知」（pluralistic ignorance），意思是所有的人或多數人都不知道別人的想法。有時候我們會遵循某種習慣或傳統不是因為喜歡或甚至認同，而只是因為以為多數人都喜歡。很多社會習慣都是因此才延續下來的，但只要微小的刺激或推力就可拔除。[6]舉一個最明顯的例子，共產主義能夠在前蘇聯集團存在那麼久，一部分是因為民眾並不知道有那麼多人鄙視共產黨。透過推力帶動的西瓜效應往往可以引發同樣強烈的改變，扭轉長期的習性（雖則可能沒有巨大到足以改寫世界歷史）。

另有專家依據艾許的基本方法進行其他實驗，發現很多事情的判斷也都有明顯的從眾效應。[7]有一項實驗詢問人們：「你認為下列何者是國家當前最大的問題？」訪問中列出五種選項：經濟衰退、教育、顛覆活動、心理健康、犯罪與貪腐。私下訪問時只有一二％的人選顛覆活動，但是當公開在一群人之中回答而那群人一致認為顛覆活動是最大的問題時，選擇這個答案的比例就變成四八％！

另一項研究也有類似的結果，他們請實驗對象思考下列這句話是否正確：「言論自由是特權而不是基本權利，當社會的安定受威脅時可以限制言論自由。」個別回答時只有一九%的控制組同意，但僅僅四人聯合提出一致的意見時，同意的人變成五八%。這樣的結果與艾許真正要探討的問題有很大的關聯：納粹主義怎麼可能存在？艾許相信從眾效應會造成非常強大的推力，終而引發看似不可思議的行為（如瓊斯鎮的悲劇）。

不論艾許的研究是否足以解釋法西斯主義的興起或瓊斯鎮的悲劇，可以確定的是社會壓力會促使人們接受很奇怪的結論——從而可能影響他們的行為。我們要探討的當然是選擇設計師是否能利用這個事實促使人們往更好的方向發展。舉例來說，假設有一個城市要鼓勵人們多運動以增進健康，如果本來就很多人在運動，那麼政府只要凸顯這個事實就足以引發相當大的改變。少數具影響力的人若能釋出強烈的認同訊息，也能達到類似的效果。

舉例來說，德州政府為了減少公路垃圾想出一種極富創意的方法，果真非常成功。[8] 起初，德州的官員花了大筆資金與高曝光的廣告告訴民眾不丟垃圾才是好公民，卻因效果不彰而感到非常挫折。很多丟垃圾的人是十八至二十四歲的年輕人，對於政府官僚的勸誡自是不放在心上。官員決定另外尋找一句「聽起來很男子漢的口號，同時訴諸德州人特有的驕傲感」。為了打動那群不甩政府的年輕族群，他們特別找來達拉斯牛仔橄欖球隊（Dallas Cowboys）的球員拍電視廣告。球員在廣告中撿垃圾，徒手壓扁啤酒罐，粗聲粗氣地說：「別把德州搞髒！」另外還請尼爾森（Willie Nelson）等歌手拍攝其他的廣告。

現在有各種產品以「別把德州搞髒」為名，包括轉印貼紙、襯衫、咖啡杯等。有一種很受歡迎的轉印貼紙提供很「愛國」的配色，不僅有美國國旗的顏色，還有德州州旗的顏色（後者也許更重要）！

現在大約九五％的德州人都認得這句口號了，二〇〇六年以壓倒性票數獲選為美國最受歡迎的口號，還在紐約麥迪遜大道遊行慶祝。（這可不是捏造的，當然，這種事大概只會發生在美國。）重點是：這項宣傳活動進行不過一年，德州亂丟垃圾的情形大幅減少了二九％；六年內，路邊可見垃圾量減少了七二％。這麼好的成績不是透過命令、威脅、利誘，而是極富創意的推力。

圖3-1　「別把德州搞髒！」的標誌（獲德州交通局同意轉載）

聚光燈效應

人們會花那麼多心力配合社會規範與流行，原因之一是以為別人在密切注意自己的行為。假設你穿著西裝去參加聚會，發現其他人都穿得很休閒，你會覺得大家都用奇怪的眼神看你，似乎在想你怎麼這麼滑稽。如果你有這種恐懼心理，有一件事或許能讓你安慰一些：別人其實沒有那麼注意你。

季洛維奇與同僚研究發現，人們很容易受到「聚光燈效應」的影響。[9] 他們做過一項典型的實驗，主題是探討將哪一位藝人的圖像印在運動衫前面最不時髦。當時是一九九〇年代，贏得這項「殊榮」的是歌手曼尼洛（Barry Manilow）。一個學生來參加實驗，被要求穿上一件前面印著曼尼洛醒目圖像的運動衫，加入一群正在忙著填問卷的學生。一兩分鐘後實驗者走進來，告訴該學生弄錯了，其實是要他參與另一項實驗。於是兩人一起走出去。這時該學生被問到，他認為屋子裡有多少學生注意到他的運動衫上印著誰的圖像。得到的答案平均是四六%，將近一半。事實上只有二一%。

這個實驗告訴我們，別人不像你想的那麼注意你。如果你的襯衫上有塊汙漬，別擔憂，別人很可能不會發現。但正因為人們總以為大家都在看自己，也才會設想別人可能的行為並照著做。

文化變遷、政治變遷與不可預測性

文化與政治是否會受從眾心理影響？企業能夠靠著從眾心理獲利嗎？試以音樂下載為例。賽格尼克（Matthew Salganik）與同僚（2006）創造了一個人造的音樂市場，找來一四三四一位參與者——他們都常造訪某個很受年輕人歡迎的網站。實驗方式是提供參與者一系列過去不曾聽過的樂團所唱的不曾聽過的歌曲，參與者只要對任何歌曲有興趣都可試聽一小段，然後選出想要下載的歌並給與評價（都不下載也可以）。其中約半數的參與者完全依據樂團的名稱、歌名與自己的感受獨立進行評價，另一半的人可以看到每首歌的下載次數。後面這一半的人被隨機分為八組，每一組獨立運作；亦即只能看到同組的下載次數。這裡的關鍵問題是人們是否會受其他人的選擇影響——各組裡受歡迎的歌曲是否不同。

人們是否會受其他人的推力影響？答案無庸置疑。各組的成員同樣都比較會去下載先前已被多次下載的歌，比較不會下載冷門的歌。值得注意的是，熱門歌曲很難預測，獨立判斷的控制組與「社會影響組」對歌曲的評價大不相同。在那八組裡，多數歌曲紅不紅與最早下載者的選擇很有關係。影響所及，同一首歌可能在某一組是大熱門，在另一組卻乏人問津。

在很多領域裡都有類似的現象，人們看到某件事時總會認為那是可以預期的結果，例如某音樂家、演員、作家、政治人物會成功，必然是因為他的能力或特質。這種想法要特別小心。事實上在某個關鍵階段的小小干預甚至是偶然的事件，都可能對結果有很大的影響，目前當紅的歌手可能與數十名甚至數百名名不見經傳但同樣有才華的人難分軒輊。我們還可以繼續推斷下去。目前在職的多數州長可能與數十名甚至數百名仕途不順的政治人物不相上下。

社會影響力未必是特定人士刻意推動的結果，有時候即使沒有任何人推動也可能左右人們的想法，我們想到一個有些滑稽的鮮明例子——西雅圖擋風玻璃破壞事件。[10] 一九五四年三月末，華盛頓州貝林罕市（Bellingham）有一群人注意到他們的擋風玻璃上有一些很小的凹痕。當地警察懷疑是有人用ＢＢ彈或鉛彈破壞的。不久，貝林罕市南方也有一些城市有人舉報同樣的問題。不到兩週，破壞分子的惡行向更南方蔓延，多達兩千輛汽車被舉報遭破壞——但這顯然已不能歸咎破壞分子。災難逐漸逼近西雅圖，四月中，當地的報紙盡職地進行相關報導。不久，果真有多起事件引發警局注意。

未幾，舉發事件之多已達傳染病的程度，引發各界對可能的原因進行熱烈的討論。蓋革（Geiger）計數器並未測出輻射現象。有人認為可能是某種大氣因素；有人推測是聲波與地球磁場的移動；也有人說是導因於太陽的宇宙射線。四月十六日，西雅圖一地便有三千部汽車的擋風玻璃被「打出凹痕」。西雅圖市長立刻寫信給州長與總統艾森豪：「原本侷限在華盛頓州北部的汽車擋風玻璃與車窗破壞事件已擴散到普吉灣（Puget Sound）地區……促請聯邦（與州）政府與本地相關當局合作，因應此一緊急情況。」州長遂成立由科學家組成之委員會，調查此詭異又驚人的現象。

科學家的結論是什麼呢？會造成汽車這種不大不小的損壞，可能是「正常行駛狀態下被小東西打到擋風玻璃所致」。後來的另一項調查也支持此一說法，他們發現新車便沒有此凹痕。最後的判斷是：「那些凹痕一直都在，只是以前沒有人注意過。」（讀者不妨看看你的車，如果不是全新的車，或許會有一兩處或更多的凹痕。）

這或許是社會推力無心插柳的極端例子，但事實是我們每一天都被那些無意影響我們的人影響。例如我們多數人都會被一起吃飯的人的飲食習慣影響（姑且不論他們是否有任何意圖）。前面說過，肥胖具感染力；如果你有很多過重的朋友，你自己是胖子的機率會比較高。換個角度來說，想要增胖的一個好方法就是和別人一起吃飯。[11]平均而言，和另一個人一起吃飯會比獨自吃飯多吃約三五％；四人同吃約多吃七五％；七人以上同吃多吃九六％以上。*

* 一個養雞的同僚告訴我們雞也是如此。一隻雞即使吃到膩了，若是將隔壁籠子裡饑餓的雞移過去，牠又會開始吃。

此外，我們也會深受團體中其他人的飲食習慣影響。一個食量小的人在大食量的團體中會多吃很多，反過來說，大食量的人在小食量的團體裡會變得較有節制。因此，一個團體的平均值具有很大的影響力。但我們還要考量性別的差異性。女性在約會時通常吃得較少；男性則會吃較多，顯然相信這種男子氣概的吃法會讓女性傾倒。（給男性朋友的忠告：這是錯的。）因此，如果你要減重，最好找瘦瘦的同事一起吃飯（但千萬別幫對方吃）。

如果你發現自己被朋友的飲食習慣輕推，應該不是因為對方故意影響你。但社會影響力確實常常是策略運用的結果，廣告主尤其深諳此道。他們常會強調「多數人都喜歡」他們的產品，或是「愈來愈多人」轉而使用他們的品牌，言下之意，別的品牌是昨日黃花，他們的才是明日之星，廣告主輕推你的方式就是告訴你多數人的做法。

公職候選人或政黨也是如此，常會強調「多數人已轉而支持」他們推薦的人選，希望說出這句話就能讓它成真。一旦讓人感覺民眾已集體背棄某位候選人，那個人差不多就完了。這個現象很能解釋二〇〇四年凱利（John Kerry）為何獲民主黨提名。原本支持迪恩（Howard Dean）的民主黨員會轉而支持凱利，並不是因為每個選民獨立判斷後認為凱利較好，主要是因為大家普遍覺得大部分的票已被凱利吸走。華茲（Duncan Watts）的評論很有趣（2004），雖然篇幅有點長，但很值得照錄：

愛荷華州初選之前幾週，凱利的選情近乎停滯，但沒想到他在愛荷華贏了，然後是新罕布夏，在一場又一場的初選接連獲勝。怎麼會如此？……當**每個人**都想參考別人的意見——例如要選出他們認為別人都會支持的民主黨候選人時——不論其他人掌握何種資訊，可能都會被忽略。最後只能看到一種競相仿效的現象，就像驚逃的群獸，一開始也許並沒有明顯的理由，突然間大家朝著某個方向一起狂奔……我們自以為是具有自主性的個體，每個人都受內在的力量與欲望驅使，因而能完全為自己的行為負責，尤其是投票時。沒有一個選民會承認（即使是對自己承認），他會投票給凱利只是因為他在新罕布夏獲勝。

社會影響力具有經濟上的意義嗎？答案無庸置疑。不只是飲食與政治上的選擇，金錢投資也是如此：人們的投資決策常會受到親友鄰居的影響。有時候跟著別人的腳步走是理性的，但並不是永遠如此，當投資人集體往同一方向走時，結果可能會很慘。試以投資俱樂部為例，當會員都是唯唯諾諾之輩時，投資績效往往特別糟糕。在這類俱樂部裡，資訊並不是很透明；大家多半聽從第一個講話的人，最後的投資決策當然高明不到哪裡去，結果就是大家一起虧錢（Harrington, 2008）。社會影響力也會左右整個市場，事實上近年來的投機風潮，乃至二〇〇八年的金融危機，都與社會影響力有很大的關係。

針對這個現象提出最佳闡述的是席勒（Robert Shiller），他特別強調心理因素與群體行為（herd behavior）在波動的市場中扮演很重要的角色（2008）。席勒分析：「要瞭解這一波或任何一次投機風潮，最重要的單一因素是繁榮思維的**社會感染力**，起因是人們共同觀察到價格的快速上漲。」他指出，社會感染力形成時，大眾的知識會陷入一種層層升高或螺旋向上的現象，多數人開始認為樂觀是對的，理由純粹是因為大家似乎都這麼想。再加上媒體大力背書，到最後人們真的相信自己正身處一個「新的時代」，導致價格不斷攀高。套用席勒的話，「在投機泡沫形成時，價格—傳說—價格形成一個圓圈不斷環繞。」但泡沫終究會破滅，因為撐起泡沫的是無法經得起時間考驗的社會判斷。

當然，事後諸葛似乎總是比較容易，但席勒確實很早就有先見之明，並明確指出社會互動如何將房地產泡沫吹大。他的分析對我們瞭解其他的泡沫也有很大的啟示——包括九〇年代的網路泡沫。投資人應該可以從中得到警訊——對群體行為要特別小心。當你的鄰居告訴你買XXX穩賺不賠，很可能就表示是該退出那一類投資的時候了。政策制定者也可以從中學到教訓，他們應該明白，當人們開始互相影響時，市場的急速上揚對投資人以及整體經濟可能都意味著不容忽視的風險。

利用社會推力進行選擇設計

這個例子給我們很清楚的啟示，如果選擇設計師要改變人們的行為且希望透過推力，那麼只須讓人們知道其他人的行為即可。有些人會對其他人的做法感到訝異，因而受到較大的影響。試舉下列四個例子：

從眾與納稅

以納稅為例，明尼蘇達州政府的一項實驗便很有效地促成了行為的改變。[12]他們提供四種資訊給四組納稅人：第一組被告知他們的稅金用於教育、警政、消防等有益的事；第二組被威脅若不繳稅要如何處罰；第三組被告知對報稅有任何不清楚的地方如何求助；第四組被告知超過九成的明尼蘇達人已依法報稅。

結果只有一種方法能促進繳稅——第四種。顯然有些人會不納稅是因為誤以為依法納稅的人不多——可能是受到媒體或關於逃漏稅的其他報導影響。一旦被告知依法納稅的人很多，他們自然比較不會逃漏稅。可見只要引導大眾注意其他人的行為，便可促使某種良好或不當行為增加（至少增加到一定程度）。（給政黨的提醒：如果你們希望提高投票率，請**不要**

哀嘆太多人不投票。)*

維護化石木

當然，很多時候行為不當者的比例確實偏高。這個不幸的事實非常不利於改變：如果人們彼此仿效，最後可能形成惡性循環，甚至持續不止。但難道不可能輕推人們朝更好的方向發展？

一份高明的研究證實答案是肯定的，也讓我們更確定問題的呈現方式是否恰當有很大的影響。這項研究在亞利桑納州的化石林國家公園（Petrified Forest National Park）進行。由於有些遊客喜歡帶一些樣品回家做紀念，嚴重威脅公園的存續。公園裡設有標示請求遊客不要這麼做，問題在於標示應該怎麼寫。研究主持人齊歐迪尼（Robert Cialdini）是研究社會影響力的權威，就在不遠處的坦佩市（Tempe）任教，他很確定目前的標示內容有改善的空間。[13]於是他安排了一項實驗。

研究人員在不同的實驗情境裡沿途放置化石木，誘引遊客帶回家。在兩個小時的路程中，沿途的標示內容各不相同。有些與目前使用的差不多，強調問題的嚴重性：「過去很多遊客將化石木帶回家，導致公園的自然狀態被破壞。」有些強調指令式的規範（injunctive norm）：「請不要將公園裡的化石木帶回家，共同維護公園的自然狀態。」席爾迪尼預測正向的指令式規範比負向的訊息更有效，實驗證明他的預測是對的。[14]

社會化戒酒運動

另一個例子是訴諸「社會規範」以減少飲酒及其他不當行為。[15] 試以大專生的酗酒問題為例（多數未達法律規定可飲酒的年齡），哈佛公衛系的一項調查發現，約四四%的大專生在調查前二週裡曾經狂飲。[16] 這當然是一大問題，矯正之道隱藏在一個事實裡：多數學生相信酗酒是普遍現象，但真正酗酒的人數其實低很多。[17]

這種錯誤的認知一部分源自可得性捷思（availability heuristic）。人們很容易想到酗酒的案例，從而產生誇大的認知。大專生本來就很容易受同儕影響，他們對其他學生的酗酒程度既存在誇大的印象，自然會有愈來愈多學生加入酗酒的行列。

很多官員已警覺到強調統計數據有助於促進行為改變，開始嘗試運用推力讓人們朝正面的方向發展。例如蒙大拿州便推動大規模的教育宣傳，強調蒙大拿的大多數居民都不酗酒。[18] 其中一則廣告試圖扭轉學生的錯誤認知：「在蒙大拿，大多數大學生（八一%）一週飲酒不

* 同樣的道理，當人們知道很多人在做回收，自己便比較可能回收。如果飯店希望顧客重複使用毛巾——不論是基於環保或經濟考量——最好的做法是強調別的顧客都這麼做。如果能告知前一位房客是多麼有責任感，效果應該更好！

超過四杯。」另外一則廣告則是針對癮君子：「在蒙大拿，大多數青少年（七〇％）不吸菸。」此一策略很有效地傳遞正確的社會認知，也促使吸菸人口明顯減少。[19]

微笑、皺眉與節能

社會推力還可用以促進節能呢。下面這項研究便足以證明社會規範的力量，研究對象是加州聖馬克市（San Marcos）近三百戶人家。[20]每一戶都被告知他們前幾週的能源使用量，另外還有居住地區的家戶平均用量。這些訊息對居民的行為產生了驚人的影響，其後數週，用量高於平均值的人明顯減少用量，用量低於平均值的人則明顯增加用量。後者稱為反彈效果（boomerang effect），這提供了很重要的警訊。如果你要輕推人們朝社會認可的方向發展，絕對不要透露他們目前的行為優於社會規範。

但這項研究還發現一件有趣的事。大約半數家庭不只得到敘述性的資訊，還會拿到一個小小的非語言訊號，顯示他們的用量為社會所認可或不認可。用量高於平均值的會拿到不開心的「表情符號」，如圖3－2a，低於平均值的會拿到開心的表情符號，如圖3－2b。

高用量戶若拿到不開心的表情符號，下次減量幅度會更大——這個結果不讓人意外，但很值得注意。更重要的是，當低用量戶拿到開心的表情符號時，反彈效果便完全消失了！如果他們只是被告知用量低於平均值，他們會覺得還有增加用量的「空間」，但當這項訊息與情緒的推力結合，他們便不會調高用量。

不論共和黨或民主黨，很多人在主張節能時都是訴諸國家安全、經濟成長、環境保護等理由。事實上，高明的社會推力就能達到很好的效果，後文會以更多篇幅探討選擇設計對環保的助益。

促發

前面談到我們會很注意其他人的行為與想法，相關的研究顯示「促發」(priming)的影響也很大。促發與腦部自動系統神祕的運作方式有關。研究發現，似有若無的影響會讓某些訊息更容易出現腦海。你可以想像與荷馬．辛普森玩文字聯想遊戲，大約就知道是怎麼回事了。有時候光是暗示某個觀念或概念就可引發聯想，進而激發行動。這種「促發」通常是在社會情境下發生，效果之大足以讓人驚訝。

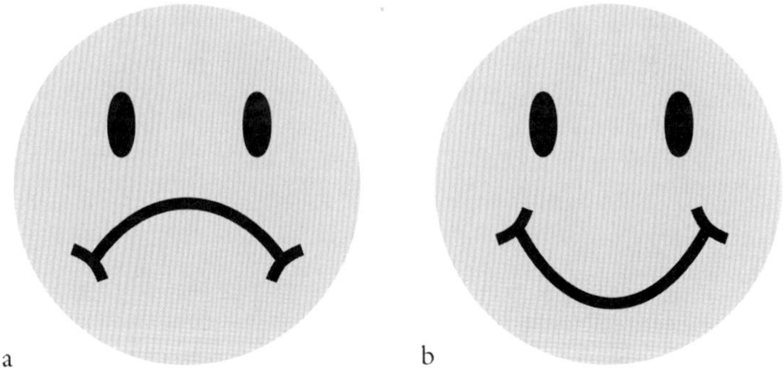

a　　b

圖3-2　加州聖馬克市居民依能源使用量得到不同的視覺反饋

很多調查會詢問人們是否將會做某些事——如投票、減肥、購買某種產品等。調查者通常只是要進行行為的分類，而不是要影響人們的行為。但社會科學家發現一個奇特的現象：當他們要探究人們的意圖時，同時也會影響人們的行為——這叫作「測試效應」（mere-measurement effect）。當人們被問到是否準備做某件事時，最後的行為表現很可能會與其回答一致。很多調查都可以看到這種現象，例如當人們被問到是否準備吃某種食物、節食、運動，他們的回答常會影響後續行為。[21]用我們的語言來說，測試效應就是推力，無論公私機構都可善加利用。

例如助選員要如何鼓勵支持者出來投票？一個明顯的方法是強調後果；第二個方法是讓人們可以更輕鬆到達投票所，減低投票的成本與負擔。其實還有另一個方法，你只要在投票前一日問人們是否會去投票，就可使其前往投票的機率提高二五％！[22]或假設你希望更多人購買某產品，如手機或汽車。一項全國代表性樣本超過四千人的研究只提出一個簡單的問題：你是否打算在未來半年內買新車？[23]光是提出這個問題便使得購買率提高了三五％。再假設政府要鼓勵民眾採取具體行動改善健康，測試人們的意圖同樣可以大幅促進有益健康的行為改變。[24]當人們被問到未來一週多久會使用一次牙線，他們就會更常使用。當被問到未來一週是否會吃油脂食物，他們就會少吃一些。

若要強化這種推力的效果，還可進一步詢問計畫何時進行及如何進行。這個方法可歸類為頂尖心理學家雷溫（Kurt Lewin）所說的「渠道因素」（channel factors），雷溫指的是可用以促進或阻止特定行為的微小因素。讀者不妨把渠道想成春雪融化時流經的河道，河道的走向可能取決於地形的微小改變。雷溫認為人類也是一樣，看似微不足道的因素可能產生強大的影響力，阻止人們去做原本「想做」的事。如果你要促進正向行為，與其迫使人們往那個方向走，去除微小的阻礙會更有效。在耶魯大學校園進行的一項實驗為雷溫的理論提供早期的證據，實驗者是雷文索、辛爾與瓊斯（Leventhal, Singer, Jones, 1965）。他們以耶魯的四年級生為對象，就破傷風的危險以及到健康中心接受預防注射的重要性進行極具說服力的教育。多數學生都信服了，表示會去注射，但意願卻未能完全化為行動。真正去注射的人只有三%。

其他實驗者除了上同樣的課，還另外拿到一張校園地圖，圖中將健康中心的位置圈起來。接著請他們查看每週時間表，安排好去注射的時間，再看看地圖，決定走哪一條路線。受到這些推力的影響，二五%的學生去接受注射。這些操縱手法其實非常委婉。別忘了這些學生已四年級，當然知道健康中心在哪裡（耶魯校園並不大），而且也沒有請他們事先約定注射時間。但真正去注射的學生竟然是原來的九倍，顯示渠道因素的潛在力量很大。

社會科學家依據這些發現再稍微擴大範圍，發現只要提供簡單且看似不相干的暗示，就能「促發」人們表現出某些行為。事實上你只要將某些東西變得明顯一些，就可影響人們的行為。例如商業環境的典型物品——如公事包與會議桌——會讓人變得喜歡競爭，不喜合作，不慷慨。[25]氣味也有關係：光是聞到清潔劑的味道，就會讓人在進食的時候更注意環境的清潔。[26]在這兩種情況下，人們並不知道那些暗示對其行為的影響。再舉一個有趣的例子：人們對陌生人的判斷會因自己正在喝冰咖啡或熱咖啡而不同！喝冰咖啡的人比喝熱咖啡的人容易覺得別人自私、不合群、冷漠。[27]這種影響同樣是在意識層之下進行的。

本章介紹了三種社會影響——訊息、同儕壓力與促發——公私領域的輕推者都可善加利用。企業或政府也可以藉此促進好的（或不好的）目的，後文會提供更多例子。

4 我們何時需要推力？

人類有能力創造非凡的成就，但也會犯愚蠢的錯誤，這些我們都見識過。應該怎麼做最恰當？選擇設計既不可避免，若要簡短的回答，當然是遵守自由家長制的黃金原則：我們應該提供最可能有幫助、最不可能造成傷害的推力。*更詳盡的回答是：當人們面對艱難且很少碰到的抉擇，抉擇後無法得到立即的反饋，且很難將問題轉換成自己容易理解的語彙時，就會需要推力。

本章將試著具體闡明這些觀點。首先要說明哪些情況下人們最不可能做出明智的選擇，接著要把重點轉向市場的潛在神奇力量，探討自由市場與公開競爭是否會淡化人性的弱點，或反而只是助紂為虐。值得注意的是市場機制雖有許多優點，卻常常讓企業有強烈的誘因要訴諸人性的弱點（並從中獲利），而非致力消除或減輕其影響。

* 卡默若（Camerer）等人主張「非對稱家長制」（asymmetric paternalism），意指採取行動幫助最不具判斷力的人，同時盡量減少對其他人的傷害（2003）。我們的基本原則基本上遵循此一精神。

棘手的選擇

假設你被告知有一群人在不久的將來必須做一些選擇，你的角色是負責設計選擇的環境，決定提供哪些推力以及推力的明顯程度。那麼你需要哪些資訊才能設計出最佳的選擇環境？

先享受後付代價

前面說過，當人們所面臨的決定對其自制力構成考驗時，便會出現一些可預期的問題。生活中的許多選擇——例如要穿藍襯衫或白襯衫——比較無關緊要，自制力最可能受到考驗的情況是做了選擇之後要隔一段時間才能看到後果。一種極端的例子或可稱為投資財（investment goods），如運動、使用牙線、節食等。要得到這些投資財，你必須立即付出成本，效益卻會延遲出現。在這方面，多數人的問題是做得太少。雖然也有一些運動狂或酷愛使用牙線的人，但我們應該可以確定，極少人的新年願望是新的一年裡少用牙線或少騎運動自行車。

另一個極端的例子可稱為罪惡財（sinful goods）：抽菸、喝酒、超大巧克力甜甜圈等。現在立刻享受，事後承擔後果。這個地方同樣適用新年願望的試驗：有多少人會立志來年多抽一些雪茄、多喝幾杯馬丁尼，或早上多吃幾個巧克力甜甜圈？投資財與罪惡財都很適合使用推力。多數人（除非是厭食症者）並不需要別人慫恿他多吃一塊布朗尼，卻很可能因別人的鼓勵多運動一些。

困難度

大約六歲以上的人都會綁鞋帶、玩圈叉遊戲、拼出貓（cat）這個字。但恐怕沒有多少人能綁出漂亮的蝴蝶結、精通棋藝或拼出（更遑論讀出）心理學家契克森米哈賴（Mihaly Csikszentmihalyi）的名字。當然，我們會想辦法克服困難，購買綁好的蝴蝶結，閱讀關於西洋棋的書，在網站上查詢Csikszentmihalyi的拼法（每次需要用時都用剪貼的）。我們也會利用拼字檢查與試算表來解決難題。但人生有些問題真的很艱難，科技也無法提供像拼字檢查這麼簡單的解決方法，例如要選對貸款恐怕比選對土司更需要旁人的協助。

頻率

即使是困難的問題也會因練習而變容易。我和桑思坦都經常能夠將網球打到發球區（桑思坦的球速還相當快），但確實花了一些時間練習。一般人初次打網球根本不容易打過網，更遑論打進發球區，所幸熟能生巧（至少練習後不再那麼笨拙）。

遺憾的是人生有一些很重要的決定並沒有提供太多練習的機會。多數學生只選擇一次大學。在好萊塢之外，我們多數人一生只選擇一次配偶（最多也不過兩三次）。多數人也不會嘗試太多種職業。除了科幻小說之外，我們只有一次機會儲存退休金（雖然過程中可以做一些調整）。一般而言，影響愈大的事愈沒有機會練習。多數人買房子和汽車的頻率大概十年不超過一兩次，但購物的經驗就多很多了。多數家庭已學會相當精準控制牛奶的存貨控管，倒不是數學很厲害，而是透過嘗試與犯錯。*

這並不是說政府應告訴人民應該和誰結婚或應該讀什麼科系，這本書談的是**自由**家長制，此處只是要強調，少見、艱難的選擇很適合運用推力。

反饋

但如果欠缺學習的機會，練習也未必有效果。比較有效的學習方式是每次嘗試之後都能立即得到清楚的反饋。假設你在練習場練習推桿，如果十球都打向同一個洞，很容易就可約略掌握如何施力。在這種情況下，即使是最沒有運動細胞的人也可以很快學會評估距離。反之，假設你在練習時看不到球打到哪裡去，即使推一整天也不會有任何進步。

遺憾的是，人生的很多選擇就像練習推桿卻看不到球打到哪裡去，原因很簡單：選擇的環境未提供適當的反饋。舉例來說，我們通常只能就自己的選擇獲得反饋，至於棄選的部分則完全沒有。一個人除非特別去做實驗，否則可能永遠無法知道走一條不熟悉的路會通往那裡。如果你每天晚上都繞遠路回家，你可能永遠不知道有更快的路。費時較久的事物也很少提供反饋。有些人長年吃高脂飲食而未得到任何警訊，直到有一天突然心肌梗塞。當反饋機制失靈時，推力便可派上用場。

瞭解你的喜惡

多數人很清楚自己是否喜歡咖啡冰淇淋甚於香草，是否喜歡法蘭克辛納屈（Frank Sinatra）甚於鮑伯狄倫（Bob Dylan），是否喜歡推理小說甚於科幻故事。在這些例子裡，我們都有機會嘗試不同的選擇，從而確認自己的品味。但假設你必須對不熟悉的事物預測喜惡，例

＊這裡面存在很大的弔詭。很多經濟學家認為心理學實驗不值一哂，理由是這類實驗多半「無關緊要」，且人們通常沒有足夠的機會練習。意思是只要問題更攸關當事人的利益，且實驗對象有很多機會練習，應該很容易「答對」。這種論調至少有兩個問題。第一，並沒有證據證明攸關當事人的利益就能讓人的表現變好。大致來說，利益的關聯性似乎影響不是那麼大（參考卡默若與霍嘉斯〔Hogarth〕，1999）。更重要的是第二點，經濟學理應幫助人們瞭解人生的重大決定，而這些決定通常是無法練習的。如果人們在二、三十歲時能先有幾次「試婚」的經驗再定下來，離婚率或許會比較低（雖然我們對這項預測也不是很有信心）。事實是在現實生活中，選擇伴侶很困難，失敗者大有人在。同樣的道理，如果讀研究所可以有練習的機會，或許會少一些開計程車的哲學博士。一個人到了三十五歲顯然已不容易「重新來過」。

如第一次到食物很奇特的國家用餐。聰明的觀光客通常會求助他人，例如服務生可能會告訴你：「多數外國人愛吃X，討厭吃Y。」即使不是很奇特的地方，讓別人幫你做選擇也是明智之舉。芝加哥最好的兩間餐廳（Alinea與Charlie Trotter's）提供給客人的選擇最少，在Alinea，客人只須選擇十五道小盤或二十五道袖珍盤。Charlie Trotter's只會問客人是否吃素。（兩家都會詢問是否有飲食的限制或對什麼食物過敏。）選擇少有一個好處，廚師可以提供你永遠不會點的美食。

如果人們無法將面對的選擇轉化為即將發生的體驗，也就比較難做出明智的決定。一個簡單的例子是點菜時發現菜單是你不懂的語言，其實即使你懂那個語言，也未必能將各種菜名轉化為對你有意義的內容。

試以選擇哪一種共同基金納入退休投資組合為例。多數投資人（包括作者）都不太知道如何比較「資本增值基金」（capital appreciation fund）與「動態紅利基金」（dynamic dividend fund），即使把這些詞彙弄懂了，問題也未必能解決。投資人唯一需要知道的是：這些選擇如何在不同的情況下影響退休後的消費力——但即使是擁有良好的軟體且完全瞭解投資組合的專家也未必能好好分析。醫療保險也有同樣的問題；我們都不太能瞭解做了選擇之後會有什麼影響。如果你的女兒罹患罕見疾病，你去求助高明的醫生能獲得保險給付嗎？一般要等多久才能獲得醫治？當人們很難預測他們的選擇會有哪些影響時，提供太多選擇或甚至讓民眾自己選擇未必是有利的。這時候適當的推力或許是及時雨。

市場機制：毀譽參半

我們且就目前為止的討論做一個簡單的總結，人們在面對下列選擇時可能最需要適當的推力：選擇之後無法立即看到效應；面對的選擇很困難、少見且不易得到反饋；選擇與體驗之間的關聯不清楚。我們當然要探討，即使在這種情況下自由市場的機制難道無法解決問題？市場的競爭通常能發揮很好的作用，但有時候企業基於利益的考量會訴諸甚至利用人性的弱點。

第一個要舉的例子是保險，很多保險產品具備上述的所有特質。保險的好處以後才看得到，成功獲得理賠的機率不易分析，購買產品是否能獲得很好的報酬率也無法得到實用的反饋，產品與服務之間的對應關係可能很模糊。但保險市場的競爭也很激烈，我們當然要問，碰到棘手的選擇時，市場的機制是否能幫我們「解決」問題。

我們且假設有兩個不同的世界。一個是經濟人的世界，所有的消費者都是經濟人，面對艱難的選擇都沒有問題。所有的量化問題，包括選購保險產品，都是輕而易舉的事。另一個是一般人的世界，其中一部分消費者是一般人，具備一般人的全部特質，其他都是經濟人。

兩個世界都有健全的市場，且至少有一些完全理性的企業聘用經濟人當管理者。我們的關鍵問題是：在這兩個世界裡，人們購買保險產品的情況會一樣嗎？換句話說，健全的市場機制是否會讓一般人的弱點變得比較不重要？

要分析這個問題，我們先舉一個簡單的例子——我們的靈感來源是詩人希爾弗斯坦（Shel Silverstein）的詩作〈聰明〉（Smart, 1974）。這首詩機智又好玩，如果你手邊有電腦，我們建議你在Google鍵入Smart與Silverstein，現在就找出來讀一讀。＊我們會等你讀完再繼續。

有些讀者也許正在飛機上（或躺在床上懶得起床），我們可以告訴你，這首詩的故事很簡單。敘事者是一個孩子，他的父親給他一塊錢，他很聰明地換成兩個二角五銅板，因為他（與那個愚蠢的交換者不同），他知道兩個比一個多。他繼續找人換——兩個二角五銅板換成三個一角；三個一角換成四個五分錢；最後四個五分錢換成五個一分錢。男孩回家向父親報告他這一系列的聰明交易，父親聽完之後說：「他驕傲到說不出話來。」

假設在健全的市場經濟裡，有些一般人喜歡兩個二角五銅板勝於一塊（因為兩個比一個多）。這些二角五的愛好者會發生什麼事？會受傷害嗎？會影響市場的價格嗎？答案要看他們有多笨。但假設他們雖喜歡兩個二角五勝於一塊，總是希望手中的二角五愈多愈好（因為他們是二角五的愛好者）。因此，即使他們原則上願意以兩個二角五換一塊，但他們不必這麼做，因為銀行（及其他人）會競相爭取他們的業務，樂意以四個二角五換一塊。當然，那些二角五的愛好者會認為自己撿到便宜，但只要二角五的市場存在競爭，二角五的價值就會維持在二角五，二角五的愛好者終究不致因這不理性的偏好而受傷害。

這當然是比較極端的例子，但很多市場和這個例子的差異也不是那麼大。有競爭通常就可確保一分錢一分貨，一般而言（但不是沒有例外），一瓶五十美元的葡萄酒總是比二十美元的好。只要非理性的消費者沒有掌控主導力量，就無法改變市場。假如有些人選購葡萄酒時只看喜不喜歡商標，這些人並不會受傷害，但如果很多人都這麼做，商標漂亮的酒可能便會被過度擡高價格。

非理性的消費者要能獲得保護，必須仰賴競爭。但有時候這種競爭並不存在，試以小家電延長保證期為例，這對消費者通常是不利的。舉例來說，假設一支手機售價二百美元，第一年免費保證。但業者提供一個條件：付二十美元可多保證一年。兩年後消費者也差不多要計劃買新手機了。假設手機第二年損壞的機率是一％，那麼平均而言，這個延長保證的條件

＊希爾弗斯坦本人同意塞勒將這首詩用在一九八五年發表的一篇學術論文裡——他說很期待看到自己的作品出現在《美國經濟評論》（*American Economic Review*）裡。但現在這首詩由他的產業管理人掌控，我們雖嘗試多種推力（另一種說法是哀求），還是無法被允許在本書照錄。其實我們很願意支付版稅（這和你在Google查詢到的網站可不一樣），我們只能揣測，產業管理人（套用詩中用語）大概不明白聊勝於無的道理。

帶給消費者的利益是二美元。而業者提出的價格卻是二十美元——這筆錢包含給保險公司的正常利潤，以及給銷售員的抽頭（呃，應該說佣金）。

當然，經濟人很瞭解這些事，因此並不會購買延長保證。但一般人很可能會買，也許是因為銷售員很「友善」地告訴他這樣比較有利，或是他們誤以為手機的損壞率是十五%而非一%，或者他們只是相信「小心不蝕本」。

結果如何？這些過度昂貴的延長保證是否因市場機制被淘汰？或者競爭之下使價格壓到合理的二美元？答案都是否。（在進一步解釋之前，請注意現實生活中這類延長保證多得是，很多人真的會買。提示：不要買。）*

依據我們的假定，延長保證這種產品根本不應該存在。如果一般人明白他們是花二十元買價值二元的保險，自然不會買。但如果他們不明白，市場不能也不會揭露真相。因此，價格不會因競爭而下降，一部分因為銷售員花很多力氣說服顧客花二十元買價值二元的保險，一部分因為第三人很難快速進入此市場。讀者或許會說，企業可以教育民眾不要買。沒錯，但企業為什麼要這麼做？即使你買的是不該買的東西，企業若勸你不要買，那他要賺什麼？

這是很普遍的現象。當消費者抱持某種不完全理性的信念時，業者通常更有動機訴諸此信念（而非消除它）。當很多人仍害怕搭飛機時，在機場常有人販賣貴得離譜的飛行保險，但可沒有人販賣不要買這類保險的建議。

在很多市場裡，企業會競相爭取同一群消費者，且他們提供的產品不只是不同，甚至是完全相反。有人賣雪茄；也有人賣戒菸產品。有人賣速食；也有人賣健康飲食的觀念。如果所有的消費者都是經濟人，我們便無需憂心哪一種業者勝出。但如果部分消費者是有時會做出不明智選擇的一般人（當然是站在他們自己的立場設想），那麼哪些企業能在競爭中超前，恐怕便攸關我們大家的利益。政府當然可以規定某些商業活動違法，但我們既主張自由家長制，總認為運用推力比較好——且我們很清楚政府官員裡大部分都是一般人。

我們要如何提供協助呢？下一章要介紹我們的主要工具：選擇設計。

＊《辛普森家庭》（*The Simpsons*）裡有一集可以參考，劇情說荷馬的鼻子被敲進一枝蠟筆，好讓他的智商變低。（請不要問為什麼。）編劇為顯示荷馬的智商變低，讓他說出愈來愈蠢的話。當外科醫生聽到他說了下面這句話就知道手術完成了：「延長保證！穩賺的，怎麼能不買？」（感謝雷賓〔Matthew Rabin〕提供此趣聞。）

5 選擇設計

塞勒初執教鞭時，曾在商學院教導管理決策的課。有時會有學生提早離開去面試（或打高爾夫），偷偷摸摸溜出教室。不幸的是，走出教室的唯一出口是前面的大型雙扇門，出去時全班都看得到（所幸不在塞勒直接的視線範圍）。門上有巨大又漂亮的直立圓筒木手把，長約六十公分。當學生走到門口時，必須面對兩種相反的直覺，一是推門出去，一是用拉的——因為那種木手把原本就是設計來給人拉的。第一種直覺顯然不敵第二種，每個學生離開時都會用拉的。很可惜，他們都錯了。

某一天，一位想要逃離教室的學生尷尬地想要拉開門時，塞勒向全班指出這件事。其後每當有學生要偷溜時，其他人便熱切等著看好戲。讓人驚訝的是多數人還是用拉的！他們的自動系統太強了，巨大的木門把所傳遞的訊息硬是無法被過濾掉。（塞勒自己要離開教室時也曾用拉的，說來汗顏。）

這種門把是很拙劣的選擇設計，因為違反了一個名稱很好聽的心理學原則：刺激—反應的相容性（stimulus response compatibility）。簡單地說，就是你接受到的訊息（刺激）應與期待的行為一致。若有不一致的情形，便會影響表現，讓人容易犯錯。

舉例來說，當你看到一個紅色八角形的大標誌寫著「行走」，你會如何？這種矛盾現象造成的困難很容易透過實驗顯示，其中最有名的實驗之一是史楚普（Stroop）的測試（1935）。現代版的實驗是讓人們看電腦螢幕上閃過的字，然後做一件很簡單的事：看到紅字按右鍵，看到綠字按左鍵。多數人都覺得很容易，很快就學會了，而且非常準確。但那是還沒有碰到變化球以前，一旦碰到「綠色」這個字眼用紅色顯示，或「紅色」這個字眼用綠色顯示時就糟了。碰到這種矛盾的訊號，反應的速度會變慢，錯誤率會提高。一個關鍵因素是自動系統閱讀文字的速度比顏色命名系統的判斷更快。當你看到「綠色」兩字用紅色顯現時，不假思索的自動系統便急著按下左鍵，結果當然是錯的。讀者不妨自己試試看。你可以拿一些蠟筆寫下各種顏色的名字，但所用的蠟筆必須與所寫的顏色不同。（若是找個小孩幫你做這件事更好。）然後盡可能以最快的速度讀出顏色名（亦即只看文字，不管顏色）：是不是很容易？接著以最快的速度讀出使用的顏色但忽略文字：很難是不是？那是因為碰到這種情形，自動系統總是勝過省思系統。

我們雖未見過以綠色書寫的「停止」標誌，上述不知該推或該拉的門卻很常見，其實都違反了同樣的原則。扁平的門把就是告訴我們「推開」，巨大的門把就是「拉開」，你不能預期人們看到巨大的門把會用推的！這就是選擇設計未能符合基本心理原則的失敗案例。許多生活用品都看得到這種問題。舉例來說，電視遙控器最大的按鍵不是理所當然應該是開關、頻道和音量嗎？但你看過多少遙控器的音量鍵和「輸入」鍵一樣大？（若不小心按到輸入鍵會導致畫面消失。）

將人的因素融入設計裡並非不可能，如同諾曼（Don Norman）在他的傑作《設計＆日常生活》（*The Design of Everyday Things, 1990*）裡所顯示的。他提到的一個很好的例子是基本的四口爐（圖5－1）。這類爐子的爐口通常是對稱排列，開關則是一直線排列在下。這種設計常會

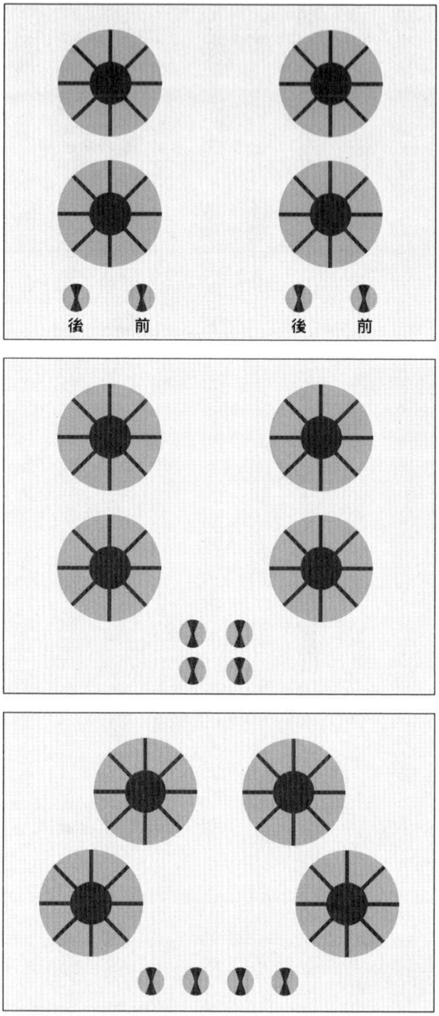

圖5-1　四口爐的三種設計

讓人搞不清楚哪個開關控制哪個爐子，很多人的鍋子因此燒壞了。我們提出的另外兩種設計只是眾多可能性之二。

最引人注意的選擇設計，當屬阿姆斯特丹機場現在已聞名於世的便池上的蒼蠅圖案。別忘了，在便池貼上假蒼蠅就可讓溢出的情形減少八〇%，就推力的效果而言可謂成果非凡。企業家兼工程師肯培爾（Doug Kempel）將蒼蠅的實驗轉變成網路販售蒼蠅貼紙的小事業，他告訴我們：「我的目標是要拯救全世界，一次從一個便池開始。我真心相信這個簡單的產品就可以讓廁所變得更乾淨更安全。愈不需要清洗表示愈不需要使用清潔劑，何況還可博君一笑。」肯培爾說他的蒼蠅在英國賣得特別好，客戶遍及酒吧、餐廳、學校、教堂，當然還有機場。

我們的許多親朋好友都說在世界各地看過這些蒼蠅，包括紐約甘迺迪機場第四航站、莫斯科、慕尼黑、新加坡、西雅圖、底特律等地的機場、普渡大學（Purdue University）、科羅拉多大學、布羅瓦社區大學（Broward Community College）以及荷蘭各地。我們有一位天不怕地不怕的眼線艾特曼（Steffen Altmann），他在德國波昂看過一種受到「美好的運動」啟發的特殊便池（美國讀者可能不知道，美好的運動就是足球），便池中心有一個小小的塑膠球門。不過並不是所有的便池都只是好玩的遊戲而已，例如有一種「尿尿遊戲」（Piss Screen，真的叫這個名字），也是出自德國。

這雖是遊戲，但旨在傳遞嚴肅的訊息：酒後不開車。尿尿遊戲號稱提供「互動經驗」（但請別誤以為是Wii），其實是嵌在便池裡一種對壓力很敏感的裝置，可模擬酒後開車的感覺。那是一群電視遊樂器設計師與法蘭克福計程車協會合作的成果，設計出這款精密的駕駛模擬遊戲，當你開始尿尿時它就會啟動，如果你偏向了車子就會翻覆。你的反應必須很快，酒醉的人絕對辦不到，結果便會產生撞車的驚嚇經驗，讓你對酒後上路的後果一清二楚。「醉得無法開車嗎？那就搭小黃吧！」螢幕最後出現這段文字，然後是法蘭克福計程車協會的電話號碼。

便池蒼蠅給我們的啟示是：設計者應記住，設計出來的東西是要給每天面對各種選擇與提示的一般人使用。本章的目標就是要為選擇設計師闡明這個觀念，只要你會間接影響別人的選擇，你就是選擇設計師。別忘了，你影響的是一般人的選擇，你的設計當然要反映出你對人類的行為有相當的瞭解，尤其要確保自動系統不會被搞得暈頭轉向。本章將探討有哪些基本原則決定選擇設計的優劣。

預設值：鋪一條阻力最小的路

基於前面分析過的理由，很多人習於選擇最不費力或阻力最小的路走。讀者應當還記得，前面討論過的惰性、維持現狀的偏見以及「無所謂」捷思法。這些分析告訴我們，當你提供人們預設值——亦即當人們無所作為時便自動生效的選項——我們可以預期最後會有很多人接受預設值（不論是好是壞）。我們也強調過，當局提供預設值時若明示或暗示這是正常或推薦的做法，會更強化人們這種無所作為的行為傾向。

預設值無所不在，而且具有很大的力量。事實上提供預設值是無可避免的，因為在選擇設計的任何一個時點都必然要有一條規則決定人們無所作為的結果。當然，通常的答案是：如果你無所作為，就不會發生任何改變；原本的情況會繼續維持下去。但也不是沒有例外，有些危險的機器如小型的動力鏈鋸和除草機都有服役開關（dead man switches）的設計，只要沒有人握著機器，它就會自動停止。又如你離開電腦去接聽電話，若時間很短還不會發生任何事，但一段時間後便會啟動螢幕保護裝置，再久一些，電腦還會自己關閉。

當然，你可以選擇多久才啟動螢幕保護裝置，但這需要你去採取行動。你的電腦可能預設在一定的時間後啟動一定形式的螢幕保護裝置，很可能你現在使用的就是這套預設的方式。

很多公民營企業都已發現預設值的力量奇大，成功的企業當然更不會不知道。還記得前面說過的雜誌訂閱到期自動展延嗎？這會讓很多人長時間訂閱自己根本不看的雜誌。很多雜誌社都知道這一點。當你下載新的軟體時，通常要做一些選擇，如「標準」或「自訂」安裝。

通常其中一個方格已被打勾，顯示那就是預設值。你是否注意到軟體商打勾的是哪一種？這裡面可以明顯看出兩種不同的動機：提供協助與用戶自助。以第一種動機而言，如果多數使用者不會使用自訂安裝，標準安裝就會是預設值。如果動機是自助，預設值則是願意透過電郵收到新產品的相關資訊。根據我們的經驗，多數軟體在安裝上都是採用提供協助的預設值，但其他選項則會採用自助式預設值。關於動機的問題稍後會有更詳盡的討論，這裡只是要提醒讀者，預設值的設計未必都是為了讓選擇的人享有更便利或更愉快的生活。

　　預設值的選擇有時會引起爭議。舉例來說，有教無類法案（No Child Left Behind Act）裡有一個不太引人注意的規定，學區必須提供學生的姓名、地址與電話號碼給軍隊的召募單位。但另外又規定：「中學生或學生的家長可要求，在未經家長書面同意前，不得提供學生的姓名、地址與電話號碼，地方教育單位或私立學校應告知家長可提出此要求，並應配合家長的要求。」有些學區如紐約的菲爾波特（Fairport）將這項法律解讀為可實施「選擇加入制」（opt-in），亦即他們會通知家長可選擇提供學生的資料，但如果家長沒有作為，學校就不會提供學生的資料。

　　當時的國防部長倫斯菲德（Donald Rumsfeld）不同意這種解讀。國防部與教育部寄了一封信給各學區，力陳法律的規定是選擇退出制。亦即唯有當家長主動要求不提供學生的資料才需要配合。這兩個部門以典型的官僚用語指出：「法律不允許地方教育機構實施以下政策：除非家長明確同意提供學生的資料，否則便**不提供**。」[1]國防部與學區都知道選擇加入制與選擇退出制會導致很不同的結果。可以想見這件事引發群情譁然。我們在探討器官捐贈那一章裡會再就預設值的棘手問題詳加討論。

我們一再強調，設定預設值是無可避免的——民間機構與法律體系都不能避免。但某些情況下可以有例外：選擇設計師可以強迫人們一定要自己做選擇。我們稱這種做法為「強制選擇」或「規定選擇」。再回到上面提到的軟體的例子，若要採用強制選擇制，則所有的方格都不能打勾，且必須要求使用者每個步驟都要打勾才能繼續下去。再以提供學生資料給軍隊召募單位一事為例，則是所有的學生（或家長）都必須填寫表格，表明是否要提供資料。碰到這類可能引發激烈反應的問題時，這種政策有很大的優點，因為人們應該不希望因預設值的設計而做了自己不喜歡的選擇（卻因真實或想像的社會壓力或惰性而未能拒絕）。

我們相信強制選擇制有時是最好的策略（也是愛好自由者最喜歡的方法）。但有兩點需要考量。第一，一般人通常認為強制選擇是一件麻煩的事（甚至更糟糕），寧可有很好的預設值設計。例如在安裝軟體時，能夠被告知推薦選項當然最好。多數使用者一定不願意為了決定選擇哪一種難懂的設定而去閱讀複雜的使用說明。當面對複雜又艱難的選擇時，提供合理的預設值確實是一大福音，反倒是採用強制選擇制的理由似乎有些牽強。

第二，強制選擇制通常較適合簡單的是非題，而不適合複雜的選擇題。例如餐廳的預設值是接受廚師通常的烹飪方式，但可以選擇增減特定食材。極端的強制選擇制則是顧客點每一道菜時都必須提供食譜給廚師！碰到極複雜的選擇時，強制選擇制也許不是好主意，甚至不可行。

預期錯誤

一般人都會犯錯，一個設計完善的系統會事先預期使用者可能犯錯，而且盡可能寬容。真實世界的許多設計可證明這一點：

- 在巴黎乘坐地鐵時，乘客要將一張大小如電影票的紙卡插入機器，機器判讀後在卡上留下紀錄，代表此卡「已使用」，然後從機器上方吐出。紙卡的一面有磁條，其他都呈對稱設計。塞勒第一次到巴黎時，不確定該如何使用，便試著將磁條朝上插入，結果很開心地發現對了。從此以後，他每次都很小地將磁條朝上插入。多年後（他已去了巴黎數次），他很驕傲地向一位友人示範正確的插入方式，結果他的妻子看了大笑。原來不管怎麼插入都可以！

芝加哥多數公園停車場的插卡方式與巴黎地鐵剛好相反。當你進入時，要將信用卡插入機器，機器判讀後會記得你。離開時你必須從車窗探頭出去，將卡插入出口的另一部機器。但因信用卡的設計是不對稱的，等於有四種方式可以插入（面朝上或朝下，磁條在左或在右）。總共只有一種方式正確。插口上方雖有圖示，還是很容易插錯，且當卡片被吐出時，往往無法立即判斷是哪裡出錯或記起剛剛是從哪個方向插入。我和桑思坦都曾無奈地等了幾分鐘，只因為前面有某個白痴搞不定插卡機（我必須承認偶爾我就是那個讓後面車輛按喇叭的白痴）。

- 這些年來，汽車已變得對一般人愈來愈友善。如果你沒有繫安全帶，汽車會發出警示聲。如果汽油快用完了，警示燈會亮起，甚至發出嗶嗶聲。如果需要換機油，車子也會告訴你。很多汽車還配備有頭燈自動開關，當你在使用汽車時會打開，否則就關閉，以免不慎開了一整晚，把電池耗盡。

但有些容錯的創新發明卻不知為何普及得很慢。試以油箱蓋為例，只要是設計稍微合理的汽車，油箱蓋都會有一片塑膠連著，這樣便不可能沒有關上就把車開走。我們猜想這樣一片塑膠的成本不會超過十美分，一旦有某家聰明的公司在製造時加入這項特點，究竟為什麼還有業者不跟進？

忘記將油箱蓋蓋上是一種可預測的錯誤，心理學家稱之為「完成後的錯誤」（post-completion error）。[2] 意思是當你完成主要任務後，常會忘了與先前的步驟相關的事。其他的例子包括領完錢後忘了將提款卡取回，或是影印完後忘了取回原文件。多數提款機（但不是全部）已不會再發生這種錯誤，因為你必須立刻取回提款卡。諾曼建議還可以採用一種方法——「強迫動作」（forcing function），意思是你必須先做一件事，才能得到你所要的。例如你必須取回提款卡才能拿到現金，這樣就絕不會忘記。

- 另一項與汽車相關的高明設計是不同的汽油採用不同的管口。加柴油的管口比較大，無法放入加汽油的汽車加油口，這樣後者就絕不可能錯加柴油（不過加柴油的還是可能錯加汽油）。同樣的原理也曾被用以減少施打麻醉劑的錯誤。一項研究發現八二％的「重大意外」導因於人為錯誤（而非儀器的問題）。一個常見的錯誤是輸送藥物的管子連結到錯誤的出料口，導致病患打錯藥。這個問題後來靠一種方法解決了：每一種藥物的出料口和連接頭都設計成不一樣，於是這個過去常發生的錯誤再也沒有機會發生。[3]
- 醫療保健有一個很重要的問題叫「藥囑的遵從性」（drug compliance）。很多患者（尤其是老年人）必須定期定量服藥，這便構成選擇設計的問題。如果你是設計藥物的人而且可以完全有彈性，你會希望讓患者多久服一次藥？

我們且先排除由醫生立即施用的一次性藥物（從各方面來看這是最理想的方法，但通常有技術上的問題），次佳的方式是一天服用一次，且最好是在早上。一天一次明顯優於二次（或以上），因為次數愈多愈容易忘記。但次數不是唯一要考量的因素，規律性也很重要。一天一次便比兩天一次好很多，因為自動系統可以被教導這樣思考：「每天早上醒來要吃藥。」吃藥變成了習慣，而習慣是由自動系統控制的。反之，多數人都不容易記得兩天吃一次藥。（同樣的道理，每週開會一次比隔週開會一次容易記住。）有些藥是一週吃一次，多數人都是週日吃（因為對多數人而言週日與其他日子比較不同，因此較容易與吃藥聯想在一起）。

避孕藥的問題與此類似但比較特別，因為要連吃三週然後停一週。為瞭解決這個問題，讓吃藥變成不假思索的事，避孕藥通常有特別的包裝——分裝成二十八格。按順序每天吃一顆，第二十二到二十八天裝的是安慰劑，唯一的目的是方便美國使用者能遵從藥囑。

- 塞勒在寫這本書時，寄了封電郵給與Google有合作關係的朋友——經濟學家維利安（Hal Varian）。塞勒原擬附上前言的草稿，讓維利安對這本書有較清楚的概念，結果卻忘了附上。維利安回信時請塞勒補寄，同時驕傲地告知Google正在他們的郵件服務Gmail裡做一項實驗，希望能解決這個問題。當寄件者提到**附件**一詞而沒有附任何文件時，電腦會提示：「你是否忘了附件？」塞勒補上附件，同時告訴維利安這正是本書探討的主題。
- 美國人或歐洲人到倫敦時，可能會覺得走在路上過馬路時不太安全。他們一輩子都習慣汽車會從左邊過來，自動系統也告訴他們要注意左方來車。但英國的汽車是靠左行駛，因此應該注意右邊來車才對，很多行人因此發生意外。倫敦市政府想出一個好點子，他們在很多轉角處（尤其是觀光客較多的地方）的人行道設立「看右邊！」的標示。

提供反饋

幫助一般人改善做事成效的最佳方法是提供反饋（feedback）。設計完善的系統會讓人們知道自己做得好不好，是否出了差錯。試舉數例：

- 數位相機通常比傳統相機提供更好的反饋。每拍一張都可看到拍出的效果（只是畫面較小），這便避免了傳統相機常發生的各種錯誤，如沒裝好（或沒裝）底片，蓋子忘記拿下，人像的頭被切掉等。但早期的數位相機少了一項重要的反饋，拍照後沒有聲音讓你知道是否拍了。新型的相機現在附有讓人很滿意但完全偽裝的「快門聲」。（基於同樣的考量，有些專門鎖定老年消費者的手機也附有偽裝的撥號聲。）
- 一個很重要的反饋是出錯時（或更理想的，將要出錯時）提出警告。例如我們的筆電在電池存量太低時會提醒我們要插電或關閉。但這類設計必須避免太頻繁提出警告，導致使用者不當一回事。如果電腦一天到晚問你是否確定要打開附件，到後來你可能想都不想就會按「是」，這類警告便形同虛設。

- 有些警告即使不致太頻繁也是形同虛設，美國國土安全部按顏色區分的反恐警示系統便是很好的例子。如果你在二〇〇二年之後的任何時候到過美國的機場，一定會聽到下列公告：「國土安全部已將國家安全警報系統（National Threat Advisory）提升到橘色。」聽到這類警示，我們除了將盥洗用品放入一夸脫裝的防水袋，到底還能做些什麼？

  連結到國土安全部網站可以找到答案，我們被告知：「所有的美國人應繼續保持警戒，注意周遭環境，發現可疑物品或活動立刻向當局通報。」但我們在黃色警戒時不就應該做這些事了嗎？所以這些警語根本是廢話。（還不如提供防水袋給健忘的旅客比較實在，很多機場確實有提供。）

- 很多情況都可改善反饋。試以漆天花板這件簡單的工作為例，這件事其實沒有表面看來那麼簡單，因為天花板通常都漆成白的，也因此很難看出到底漆到哪裡。等到油漆乾了以後，沒漆到的部分會非常明顯又難看。這個問題怎麼解決？有人很聰明地發明了一種天花板漆，濕的時候是粉紅色的，乾了會變白色。只要油漆的人不是色盲，大概都可以解決上述問題。

瞭解「對應」關係：從選擇到結果

有些事情比較容易選擇，如冰淇淋的口味，但有些事情很難，如治療方式。舉例來說，假設一家冰淇淋店提供的各種選擇只有口味不同，熱量或其他營養成分都一樣，那麼消費者只要選擇自己喜歡的口味就可以了。如果店家提供的是大家都很熟悉的口味，如香草、巧克力、草莓，多數人大概都可準確預測選擇之後能獲得怎樣的消費經驗。我們稱這種選擇與效益的關係為對應（mapping）。即使有些口味很奇特，店家只需提供免費試吃就可解決對應的問題。

但選擇治療方法就不一樣了。假設你被診斷出罹患攝護腺癌，必須選擇三種治療方式的其中一種：手術、化療、「審慎觀察」（意指目前什麼都不要做）。每一種選擇的結果都牽涉到複雜的問題——副作用、生活品質、壽命等。比較各種選擇時必須探討取捨問題（trade-offs）：我願意為了延長壽命三·二年而冒著三分之一性無能或大小便失禁的風險嗎？這個決定牽涉到兩個層次的困難，第一，患者不太可能知道這些取捨；第二，他不太可能知道大小便失禁是什麼樣子。實際情形有兩個現象讓人擔憂，第一，多數患者都是被告知診斷結果的當天就必須做出決定。第二，他們的選擇強烈受到醫生影響。[4]（有的醫生專精手術，有的擅長化療，但沒有人專精審慎觀察。你可以猜到哪一種方法使用率過低嗎？）

冰淇淋與治療方法的比較恰可凸顯出對應的概念。高明的選擇設計能幫助人們提升對應的能力，做出讓自己過得更好的選擇。其中一個做法是讓每一種選項更容易理解——將數字變成與實際使用情形更相關的訊息。假設我要買蘋果回家打汁，對我比較有用的資訊是三顆蘋果剛好夠打成一杯。

再以挑選數位相機為例，數位相機常標榜幾百萬畫素，一般當然都認為畫素愈高愈好。這個假設本身很值得商榷，畫素愈高，拍出來的照片在相機儲存設備與電腦硬碟占據的空間愈大。但對消費者而言，更麻煩的是無法將畫素轉換成他們真正在乎的東西（畢竟畫素不是很容易直覺判斷的概念）。多花一百美元將四百萬提升到五百萬畫素值得嗎？假想廠商能就個別相機提供最大列印尺寸的推薦值，這樣不是更實在嗎？消費者會知道個別相機適合列印四乘六、九乘十二、「海報尺寸」，而不必傷腦筋選擇三百、五百或七百萬畫素。

消費者往往不知道如何將產品的價值對應為金錢。簡單的選擇當然不成問題，假如一條士力架巧克力棒賣一元，你可以清楚知道每天吃一條要花多少錢。但你知道使用信用卡要花多少錢嗎？你要負擔的費用可能包括：(1)年費（提供里程數累積等優惠的卡片尤其常見）；(2)借貸利息（高低視你的信用而定）；(3)延遲還款的費用（這筆費用可能遠超過你的預期）；(4)刷卡利息（正常繳清通常不必負擔，但只要遲繳一日就開始計息）；(5)以外幣刷卡購物的費用。

信用卡的收費規定很複雜，既不透明也難以瞭解，類似的例子還很多，如抵押貸款、手機費率、汽車保險等等。我們提議在這些地方不妨採取一種很溫和的政府規範，這種自由家長制的做法我們稱為RECAP：紀錄（**R**ecord）、評估（**E**valuate）以及比較不同價格（**C**ompare **A**lternative **P**rices）。

試以手機市場為例，政府不必規定業者的**收費標準**，但可以就訊息的揭露進行規範。這麼做的主要目的是讓消費者知道目前存在的每一種費用，意思不是要業者用沒有人看得清楚的超小字體列出長長一串，而應以試算表的格式公布所有的相關資料。假設你在多倫多，你的手機響起，你知道接聽這通電話要付多少錢嗎？用手機下載電子郵件又要付多少？這些價格都應列入。這類價格揭露就是規範的範圍。

另外還要規範使用訊息的揭露，亦即業者每年應寄給顧客一份完整的清單，詳列顧客使用手機的情形及相關費用。這份清單應以傳統郵件以及（更重要的）電子郵件形式寄送，後者應透過安全的網站儲存與下載。

對業者而言，製作RECAP報告的成本很低，卻很有助於消費者比較各家業者的價格，尤其是收到第一年的報告之後。將來應該會出現與現在的旅遊網站相近的民間網站，讓消費者更方便貨比三家。只要按幾個鍵，就可將自己過去一年的使用資料輸入，比較各家業者就此使用模式的收費差異。* 如果是新顧客（例如第一次買手機的人），可能必須先猜測自己的使用模式，但一年之後就可充分運用RECAP報告了。不論是抵押貸款、信用卡、能源的使用或聯邦醫療保險（Medicare），我們相信在許多領域裡，RECAP報告都可大幅提升人們的選擇能力。

複雜的選擇

人們會因選項的多寡與複雜程度採取不同的選擇策略。如果選項不多且容易理解，我們通常會檢視所有選項的所有特質，必要時做出取捨。但如果有很多選項，我們就必須另謀對策，出問題的機率也比較高。

假設珍剛得到一個工作機會，地點在離家很遠的大都市。這時她要面對兩項選擇：選擇哪一個辦公室以及租哪一間公寓。假設她有三間辦公室可以選擇，一個合理的做法是一間一間去看，評估幾項重要的差異如大小、視野、鄰居、到廁所的距離等，最後做出決定。選擇

* 我們當然知道行為會受到價格影響。如果我因為目前在加拿大打手機的費用較貴而盡量不打，可能就無法充分判斷其他提供較低收費的費率計算方案。但只要是過去的使用模式能預測未來的使用模式，RECAP制就能發揮很大的助益。

專家稱這種做法為「補償」策略，意思是某方面的優點（辦公室很大）可彌補另一方面的缺點（鄰居很吵）。

但她在選擇公寓時顯然不能使用同樣的策略。例如在洛杉磯這樣的大都市裡，不知有幾千間公寓要出租，珍不可能一一參觀比較，應該會採取較簡化的做法。其中一種方法是特佛斯基（Amos Tversky）所謂的「消去化」（elimination by aspects, 1972）。你必須先決定哪一項特點最重要（如通勤距離），建立一個門檻（如不超過三十分鐘），將未達標準的一律去除。接著就其他項特質逐一重複這個過程（如月租不超過一千五百美元；兩房以上；可養寵物），直到能做出選擇，或選項減少到可就「決選名單」進行補償評估法。

採用消去法時，有些選項即使在各方面的條件都很棒，只要未達門檻便會被淘汰。例如某公寓有無敵景觀，月租比任何一間至少便宜二百美元，但因通勤時間要三十五分鐘，同樣會被淘汰。

社會科學的研究發現，當面對愈來愈多樣繁複的選項時，人們比較會採取簡化的策略。這也意味著選擇設計有更多因素要考量，有更多可著力之處，也更能影響人們的選擇（不論是正面或負面的影響）。如果一家冰淇淋店只有三種口味，三種口味依何種順序排列都沒關係，對顧客的選擇應該都沒有太大的影響，因為顧客很清楚自己喜歡什麼。但當面對很多選擇時，好的選擇設計才能提供清楚的架構，而這又會影響人們的選擇。

試以油漆店為例，即使暫且忽略特殊訂單，油漆業者銷售的顏色便超過二千種。要將這麼多產品呈現給顧客有很多種方法，其中一種是按字母排列，Arctic White（極地白）之後是Azure Blue（天空藍），以此類推。這是編排字典的好方法（如果你可以約略猜出一個字怎麼拼的話），用來排列油漆的顏色卻很不恰當。

長久以來油漆店都是使用一種類似輪盤的東西，顏色的樣本依相似性排列：藍色系排在一起，接著是綠色系，紅色系與橘色系緊鄰。這樣顧客看到實際的顏色，選起來便很容易，尤其考量顏色的名稱往往非常不知所云。（例如莫爾油漆店〔Benjamin Moore Paints〕的網站上，三種米色分別叫作「烤芝麻色」、「奧克拉荷馬小麥色」、「堪薩斯穀物色」。）

拜現代電腦科技與全球網際網路之賜，消費者在做很多選擇時都變得簡單許多。例如前述的莫爾油漆店的網站不僅讓消費者可以瀏覽數十種米色，還可看到某種米色漆在牆上搭配天花板漆成互補色的效果（當然還是會受螢幕的影響）。相較於亞馬遜銷售的書籍（以百萬計）或Google涵蓋的網頁（以億計），油漆的顏色自是小巫見大巫。很多公司能夠趁勢崛起，一部分原因就是得利於極高明的選擇設計——郵訂DVD租片公司Netflix就是一例。顧客想要找電影，可輕鬆依演員、導演、類型等條件搜尋，若是看過電影後打個分數，業者還會依據其他品味相似的顧客偏好推薦影片，這個方法叫作「聯合過濾」（collaborative filtering）。也就是說，你可以參考同品味顧客的判斷，從大量的書籍或電影裡篩選出你比較可能喜歡的產品。

聯合過濾其實就是要解決選擇設計的問題，當你知道和你相似的人喜歡什麼時，你會比較安心去選擇不熟悉的產品。對多數人而言，聯合過濾確實可以讓艱難的選擇題變容易。

有一點要提醒讀者：意外與奇遇有時可以帶來樂趣，甚至讓人獲益，如果我們主要的資訊來源只有品味相似的人，恐怕也不是那麼有趣。有時候聽聽和自己**不同**的人喜歡些什麼也不錯——說不定你也會喜歡。假設你愛看帕克（Robert B. Parker）的推理小說（他確實是了不起的作家），聯合過濾機制可能會導引你去看其他推理作家的作品（英國驚悚小說作家李查德〔Lee Child〕也不錯），但為什麼不試一下美國小說家奧茲（Joyce Carol Oates），或甚至是亨利．詹姆斯（Henry James）？如果你是民主黨員，平常可能喜歡閱讀與你的脾胃相符的書，但你也可能想知道共和黨員是怎麼想的；畢竟任何一個政黨都不可能壟斷智慧。以公共福祉為念的選擇設計師——例如報業經營者——應該知道，將人們輕推向他們原先沒有特別選定的方向是有益的。選擇設計有時是指幫助人們學習，以便將來更有能力自己做出更明智的選擇。[5]

誘因

我們最後要討論的是多數經濟學家會在一開始就討論的議題：價格與誘因。雖然我們把重點放在傳統經濟學理論常忽略的因素，並不等於否定標準經濟學的重要。事實是我們很相信供需原理。當一樣產品的價格上揚時，供應者通常會增加生產，消費者則會減少需求。因此選擇設計師應考量誘因的問題，聰明的選擇設計師會對適當的人提供適當的誘因。首先或許應該先探討選擇設計的四大元素：

使用者是誰？

選擇的人是誰？

付費的是誰？

獲利的是誰？

自由市場通常能解決這所有的關鍵問題，方法是提供人們足夠的誘因去生產好的產品，並以適當的價格銷售。如果球鞋的市場正常運作，理應有很多業者競爭；劣質產品會被逐出市場，好的產品則會依消費者的品味定價。生產者與購買者各有適當的誘因，但有時會出現誘因衝突。試舉一個簡單的例子。我和桑思坦每週聚餐一次，我們各自點自己喜歡的餐，各付各的，餐廳靠賣餐賺錢，完全沒有衝突。現在假設我們決定輪流請吃飯，輪到塞勒付錢時桑思坦便有個誘因要點貴一點的，反之亦然。（但情況也可能因友誼而增添複雜的元素；我們可能因對方會付錢而點便宜一點的。聽起來有些濫情，但這是事實。)

很多市場(以及選擇設計)充滿誘因衝突，其中最惡名昭彰的可能是美國的醫療保健制度。患者得到的醫療保健服務由醫生代為選擇，由保險公司付費，過程中從設備製造商到藥廠到承辦醫療過失官司的律師都可能分一杯羹，每個人各有不同的誘因，結果可能對患者與醫生都不是最理想的。當然，凡是思考過這些問題的人應該都知道這種現象。但就像很多情況一樣，如果我們能記得經濟學中的行為人是一般人，在進行標準分析時或許會更周延更充實。誠然，即使是最心不在焉的一般人也會在價格上揚時減少需求，問題是他們會知道價格上揚嗎？答案是除非他們真的很注意。

在進行誘因的標準分析時，一個最重要的修正依據是顯著性。選擇的人是否真的注意到他所面對的誘因？在自由市場裡，答案通常是肯定的，但在某些重要的情況卻是否定的。試以住在都市的人考量要不要買車這件事為例，假設他們有兩種選擇：一是搭計程車與公共運輸，一是花一萬美元買一部二手車，可以停在家前面的街上。買車似乎只有幾項顯著的成本：每週加油一次，偶爾維修，一年保險一次。一萬美元的機會成本很可能被忽略。(換句話說，買了車之後，他們往往便忘了那筆錢，更不會想到原本可用那筆錢買別的東西。)反之，每次搭計程車都會直接感覺在花錢，每跳一次錶就多花一點。因此我們在進行買車誘因的行為分析時，預測人們會低估擁有車子的成本，乃至其他較不明顯的因素如折舊的機會成本，而高估了搭計程車的顯著成本。* 在分析選擇設計時也應做類似的調整。

當然，顯著性是可以操控的，高明的選擇設計師可以引導人們去注意誘因的存在。例如法國歐洲工商管理學院（INSEAD）的電話有一種特殊設計，會即時顯示長途電話的話費。再舉一個例子，如果我們要保護環境，減少對非再生能源的倚賴，也可透過類似的策略讓成本變得更顯著。試想像家中的恆溫器若能告訴我們夏天降低溫度每小時要花多少錢，對行為的影響應該會遠大於電價無聲無息的調高——畢竟帳單要到月底才會看到。同樣的道理，假設政府要促進節約能源，調高電價當然也有效，但凸顯調高電價的事實應該更有效，立即顯示成本的恆溫器又必然比（溫和）調高電價更有助於減少用電量。

在某些領域，人們會希望得與失的顯著性不要等比例。舉例來說，沒有人希望在健身房使用踏步機時「以步計價」。但很多人使用踏步機時樂意看到「熱量消耗儀」的跳動（尤其這類儀器的計算方式似乎很寬鬆）。如果能以食物的圖片凸顯消耗的熱量，應該會讓一些人更開心：例如運動十分鐘只等於燒掉一袋胡蘿蔔，四十五分鐘後卻燒掉了一袋餅乾。

* 像Zipcar這類專營短期租車的公司若能幫助人們解決心理帳戶的問題，必然獲利可期。

前面探討了高明選擇設計的六點原則。考量讀者的記憶有限，下面以一個縮寫字來幫助讀者加強印象。我們稍微改變了順序，在用語上也做了小小的調整。

iNcentives（誘因）

Understand mappings（瞭解對應關係）

Defaults（預設值）

Give feedback（提供反饋）

Expect error（預期錯誤）

Structure complex choices（安排複雜的選擇）

合起來就是：NUDGES（**推力**）

只要善用這些推力，高明的選擇設計師可以大幅改善一般人的選擇結果。

第二部
金錢

我們可以想見一般人在金錢的處理上與經濟人有很大的差異。
經濟人無論花錢或存錢都很理性，懂得晴天預存雨天糧，懂得為退休做準備，
投資起來個個彷彿都是企管碩士。
經濟人借錢時很清楚該選擇固定或變動利率的貸款，信用卡帳單一定每月按時繳清。
如果你是經濟人，第二部你可以完全略而不看，
除非你想要多瞭解配偶、子女及其他一般人的行為。
下面四章要探討人們如何能以更聰明的方式因應儲蓄、投資與借貸等難題。
此外我們會提供一些建議給公私機構，
讓他們透過推力幫助人們追求更富有、更安定的生活。

Nudge

6「明日存更多」計畫

在全世界很多工業化國家，政府都會建立退休制度，以確保民眾老年生活無虞。但其中很多計畫的成敗都因為兩項人口的變遷而受到威脅：壽命延長與少子化。多數制度都是由目前還在工作的勞工納稅支付退休人士所領的錢，但隨著勞工與退休人口的比例逐漸下降，將來只有兩條路可走：加稅或減少福利。若是減少福利，則勞工必須多存些錢才能彌補差額。此外，由於民間退休計畫的設計與過去不同，勞工必須花更多心力自己決定儲蓄的金額與投資的方式，這對一般人而言是很吃力的工作。

我們要如何幫助這些人呢？我們要提出兩點建議，第一是自動加入儲蓄方案；第二是「明日存更多」計畫（Save More Tomorrow）。要明白這些推力的作用及其與一般經濟學工具的差異，我們必須先退一步探討更基本的問題。

經濟學關於退休儲蓄的標準理論既清楚又簡單。基本上就是先計算出一個人餘生能賺多少錢以及退休後需要用多少錢，然後努力存夠錢以便退休後過著舒適的日子，同時又不致在退休前過度犧牲生活品質。

就理性的儲蓄觀而言，這當然是很好的原則，但若拿來探討人們的實際行為，便會遭遇兩個嚴重的問題。第一，這個論點假定人們有能力解答複雜的數學問題，計算出需要儲蓄的金額。但若沒有一套很好的電腦軟體，即使是訓練有素的經濟學家也不容易找出答案。事實是我們沒看到幾個經濟學家（律師更是沒半個）認真嘗試過這件事（即使有軟體可輔助）。*

這套論點還有一個問題：它假定人們有足夠的意志力能將計畫付諸實現。依據此標準理論，人們會為了能在佛羅里達集合公寓安享晚年乖乖存錢，過程中絕不會為了時髦的跑車或旅行而動搖。簡而言之，這套理論只適用於經濟人，而非一般人。

自地球上有人類以來，多數時候他們都不需要太擔憂退休後的生活，因為沒多少人能活到退休後太久。多數社會裡，有幸活到老年的人多半由子女照顧。到二十世紀，由於平均壽命的延長加上家庭成員居住地點愈來愈分散，才使得人們必須為自己的退休生活打算，不能再養兒防老。雇主與政府也開始採取行動提供協助，首創先例的當屬一八八九年德國俾斯麥的社會安全方案。[1]

早期的退休金方案通常是採確定給付制（defined-benefit），凡加入者都可依特定條件獲得給付——通常是看加入者的薪資及加入的年資。典型的民間退休方案可能規定依員工的服務年資計算，按照過去若干年平均薪資的一定比例給付。多數國家（包括美國）的公辦社會安全制都是確定給付制。

從選擇設計的角度來看，確定給付制有一個大優點：即使是最心不在焉的一般人都能被寬容。以美國的社會安全制為例，勞工唯一需要決定的事是何時開始領取給付，唯一要填的表格是寫下社會安全號碼的那一份——這個動作你絕不會遺漏，因為沒填寫就拿不到錢！在民間企業，確定給付制同樣有簡單寬容的優點，但前提是你必須為同一雇主工作，且你的雇主沒有倒閉。

對一個一輩子沒換工作的人而言，確定給付制確實很容易，但常換工作的人到頭來往往等於沒有退休金，因為通常都會規定工作一定年資（例如五年）才能起算。此外，對雇主而言確定給付制的管理成本較高。現在很多舊公司都轉換為確定提撥制（defined-contribution plan），新成立的公司更是幾乎都採取確定提撥制。依此制，員工必須提撥一定金額到他名下的一個避稅帳戶（tax-sheltered account）——有時候雇主也必須提撥。員工退休後能領多少錢取決於他的兩個決定：提撥多少以及如何投資。

確定提撥制（如美國的401(k)）——對現代的勞工有很多優點，這種帳戶完全可攜帶，因此勞工可以隨意轉換工作。此外，確定提撥制很有彈性，勞工可依據自己的經濟狀況與喜

＊很多基金公司及其他企業如金融引擎（Financial Engines）與晨星（Morningstar）都提供不錯的軟體，但一般人多半覺得用起來既困難又乏味。

好調整儲蓄金額與投資決策。但確定提撥制的包容性較低，勞工必須自己去加入，弄清楚提撥多少，長時間管理投資組合，真正退休時還要決定如何處置收益。有些人會覺得這整個過程很麻煩，也確實很多人搞得一團糟。

存多少錢才夠？

當然，一個很關鍵的問題是人們存的錢夠嗎？

這個問題既複雜又富爭議性，答案因不同的國家而異。首先，就連經濟學家都無法就這一點達成共識，因為他們對退休後應有多少收入存在歧見。有些經濟學家認為退休後的收入應至少與工作時相當，因為退休後有機會從事耗時又花錢的活動，如旅遊；此外還要考量醫療支出的增加。但也有人認為退休人士可以善用時間過較儉省的生活：不用再花錢買上班服裝，有時間審慎購物，在家煮飯，還能利用各種老人優惠。

在這項爭議上我們沒有強烈的立場，但認為有幾點值得考量。第一，退休金存太少所要付出的成本顯然遠高於存太多。存太多有很多方法解決——提早退休，打高爾夫，到歐洲旅行，寵壞孫子。相較之下，因應相反的問題則非常不愉快。第二，我們可以確定，這個社會上**有些人**絕對是存太少——包括那些完全沒有加入退休計畫的人，以及四十歲以後儲蓄比例很低的人。這些人顯然需要一點推力。

很多人自承「應該」多存一些（姑且不論這種說法有多誠懇）。一項研究發現，參加401(k)的人有六八％自認儲蓄比例「太低」，三一％認為「還可以」，只有一％的人認為「太高」。經濟學家通常不看重這類意見——他們的說法也不是完全沒道理。人們本來就常會說「應該」從事各種有意義的事——注重飲食、運動、多陪孩子——但觀其行還是比聽其言要準確得多。那些自承應該多存錢的人終究沒幾人真正在行為上有所改變，但人們所說的話也不是毫無意義或道理。很多人矢言明年要少吃多動，但很少人的願望是明年多抽一些菸或多看幾齣連續劇。在我們看來，「我應該多存錢（或減肥、運動）」意味著：如果有方法可以幫助人們達到這些目標，他們是不會排斥的。換句話說，他們可以接受適度的推力，甚至可能心存感激。

加入與否：輕推人們加入

加入確定提撥計畫的第一步是登記。多數勞工應該都很想加入，不僅提撥金可扣稅，累積的部分可延緩繳稅（有些情況甚至免稅），且很多計畫都規定雇主也要提撥一定比例。舉例來說，一種常見的規定是在某個範圍內（如薪資的六％），員工每提撥一元，雇主必須提撥五角。

這五角等於是員工白賺的，除非是非常沒有耐性或家裡很缺現金的人，想也不用想這五角當然要賺。然而這類計畫的登記率距離一〇〇%很遠，以美國為例，有資格參加的人約有三〇%沒有去登記。[2] 一般而言，年輕、教育程度低、低收入的人較可能沒有加入，但有些高所得的人也會遺漏。

當然，有些情況下不加入是對的，例如年輕人有其他迫切的地方需要用錢。但多數情況純粹是疏失。其中一個極端的例子發生在英國，英國有些確定給付計畫根本不需要員工出錢，全部由雇主提撥，只不過員工必須主動去加入。我們分析二十五種確定給付計畫發現，符合資格的員工僅半數（五一%）登記！[3] 這等於是公司開支票給你，而你卻沒有去兌現。

美國也有一些年長的勞工白白將「天上掉下來的錢」往外推。勞工必須符合三項條件才能得到這個好處：年齡在五十九歲半以上（如此將退休金領出才不必承擔稅務罰款）；公司必須對等提撥（意思是只要員工有提撥，雇主也要提撥一定比例）；雇主必須容許員工在退休之前可以將錢領出。對這類員工而言，加入計畫是穩賺不賠的，他可以加入後立刻將提撥金領出而不會受罰，同時繼續保有雇主提撥的部分。但一項研究發現，高達四成的合格勞工不是沒有加入，就是因存入太少而無法獲得雇主的等額對等提撥。[4]

這些例子或許較極端，卻也最能凸顯人們未能加入某些計畫是多麼愚蠢。還有很多個案是勞工晚了好幾個月或好幾年才加入，我們可以合理推斷多數人只是疏忽或拖延，而不是理性決定把錢用在更好的地方。我們要如何輕推這些人更早加入呢？*

自動儲蓄

一個明顯的做法是改變預設規則。現在的預設規則是不加入；你必須做一些動作才能加入退休計畫。勞工第一次取得加入的資格時（可能是就業之後），通常會拿到一份表格。想要加入的人必須決定要提撥多少，退休金的投資要如何配置。填寫這些表格有些麻煩，因此很多人就把它擱在一邊。

其實我們可以改採自動加入制，方法是這樣的：當員工初次合乎資格時便會收到一份表格，告知他將加入退休計畫（依照一定的儲蓄率與資產配置），不想加入的人必須以文字表明。事實證明這個方法能有效提高美國確定提撥制的登記率。[5]

以馬德里恩（Brigitte Madrian）與席伊（Dennis Shea）研究過的一份計畫為例（2001），採

* 不知你或你的成年子女是否提撥了最高額度，或至少足以讓雇主對等提撥（full match）？如果沒有，趕快放下書本去辦一辦，這可比閱讀本書重要得多。

登記加入制時，就業三個月的參與率還不到二〇％，三十六個月後慢慢增加到六五％。但採取自動加入制後，新員工的登記率立刻提高到九〇％，三十六個月內更增加到九八％以上。可見自動加入制有兩個效果：促使員工及早參與，以及提高最終的參與率。

自動加入制的作用是否只是讓員工克服了惰性，及早做出他們原本就想要的選擇？或是成功誘使員工將原本要花的錢存起來？有一項證據倒是透露出重要的訊息：實施自動加入制後，員工一旦加入後便很少退出。有人研究過採行自動加入制的四家公司，發現參與401(k)的人第一年退出的比例只比採行自動加入制之前增加〇．三％至〇．六％。[6]這麼低的比例當然也可能一部分導因於惰性，但也顯示員工並未因採行新制後驚覺自己根本不想存那麼多錢。

強制選擇與簡化措施

除了自動加入制之外，另一種做法是要求每個員工都必須決定是否要加入。當勞工初就業取得資格時，可要求他必須在加入或不加入擇一打勾才可領薪。也就是說這裡沒有任何預設值，員工必須表明意願。相較於一般的「選擇加入」制（若沒有填寫表格便等於不加入），強制選擇應可提高參與率。有一家公司從選擇加入制改為強制選擇制，參與率提高了約二五%。[7]

另一個方法是簡化登記程序。有人研究過一種簡化登記制[8]——新進員工在受訓時都會拿到一份登記卡，說明公司提供的退休計畫內容（儲蓄率二%，預先設定若干資產配置），員工必須在「我要加入」的空格打勾。結果就職後四個月，參與率便從九%躍升為三四%。這個簡單的登記程序很符合第三章提到的「渠道因素」的精神。人們其實很願意加入，只要你挖一條管道，把各種小障礙清除乾淨，讓他們順利滑下去，便能有驚人的效果。

自動加入或「快速」加入可以讓參與退休計畫的程序變得容易許多，增加可選擇的投資組合卻可能造成反效果。一份研究發現，選擇愈多，參與率愈低。[9]這個結果並不令人驚訝，選擇愈多愈是讓人感到無所適從，以致有些人乾脆放棄選擇。

選擇提撥率

自動加入制與強制選擇制通常採取較低的預設儲蓄率（二%或三%），投資組合相對保守（如貨幣市場帳戶）。結果是很多員工一直維持預設的二%，但這個比例遠遠不足退休生活所需。另外，很多員工也一直維持預設的投資基金，甚至因此虧了很多錢。下一章會探討投資策略，這裡要先談如何輕推那些存太少的人。

從一件事情上可以看出人們在選擇儲蓄率時需要協助而不自知——多數人在進行重大的財務決定時只花很少的時間。一項調查發現，五八%的人花不到一個小時決定提撥率與投資內容。[10]多數人選購網球拍或電視機都不只花這個時間。很多人顯然採取某種簡便的方法。員工要參與退休計畫時通常要選定提撥薪資的某個百分比，很多人會選擇「整數」，如薪資的五%、一〇%或一五%。為什麼一定要選五的倍數呢？這當然沒什麼道理。

另一個常見的原則是提撥到足以獲得雇主完全相對提撥的程度。例如員工若提撥六%可獲得雇主完全相對提撥，很多員工便選擇六%。如果員工有這種現象，雇主若要鼓勵員工儲蓄，不妨改變相對提撥的規定。例如從六%以內相對提撥五〇%改為一〇%以內相對提撥三〇%。以相對提撥率為基本考量的員工會因比率的提高而增加儲蓄率。同樣的道理，採用整數提撥率對偏好「五的倍數」捷思法的員工也有輕推的作用。

教育

如果雇主希望更多員工加入退休計畫，提撥的金額足以建立合理的退休儲蓄，且退休金的投資能採取適當的多元配置，還有哪些方向可以努力？教育是一個明顯的答案，確實也有不少雇主嘗試教育員工做出更好的決定。遺憾的是，從證據看來光靠教育絕對不夠。

某大企業提供機會讓員工從確定給付制轉換為確定提撥制，接著又提供免費的金融教育課程。[11]他們讓員工在上課前與上課後接受金融知識的測驗，以此評估教育課程的效果。測驗採是非題，隨機回答約可獲五十分。上課前員工的平均分數是五十四，上課後只緩升到五十五。顯見教育的難度有多高！

員工剛上完課時通常興致勃勃想要多儲蓄，但多半缺乏實踐力。一項研究發現，在課堂上每個人都表示有興趣多儲蓄，但只有一四%的人真正加入儲蓄計畫。相較之下，未上課的員工約有七%加入儲蓄計畫，可見上課是有幫助的——但效果不明顯。[12]另有人研究過舉辦「福利博覽會」是否能提高員工參與緩稅儲蓄帳戶（tax-deferred savings account）的比率，效果同樣很有限。[13]

「明日存更多」

自動加入制雖可讓新進的年輕員工較早加入，但他們加入後多半一直維持預設的提撥率（通常都太低）。為解決這個問題，塞勒與經常一起合作的貝納茨（Shlomo Benartzi）設計出一種提撥率自動累進計畫，稱為「明日存更多」。

「明日存更多」是一種選擇設計，著眼於人類行為背後的五種心理原則：

- 很多參與退休計畫的人自承應該多存一些錢，也計劃這麼做，但一直沒有做。
- 如果能夠以後再做的話，自我節制會比較容易採行。（很多人計劃不久之後開始節食，但不是今天就開始。）
- 厭惡失去：人們最厭惡看到薪資縮水。
- 金錢錯覺：人們對虧損的感受是名目上的（亦即未考量通膨，因此一九九五年的一塊錢被視為與二〇〇五年的一塊錢同等價值）。
- 惰性的影響很大。

「明日存更多」邀請參與者事先約定：將來依調薪的幅度調整提撥率。當這兩者綁在一起時，參與者不會覺得拿回家的錢變少了，或覺得提撥金增加的部分是一種損失。任何人加入這項計畫後，提撥率便採自動調整，亦即利用人的惰性來提高儲蓄率（而非阻礙儲蓄）。與自動登記制相較，這種設計可同時提高參與率與儲蓄率。

一九九八年，某中型製造業者率先採用「明日存更多」。他們安排員工一對一接受一位財務顧問的諮商，那位顧問的電腦裡有一套專門設計的軟體，可依據每位員工的資料（例如過去的儲蓄情形與配偶的退休計畫）提供儲蓄率的建議。大約九〇%的員工同意接受諮商，很多人聽了建議後都有些驚訝。幾乎每個人都被告知存得不夠多，電腦的建議多半是提撥到最上限（薪資的一五％），但財務顧問發現這項建議立刻被否決，因此他改為建議提高五個百分點。

大約二五％的人同意了，立刻將儲蓄率提高五％。其他人表示無法接受薪資減少，財務顧問便提供這些人「明日存更多」計畫——亦即每次加薪時將儲蓄率提高三％（一般加薪幅度約為三．二五％到三．五％）。這群不願立刻調高提撥率的員工當中，七八％同意加入「明日存更多」。

結果凸顯出選擇設計的驚人潛力。試比較三種員工，第一種選擇不和財務顧問見面，這群人在該計畫實施時大約提撥收入的六％，其後三年一直維持這個比例。第二種員工同意將儲蓄率提高五％，平均儲蓄率在第一次調整時從四％多一點增加到九％多一點，其後數年大約也沒有再更動。第三種員工加入「明日存更多」，一開始這群人是提撥率最低的（約為收入的三．五％），其後穩定調升。三年半內調薪四次，儲蓄率幾乎增加為四倍到一三．六％——比第二種員工的九％高出許多。

參與「明日存更多」的多數員工歷經四次調薪都沒有退出，不過在那之後提撥率就沒有再提高了——因為已到規定的最高額。少數提前退出計畫的員工也並未要求調回原來的提撥率，只是不再提高而已。

自「明日存更多」的試驗計畫實施後，許多業者相繼採行，包括先鋒（Vanguard）、普萊斯（T. Rowe Price）、TIAA-CREF、富達（Fidelity）、翰威特（Hewitt Associates）等。現在數以千計的企業退休計畫都包含有「明日存更多」。依據美國利潤分享協會（Profit Sharing Council of America）的資料，到二〇〇七年，美國三九%的大型業者採行某種形式的提撥率自動累進計畫。由於各家業者實施的方式不盡相同，讓我們有機會探討哪些因素會影響計畫的成敗。

要讓更多人參與「明日存更多」，最有效的方法是搭配自動登記制。汽車玻璃業者安全光集團（The Safelite Group）是最早採行自動加入「明日存更多」的公司，他們在二〇〇三年六月將此計畫介紹給員工。九三%的人沒有動作，也就等於自動加入。實施次年，只有六%選擇不加入。繼續參加的人退休後可領到的錢會多很多。

最近先鋒引進了十三種自動加入的「明日存更多」計畫。＊這些計畫只適用於新聘雇的人員，初期的延領比率通常大約占薪資的三%，之後每年增加一%。採行自動登記制之前一年，只有二三%的員工選擇加入「明日存更多」。採行之後一年，比例提高到七八%。這麼顯著的改變顯示慣性的力量——就儲蓄而言，則是凸顯出選擇設計的關鍵角色。

政府的角色

到目前為止我們討論的都是民間企業，他們在沒有政府輕推的情況下自行實施自動登記制。政府最重要的角色是避免造成阻礙，美國聯邦政府也確實漸漸朝這個方向努力。自一九九八年六月開始，負責國家退休金政策的財政部官員艾瑞（Mark Iwry）指示美國國稅局發布一系列的規定（與正式宣示），就401(k)與其他退休金計畫的自動加入制進行解釋、核可與推動。

二〇〇六年夏天，國會通過退休金保護法案（Pension Protection Act），獲得兩黨一致熱烈支持。細節複雜而無趣，因此我們把內容放在注解裡，簡而言之此法案讓雇主有足夠的誘因與員工對等提撥，讓員工自動加入，且隨著時間自動調高提撥率。[14]所謂誘因就是雇主可免除某項煩人的規範。有些人或許對法案的特定條款有意見（畢竟該法案也是政治妥協的產物），但我們認為這是推力的絕佳範例。政府並未規定雇主一定要改變計畫，但如果他們願

＊二〇〇七年，大約又有五十個先鋒的客戶準備採行選擇退出制（opt-out）的「明日存更多」計畫。

意改變，便可獲得一定的報償，而且還可為納稅人省下一筆錢（因為很多表格都不必填寫了，也就不必細讀或檢查）。

我們也可以將推力直接納入政府經營的退休計畫。在這方面紐西蘭堪稱先驅，二〇〇七年率先推出名符其實的紐西蘭儲蓄計畫（KiwiSaver）。政府提供金錢誘因鼓勵民眾加入——包括初期補助一千紐幣。不僅如此，政府自動將所有的勞工納入該計畫。民眾剛開始的反應很有趣，計畫推出第一個月，大多數加入者都是自行加入。但不到兩個月，自動登記者開始超過自行加入者，到六個月時，自動登記制已成為主要的加入方式。值得注意的是，自行加入者有三分之一會積極選擇投資組合，自動登記者只有八％。[15]

英國預計在二〇一二年實施國家退休儲蓄計畫（National Pension Savings Scheme），屆時也會將自動登記制納入。依此計畫，勞工提撥薪水的四％，雇主提撥三％，對勞工而言是很大的經濟誘因。負責計畫設計的委員會由透納爵士（Lord Adair Turner）主持，他知道民眾還是可能會因故沒有加入，為避免這種情況發生，乃有自動登記制的設計。

當然，這類國家儲蓄計畫也可以納入「明日存更多」的機制。亦即勞工自動加入退休計畫後，儲蓄金額會隨著薪資的調漲而調整。我們希望不久之後會有一些國家開始實施。

7 天真的投資人

前文探討了儲存退休金的第一步驟：參與退休計畫以及決定投資多少。接下來要進入第二個重要的步驟：如何投資。

前面說過，從確定給付制轉換為確定提撥制讓員工擁有更多掌控權與選擇權，但也要承擔更多責任。光是要決定投資的額度已經很困難了，選擇適當的投資組合更難。事實上，為了幫助讀者理解討論的內容，我們已經將實際問題簡化了一些。請相信我們：問題真的要比書中所透露的更加複雜。

投資人面對的第一個問題是：要承擔多少風險？一般而言，高風險的投資如股票的投報率會高於較安全的投資，如公債或貨幣市場帳戶。資產配置是很重要的決定——亦即選擇股票、債券（乃至其他資產如不動產）的適當比例。如果投資人願意將較多的資金配置在高風險的資產上，通常有機會賺到較多錢，但高風險當然意味著報酬率也可能很低。一個人決定存多少錢，與其承擔風險的意願有複雜的關係。有些人堅持要將所有的錢投資在安全的貨幣市場帳戶，只賺些許利息，這樣的人若想要享有不錯的退休生活，最好多存一些。

假設有一個投資人決定將七〇％的資金投入股票，三〇％投入債市，並不是做了這個決定就算完了，關於資金的確切投資方式還有很多問題要解決。以退休帳戶而言，多數投資人不必自己選股，而是透過共同基金投資。各基金的風險程度與收費標準不一，有些基金的投資標的較集中（例如只投資特定產業或國家），有些較廣泛。另外也有融合股債的一站購足式基金。那麼投資人究竟應該自己決定投資組合或選擇已代為組合好的基金？更複雜的問題是有些公司提供機會讓員工投資公司的股票，但這對員工一定有利嗎？

要進行這麼多的決定必須費一番工夫（若要謹慎從事，當然不應該太容易），也難怪很多人以為做完決定之後就可期待退休後過著高枕無憂的生活。事實上這些決定都應定期檢討。例如有的人原本是股債各半，後來因股票大漲，變成占據投資組合的三分之二。這時應該有所作為嗎？是否應賣掉部分股票，回復股債各半的配置？或者應趁勝追擊，提高股票的比重？這些對經濟人都不是難題，一般人卻可能不知所措。確實也有很多人在這部分犯了各種錯誤，很需要一套實用又能容許錯誤的投資選擇設計，下面會有詳細的討論。

股票與債券

你要如何決定投入多少錢在股票？（你知道你**現在**的投資組合有多少比重在股票嗎？）你

應該知道股票的報酬率向來較高，但你知道高多少嗎？

試以一九二五—二〇〇五這八十年為例。如果你投資一美元購買美國國庫券（U.S. Treasury bill，政府發行，短期，百分之百安全），你的一元會變成十八元，每年報酬率三．七%。聽起來似乎還不錯，問題是你每年至少要賺三%才追得上通膨。如果你投資在長期的債券，你的一元會變成七十一元，每年報酬率五．五%，相較之下好一些。但如果你投資在購買美國最大企業的共同基金（如S&P五百指數基金），你的一元會爆增為二六五八元，每年報酬率高達一〇．四%，若是廣泛投資小企業的股票，還可以賺得更多。全世界多數國家都是股市的報酬率高於債市，高出的比率也約略相當。

以經濟學的術語來說，國庫券與股票的報酬率差異叫作「股票溢酬」（equity premium）。這個差異被視為承擔高風險的補償。國庫券由聯邦政府保證，等於是零風險，相較之下股票的風險大很多。雖說平均報酬率高達一〇%，但也有幾年曾重挫三成，一九八七年十月十九日，各國股票在一天之內便跌了二〇%以上。

經濟人如何決定股票在投資組合裡所占的比重？他會依據自己希望的退休收入在風險與報酬之間做一個取捨。例如他會思考是否值得為了可能增加二五%的財富冒著減少一五%財富的風險。當然，一般人即使知道要從這個角度思考，也不知道要如何計算。一般人與經濟人的決定有兩個重要的差異，第一，他們會深受短期波動影響；第二，他們的決定可能會以經驗法則為依據。下面且逐一討論。

在賭桌上絕不要數錢

第一章提過，一般人是厭惡損失的動物，惡失與喜得的比例約為二比一。請記住這一點，然後考量兩位投資人文斯與李伯的行為。文斯是股票經紀人，對投資標的的價值一直能充分掌握，習慣每天睡覺前利用電腦軟體計算當日的盈虧。文斯是一般人，當一天虧損五千美元時便會心情大壞——程度與賺了一萬美元的快樂相當。那麼投資股票帶給文斯的感受是什麼？當然是很緊張！股票每日漲跌的機率差不多大，如果虧損帶給你的痛苦遠比賺錢的快樂更甚，你一定會討厭投資股票。

接著再看看文斯的客戶李伯——他是傳說中李伯大夢裡那個李伯的後代。有一次他去看醫生，被告知他遺傳了家族的老毛病，不久將沉睡二十年。醫生叮囑他安排一張很舒適的床，建議他打電話給股票經紀人，確保資產配置沒問題。李伯對投資股票會有什麼感覺？當然是很平靜！二十年後股票幾乎一定會漲。（歷史上股票不曾在二十年內淨值下跌或表現低於債券。）因此李伯打給文斯，請他將所有的錢放入股票，然後像嬰兒般睡去。

這個故事告訴我們，投資人對風險的態度與他檢查投資組合的頻率有關。就像歌手肯尼羅傑斯(Keeny Rogers)在「賭徒」(The Gambler)那首歌裡唱的：「在賭桌上絕不要數錢/結束後多的是時間。」很多投資人沒有聽見這句至理名言，投入股票的錢太少。我們認為這樣是錯的，如果投資人能看清楚長時間下來(例如二十年)股債的實際風險——對很多投資人而言，二十年後的報酬是很重要的——應該會把絕大部分的錢放入股票。[1]

買賣時機：買高賣低

整個一九九〇年代，民眾將退休金投入股票的比例一直在提高——包括每年投入的資金比例與總額。為什麼會有這種行為轉變？一個(極微小的)可能是這十年當中民眾認真閱讀財經雜誌，明白了過去百年來股市的報酬率比債市高很多，因而決定大力投入。另一個(機率大很多的)可能性是投資人開始相信股票只會漲——或縱使會跌，也是買股的好機會，因為很快又會漲上去。二〇〇〇到二〇〇二年股市反轉，剛好提供一個機會驗證這兩種不同的假設。

要分析投資人是否善於掌握進出場時機，可以觀察他們的資產配置(股票占投資組合的比重)是否隨著時間改變。但這個方法有個問題，如同前面所說的，多數人除非因換工作而必須重填表格，否則幾乎不會變換投資組合。因此，更正確的判斷方式是觀察新加入者選擇投入股票的資金比例。我們有一大批新加入者的資料，他們採用的是先鋒共同基金公司提供的計畫。一九九二年，新加入者投入股票的資金占資產的五八%，到二〇〇〇年，提高到七四%，但其後兩年又回復到五四%。他們選擇的時機剛好與市況相反，高檔時大買，股價很低時大賣。

我們發現同樣是投資股票，資產配置上也出現類似的行為。有些計畫讓投資人可以選擇投資特定產業或領域的基金，例如有一個計畫就是讓員工可以選擇投資科技類基金，依據我們的資料，在一九九八年（科技股飆升的初期），只有一二%的員工投資該科技基金。到二〇〇〇年（科技股飆到最高點時），有資金投資在裡面的員工達三七%。二〇〇一年股價下跌後，新加入者投資該基金的比例下降到一八%。也就是說，投資人同樣是在最高點買得最積極，價跌後才賣。

經驗法則

即使是最精明的投資人有時候也會覺得很難下決定，這時他們會訴諸簡單的經驗法則。試以金融經濟學家、諾貝爾獎得主馬可維茲（Harry Markowitz）為例，他是現代投資組合理論的創始人之一。有人問他如何配置退休金帳戶，他坦承：「我應該計算兩種資產的歷史協方差（covariance），畫出效率前緣曲線（efficient frontier），然而……我還是採取股債各半的配置。」[2]

他不是唯一的特例。在一九八〇年代中，多數教育人員都是參與TIAA－CREF提供的確定提撥制退休金計畫。該計畫只提供兩種選擇，一是TIAA（教師保險年金協會），專門投資固定收益的證券如債券，一是以股票為主的CREF（大學退休權益基金）。參與該計畫的人很多都是教授，其中半數以上選擇股債各半，桑思坦也是其中之一。儘管他的多年好友塞勒一再告訴他長期下來CREF一定優於TIAA，他還是沒有任何動作。他一直把這件事列為待辦事項，排在取消雜誌訂閱之後。

當然，股債各半看起來並不是那麼笨，但如果一直維持一開頭的配置沒有改變（金融業術語稱為「再平衡」〔rebalance〕），一段時間後的資產組合將隨著報酬率而改變。舉例來說，二十五年來桑思坦一直投入同樣的金額到TIAA與CREF，但現在在CREF的金額卻超過六成。原因是在他任教期間股市的表現比債市好很多。如果他把大部分的錢投入股市，報酬率當然會好很多。

馬可維茲的策略或許可視為分散風險捷思法（diversification heuristic）的一個例子。「只要有疑慮，就應分散風險。」亦即不要把全部的雞蛋放在同一個籃子裡。一般而言，分散風險是明智的，但分散風險還是有理性與天真之分。其中一種經驗法則或許可稱為「1/n」捷思法，意思是「當你面對n種選擇時，就應將資產平均分散到各個選擇。」[3]亦即在每個籃子裡放入同樣多的雞蛋。

人們很早就有不假思索分散風險的觀念，這可以從一項有趣的實驗看出來，那是瑞德（Daniel Read）與羅文斯坦（George Loewenstein）在萬聖節夜晚所做的。[4]實驗對象是出去要糖果的小孩。一種實驗情況是孩子來到相鄰的兩家，每一家都讓他們在兩種糖果（三劍客與銀河牌）中二選一。另一種情況是只到一戶人家，孩子可以「任選兩顆糖果」，供選擇的糖果裡上述兩種牌子都有很多，這樣孩子即使選了兩顆同牌子的糖果也不會不好意思。兩種實驗情況得到很不同的結果。在第二種情況下，每個孩子都是兩種糖果各選一顆。反之，在第一種情況下，只有四八%的孩子在相鄰兩家各選一顆不同的糖果。

選擇兩種不同的糖果當然不會造成什麼嚴重的後果（那兩種牌子都很好吃），但在選擇投資組合時若不假思索地分散風險，恐怕會對人們的行為及財富造成極大的影響。這可以從一項研究裡看出端倪，研究人員詢問大學員工一個問題：如果他們只有兩種基金可以選擇，他們的退休金要如何投資？[5]在第一種情況下，一種基金全部投資股票，一種全部投資債券。結果多數實驗對象都是選擇股債各半——亦即有一半的錢投資股票。在第二種情況下，一種基金全部投資股票，另一種平衡型基金則是股債各半。這一組實驗對象同樣可以選擇一半的錢投資股票——亦即全部選擇平衡基金。但他們還是遵循1/n法則，將錢平均分到兩種基金

——結果變成將較多比重放在股票。第三組可以選擇平衡型基金或債券，讀者應該可以猜到結果如何。

這個結果告訴我們，一項計畫提供哪些基金對參與者的選擇有很大的影響。為了驗證此一預測，貝納茨（Shlomo Benartzi）與塞勒檢視了一七〇家公司的退休儲蓄計畫（2001）。結果發現，一種計畫提供的股票基金愈多，人們投資在股票的資金比重愈高。

現在很多計畫考量參與者不易決定投資組合，提供所謂「生活形態」基金，依照不同的風險容忍度提供適當的股債比。舉例來說，一位雇主可提供三種生活形態的基金：保守型、溫和型與積極型。這些基金都已分散投資，因此每個人只需按照自己的風險容忍度選擇即可。有些基金還會依據參與者的年齡調整資產配置。

這種基金分類是很好的構想，也很適合作為預設選項（如果收費合理的話）。但如果只是將這些基金放入各種基金當中供人選擇，人們往往不知如何運用。舉例來說，這些基金的設計目的是希望人們會將全部的錢放入其中一種，實際上卻很少人這麼做。這就好像有些餐廳提供的是五道式的套餐，一個不太餓的客人坐下後，除了套餐之外還加點烤鴨和甜點。例如有一種計畫提供三種生活形態基金以及另外六種基金（指數型、成長型、債券型等），研究發現參與者的行為很有趣[6]，選擇保守型生活形態基金的人只投入三一％的資金，其餘的分散到其他基金。但因其他基金以投資股票為主，總計起來，他放在股票的比重高達七七％。這當然應該稱為積極型而非保守型，不過這些投資人可能並不自知。

推力

退休計畫若有完善的選擇設計，參與者可以獲得多方面的協助。近年來選擇設計變得愈來愈重要，因為退休計畫提供的選項大幅增加，導致民眾更難做出明智的選擇。

預設選項

以前的確定提撥制計畫多半沒有預設選項，只是提供參與者各種選擇，告知如何依照自己的意願將資金配置到不同的基金，這種情況下沒有必要設計預設選項。但採行自動加入制之後，便不得不提供預設選項：人們既是自動加入計畫，當然就是自動採行某種資產配置的方式。過去，企業通常會選擇最保守的投資組合作為預設選項，也就是貨幣市場帳戶。

但專家多認為，將資金百分之百配置在貨幣市場帳戶過度保守。這類基金的報酬率很低（比通膨高不了多少），加上很多員工的儲蓄率也低，等於註定退休後貧窮度日。企業選擇這種預設選項並不是因為認為這樣最明智，而是怕選擇較合理（但風險較高）的預設選項可能惹來官司。在理性的世界裡，這顯然是不理性的選擇。運用推力讓人們選擇高風險的投資固然不負責，將人們推向太安全（因而報酬率太低）的投資同樣也是不負責任。所幸現在已可看到不錯的預設選項設計。另一種可能的做法是提供風險程度不一的投資組合模式。我們發現有些退休計畫的承辦單位提供保守、溫和、積極等不同的「生活模式」投資組合。參與者只需選擇最能符合其風險偏好的投資組合即可。此外，退休計畫的承辦單位也可提供「目標期限基金」（target maturity funds）。這類基金的名稱多半會附上年份，如二〇一〇、二〇三〇或二〇四〇，參與者只需選擇自己預期的退休年份即可。這類基金的管理者先選定風險程度，隨著到期日將屆，慢慢將資產配置從股票轉移到較保守的投資。

有些業者與退休計畫的承辦單位開始提供投資組合的自動化選擇方案，例如依據標準的退休年齡自動為參與者指定某種目標期限基金；或是預設選擇「管理帳戶」（managed account）——通常是股債混合，但依參與者的年齡以及其他條件調整配置。

設計複雜的選擇

如果參與者的興趣與判斷能力各異，當局可提供一套程序，讓不同條件的人依據需求做決定——401(k)計畫就是很好的例子。下面簡單介紹一種可行的方案，新的加入者會被告知，如果他們不想要自己選擇投資計畫，可以選擇預設的基金——那是由專家精心挑選的。前面提到的管理帳戶就是一種做法。若是希望參與程度高一些的人，則可從為數不多的幾種平衡基金或生命週期基金（life-cycle fund）裡挑選（目標是讓每個人將全部資金投入單一基金）。但也有些人可能希望真正自己投入，這時承辦單位會提供完整的共同基金清單，讓具有判斷力的投資人（或自以為具判斷力的人）可以完全依循自己的喜好選擇。事實上已有許多企業開始採行這種模式。（譯按：生命週期基金是設定一定的退休年齡，隨著時間的變動進行資產配置的調整。）

預期錯誤

對於因故未加入的人，我們建議採用自動加入制，並結合「明日存更多」計畫，以確保人們達到足夠的儲蓄率。有些人並未投資生命週期基金，我們建議提供自動平衡計畫，如此他們的資產配置才會隨著時間調整。

對應（mappings）與反饋

多數員工都不太能理解儲蓄率、預期報酬率、波動性等數據如何轉化為對老年生活的影響——除非先將這些抽象的概念轉譯為淺顯易懂的概念。舉例來說，我們可以透過圖片將退休後不同的收入層級以居住條件表現。最低收入者可能住很小甚至破舊的公寓，較高的收入則是住有游泳池的大房子。這些視覺資訊可納入定期的反饋，讓參與者知道自己與退休儲蓄的目標距離多遠。於是參與者可能在年度報表中得知目前的條件只能住簡陋的房屋，但如果現在開始提高儲蓄率（或加入「明日存更多」計畫），還是可望住進兩房的公寓。

誘因

這裡牽涉到一個最大的動機問題——亦即雇傭之間的利益衝突，投資自家公司的股票就是一個例子。目前已有ERISA法案規定公司必須考量員工的最高利益，重點是應確切落實。

長期管理投資組合是很困難的事，多數企業都是委由內部的專家管理，並請外部的顧問提供協助。但個別參與者通常都是自己來，頂多請同事或親戚幫忙出意見，這些人或許有敏銳的直覺，卻可能欠缺專業訓練。結果如何可想而知，大概就和每個人自己剪頭髮差不多——一定是一蹋糊塗。多數民眾都需要一些協助；高明的選擇設計與審慎選擇的推力可以發揮很大的作用。

8 信用市場

第六章說過，美國人現在負債多於儲蓄。可以想像得到，一般消費者對借錢這件事絕不會比投資更高明。試以荷馬・辛普森租車的經驗為例——他租的是一部叫Canyonero的休旅車。

租車業務員：這是您的租約明細，這是頭款，這是月付款，嗯……這是週付款。
荷馬：這樣就好了嗎？
租車業務員：是……噢，最後一期的月付款付完後，就是恐怖的到期一次還本（Crippling Balloon Payment）。
荷馬：那是以後的事了，對吧？
租車業務員：沒錯！
荷馬：太好了！[1]

乍看之下荷馬似乎過度天真，其實這樣的例子相當常見，而且透露出許多問題。我們且從兩個重要的借貸市場著手——抵押貸款與信用卡，看看是否能透過某些推力幫助我們之中的荷馬一族。

抵押貸款

以前要找抵押貸款很容易。多數抵押貸款在貸款期間（通常為三十年）都是從頭到尾採固定利率，頭期款約兩成。在這種情況下要比較貸款的優劣很容易——只要找利率最低的就好了。尤其是通過信實貸款法（Truth in Lending Act，又叫Z條款）之後更是如此，這項法案規定所有的貸款業者必須以同樣的方式告知利率——即年利率。當時的信實貸款法是很不錯的選擇設計，讓消費者很容易就可以比較各家的貸款。若沒有年利率這類簡單的判斷標準，評估各家貸款的優劣將很困難。根據舒教授（Suzanne Shu, 2007）的一項研究，即使是頂尖學校的企管碩士班學生也不易找出最優質的貸款，且他們實驗的案例還比現實世界中單純許多。

現在要找貸款可就複雜多了。借款人可選擇各種利率固定與變動的產品，所謂變動是指利率隨著市場波動。另外還有較奇特的產品如只付利息——除非房屋出售（而且可能是賠售）、借款人中樂透或轉貸，借款人都只付利息不付本金。有些利率變動的貸款因採用前期優惠利率（teaser rates）而變得更複雜，意指開頭一兩年採低利率，期限過後開始提高，甚至可能大幅提高。其他要考慮的因素還包括：各家業者的收費標準不一；有些業者提供百分點制（points），借款人負擔固定費用以換取利率減碼；提早還款要付違約金等等。在現實世界中，選擇退休金投資組合已經很不容易了，挑選貸款更加複雜，對消費者的影響卻同樣不容小覷。

就像其他事情一樣，多一些選擇確實可能對人們有好處，但前提是人們必須有能力選擇最適合自身情況與喜好的貸款。但一般人有這個能力嗎？經濟學家伍華德（Susan Woodward, 2007）做了一項研究，檢視聯邦住屋局（Federal Housing Administration）保證的七千多項貸款——該局專門為小額貸款提供擔保，容許低頭款。伍華德控制了風險與其他因素之後，研究哪些借款人在何種情況下能爭取到最好的條件，得到幾項重要的發現：

- 非裔借款人貸款時會多付四二五美元，拉丁裔多付四〇〇美元。（所有借款人的平均費用是三一三三美元，平均貸款一〇五〇〇〇美元。）
- 借款人若是居住在成人教育水準只有高中的地區，會比大學學歷的地區多付一一六〇美元。

- 透過仲介申辦的貸款比直接貸款多付約六〇〇美元。
- 一些複雜的元素如百分點制及賣方負擔過戶費，會讓人難以比較貸款的優劣，這對借款人是昂貴的成本，若是透過仲介申辦的貸款又比直接貸款更昂貴。

從上述分析可得到一些基本的啟示。當市場變得較複雜，受害的是判斷力不足和教育程度較低的人。此外，由於提供建議的業者往往看似扮演協助與純諮商的角色，判斷力不足的消費者較可能得到低品質或別有居心的建議。在這個市場裡，專以富人為對象的貸款仲介可能比較有動機建立公平的聲譽，反之，以窮人為對象的貸款仲介通常較急於快速獲利。*

有一個市場區塊專門以極貧窮、風險極高的借款人為對象——所謂次貸市場。前面所說的問題在這裡都可看到，而且更嚴重。就像許多議題一樣，人們對次貸的觀點很兩極。有些人以貶抑的詞彙「**掠奪性**貸款」稱之，尤其是中間偏左人士及新聞媒體。這種概括性的批評

* 這裡簡短偏離一下主題：經濟學家常說，當風險增高時，人們會有較大的動機尋求專家的意見。這確是事實，但並不表示人們真的會付諸行動或一定會獲得有用的建議。在抵押貸款市場裡，很多人誤以為抵押貸款仲介是提供這個服務的人，但我們當然不能期待從仲介那裡得到客觀的資訊。我們絕無意單挑仲介來講，但窮人確實常被一些假裝提供建議的人詐騙。

忽略了一個明顯的事實：高風險的貸款一定要有高利率來補償業者。不能因為貧窮、高風險的借款人負擔高利息，就稱這類貸款具「掠奪性」。事實上，一些開發中國家的微型貸款往往利率很高，甚至高達二〇〇%以上，但借款人確實得到很大的幫助——尤努斯（Muhammad Yunus）便是因推行微型貸款於二〇〇六年實至名歸獲得諾貝爾和平獎。[2]另一派觀點認為，掠奪性貸款之所以會引發軒然大波，是因為左傾人士與媒體不瞭解高風險貸款必然附帶高利率。就像多數事情一樣，事實介於兩種極端之間，次貸不能以好壞一語定論。

次貸的一個優點是讓本來借不到錢的人借得到，讓一些較貧窮或高風險的家庭有機會擁有房子（或創業）。次貸也提供人們寶貴的再生機會。許多人借助次貸購買高價物品，尤其是用以實現美國夢——買房子。事實上，絕大部分的次貸都是房屋淨值貸款（home equity loan，譯按：房屋淨值貸款指房產價值減去貸款的淨值再拿去貸款）或轉貸。

那麼次貸到底哪裡稱得上掠奪性？辦理次貸的民眾通常判斷力都很不足，有時候還會被仲介剝削。《華爾街日報》曾以頭版詳細報導這樣一位仲介的惡形惡狀，他叫夏克（Altaf Shaikh），曾經是專業板球選手，轉行成為很會推銷的貸款仲介。[3]夏克換過多家貸款公司，辦了很多貸款，為自己賺了不少錢，對顧客卻未必有利。他的典型做法是設法接近他最喜歡的那種顧客，表現得好像在幫顧客一個大忙，免得他們還得到處比較。仲介拉客的方式包括面對面、郵件或任何方式，甚至有裝潢業者主動上門詢問是否要裝修，然後順便介紹仲介給屋主。

見面之後，仲介會先提供不同的貸款產品，讓潛在顧客「選擇」不同的利率、月付額、想要購買的百分點數等。最後這一項特別讓人困惑：所謂點數就是貸款戶付一筆錢（這筆錢通常再算進貸款的一部分），以交換較低的利率，但很少貸款戶搞得清楚購買點數是否划算。（暗示：通常都不划算。）

貸款戶選定某種條件後，法律規定業者應提供「誠信估算」，即列出辦理該貸款的所有費用，包括付給仲介的部分。照規定應在申請後三天內提供誠信估算給貸款戶，但有時候貸款戶直到簽約前才看到，而且是厚厚一疊文件，當然不太可能細讀。這便違背了誠信估算制度的美意。簽約時也有同樣的問題，仲介會帶著一堆文件讓貸款戶閱讀簽名。文件中雖詳述貸款的條件，對多數人而言簽名只是形式。這已是最後的階段，根本沒有時間重新思考（或甚至第一次思考）。

諷刺的是，這個問題一部分是立意良善的結果。誠實借貸法的設計原本是為了清楚列出貸款的條件，但當「真相」隱藏在堆積如山的小字條款時當然不易看出來。風險較高的貸款另外適用房屋所有權與淨值保護法案（Home Ownership and Equity Protection Act）的規定，亦即必須對貸款者提出額外的警告。但文件中並不會明白標注「高風險」，而貸款人要借錢就只能簽名。買過房屋的人都知道，要簽的文件一大堆，通常根本不可能細看。

許多文件讓人一頭霧水，貸款人很難分辨哪些是本金，哪些是額外的收費。貸款文件往往長達數百行，內含各種複雜的數據，其中可能便隱含其他收費。很多收費並未清楚界定，例如有些人便不知道提前還款要多付違約金。這還是一般貸款，多數次貸另有機動利率的方案，導致貸款人更難瞭解。

二〇〇七年美國爆發次貸法拍潮，在全球金融市場掀起波瀾，終而釀成二〇〇八年的金融危機，促使各國政府開始苦思對策。當然，即使放著不管，市場本身也會解決部分問題，因為投資次貸的人應已得到慘痛的教訓，知道其中的風險遠比想像更高。（從很多方面來看，貸款仲介都有欺騙的嫌疑，騙了購買貸款的投資人，也騙了貸款人。）但市場的力量不足以預防問題發生，因而有人呼籲政府應進一步介入。有人提議禁止「掠奪性貸款」，問題是沒有一種貸款會附上「掠奪性」的標籤，若驟然實施恐怕會導致很多高風險但值得幫助的貸款人借貸無門。誠然，大家都已體認到如此複雜的問題若能實施若干規範應該是有益的，甚至應該說非常切合需求。但即使如此，我們身為自由家長制擁護者，自然主張同時應將推力納入考量。一個很好的方式是從選擇設計的改良著手，幫助民眾做出更明智的選擇，避開真正具掠奪性的貸款——這類貸款多利用民眾的無知、困惑與弱點。事實上，我們認為整個抵押貸款市場都會因選擇設計的大改良而獲益。

眼前一個基本問題是誠實借貸法的功能嚴重不足。由於各家業者利率不一，收費項目繁多，光是看年利率根本不夠。法學教授威利斯（Lauren Willis）提出一項改革建議（2006），主張限制抵押貸款類型，好讓民眾更容易做比較。但這樣一來可能就得禁止具有負攤還（negative amortization，譯按：負攤還指貸款人每月繳款若低於應繳利息，差額就加入本金繼續滾息，導致房貸愈還愈多）或定期支付利息但本金到期一次清償（balloon payments）等特色的抵押貸款；這類抵押貸款都是將大筆貸款留到期末償還。威利斯的想法是：如果抵押貸款的類型少一些——例如只有三十年期固定利率的貸款——借款人會比較容易做出明智的選擇。她認為那些奇奇怪怪的抵押貸款成本太高，弊遠大於利。她還建議貸款的預估值應維持三十天效期，並規定借款人必須等三十天才能貸款。我們同意此一建議有其優點，也很認同應讓借款人更容易做比較，但這畢竟不符合自由家長制原則，因為它限制了可能讓借貸雙方互蒙其利的契約。機動利率的抵押貸款（甚至包含前期優惠利率）本質上都不是壞事，對那些計畫幾年內轉售房屋或重新貸款的人而言，這類抵押貸款極具吸引力。

我們相信RECAP的某種版本倒是可以提供助益。我們認同的有兩種版本，簡易版規定貸款人必須告知兩種成本：收費與利息。若是要更符合威利斯的論點，可規定所有的收費都要告知，但最後要加總成為一個清楚的數字。

伍華德的研究顯示，能夠爭取到最佳條件的人（且條件優厚很多），一開始都不必付費。（這只是表示仲介用他的佣金付清所有費用，天底下也許偶有免費的午餐，但絕沒有免費的抵押貸款。）比較合理的解釋是在沒有收費的情況下，貸款人較容易做比較，因為他唯一要考量的只有利率。揭露利率時當然要告知利率，但也要告知當利率維持不變時，一段時間內每年應付多少錢。如此，貸款人至少會知道前期優惠結束後要付多少，最好還能提供「最壞情況」的資訊，讓貸款人有心理準備。

業者也必須提供可用機器判讀的RECAP詳細報告，詳列所有的費用與利率條款，包括前期優惠利率、機動利率的變動原則、每年的變動上限等。獨立第三人可據此提供很好的建議。我們有一個強烈的直覺：一旦業者都能提供RECAP報告，將出現第三人服務業，協助進行貸款比較。我們當然要小心避免弊端，但這方面的監督應該不難做到。

有了RECAP報告，在網路上找尋抵押貸款應該會容易許多，也就能促進抵押貸款市場的競爭。這對婦女與少數族裔尤其有幫助。一份關於購車行為的研究發現，女性與非裔人士若是上網購車，所付的車價與白人男性差不多，若是到經銷商購買則會付較高費用（這項比較已將收入等因素納入考量）。[4]

信用卡

在現代生活中信用卡無所不在，沒有信用卡幾乎難以在社會上行走。不信的話，你可以試試看不用信用卡去訂飯店、租車或租一套高爾夫球具——恐怕你得憑點運氣。信用卡有兩個功能，第一，作為替代現金的付款方式，在面對面的交易中幾乎已取代了支票——這是一件好事，雖然偶爾在賣場結帳時仍會因某人要寫張七．三七美元的支票而大排長龍。信用卡的另一個功能是當你的現金不足支應花費時提供穩定的來源。簽帳卡（debit card）看似和信用卡差不多，但只有第一項功能，因為簽帳卡與銀行帳戶結合，無法借款（除非另有貸款額度可搭配）。（警告：有些簽帳卡以高額收費提供貸款額度，如果你使用簽帳卡借錢，一定要確定收費低於信用卡。）

信用卡確實很方便，刷卡付款通常比付現更快，也不必找零；你可以省去在皮包裡找半天零錢或處理家裡一大堆銅板的麻煩。何況還有飛航里程優惠！但你一定要謹慎用卡，否則可能會上癮。下列數字值得參考：

- 美國人口普查局（Census Bureau）統計，二〇〇四年流通的信用卡超過十四億張，持卡人有一．六四億人——平均每人持有八．五張。
- 目前，一．一五億美國人揹負卡債。
- 一九八九年，美國家庭平均積欠卡債二六九七美元；到二〇〇七年爆增到八〇〇〇美元。實際金額可能不止於此，因為這是自行通報的數字。有些研究人員引用聯邦準備理事會的資料，估計應該是一二〇〇〇美元。以一般的年利率一八%計算，等於每年光付利息就要二〇〇〇美元。[5]

很多國家的數據都差不多，從某些角度來看情況似乎日益惡化。回顧第三章談到的自制問題，不難想像對某些人而言卡債造成多麼嚴重的問題。在信用卡誕生以前，民眾的理財方式只能是「用多少付多少」。此所以有些人會依據用途或付款對象將錢分類存放。但現在即使沒有錢加油，沒關係，刷卡就好了。不僅如此，信用卡在很多方面對自制力構成挑戰。依據普雷瑞克（Drazen Prelec）與希米斯特（Duncan Simister）所做的一項研究，人們若可以刷卡購買籃球賽的門票，願意負擔的錢比只能付現高一倍。我們不知道人們願意多花多少錢換取里程優惠。而且一張卡刷爆了，總可以換另一張，或是新開一個帳戶，反正三天兩頭就會收到「事先核可」的信用卡廣告信。

這時候自由家長制是否能發揮助益？我們認為信用卡和抵押貸款一樣，非常適合採用RECAP。我們建議規定信用卡公司必須每年寄發一份報告（包括紙本與電子形式），列出一年來每一筆費用及總額。這份報告有兩個功能。第一，用卡人可利用電子報表尋找更好的條件。此外，民眾若能清楚知道每一筆用途與收費，比較能精確掌握錢用到哪裡去。

下面舉一個例子。信用卡公司會利用一種手法偷偷提高收費，亦即縮短帳單寄達日與付款日中間的天數。萬一你錯過付款日，不僅要付逾期金，下個月的刷卡金額也要付利息（縱使你都是全額付清）。如果你是重度刷卡族（如經常出差的人），五千美元的刷卡金額若遲付一天，可能就要多繳一百美元以上。

第二，年度報表可讓用卡人更清楚知道自己一年內花了多少錢。現在有些信用卡公司會依消費類別提供年度簡報，這對報稅頗有幫助，但RECAP的政策更進一步要求業者在報告中列出他們的收費。這類收費通常都沒有公開，舉例來說，如果你刷卡使用外幣，信用卡公司會加收換匯的費用（其實銀行根本不會因此增加任何成本）。有了RECAP報表，你就會知道那趟墨西哥之旅你因刷卡付了多少錢。由於刷卡的利息無法扣稅，用卡人通常不會去檢查前一年付了多少利息，這類費用可能隱藏起來，完全被忽略。試想像一位用卡人突然發現他去年付了二一五三美元的利息、二四七美元的逾期費和五十七美元的轉匯收費，恐怕要大吃一驚吧。

還有一些推力也很有幫助。舉例來說，信用卡帳單上都會列出最低繳款額。這可以作為定錨與推力，讓人覺得付最低額才是恰當的。*當然，因最低額只占總額的一小部分，長期

* 刷卡額度也是如此，表面上這是為了對支出設限，卻可能成為較高的定錨，反而鼓勵消費。

下來付最低額只會讓你多付利息。信用卡公司甚至故意讓你不太容易設定為每個月付清。你可以試著去設定自動付款看看，很可能會發現唯一的預設值就是付最低額。我們認為應規定業者提供自動付清的設定。

本章探討了很多議題，其中透露出的訊息卻一致而簡單。不論是抵押貸款或信用卡，使用方式都過度複雜，民眾確實有被剝削的危險。通常最佳的建議就是請大家自求多福，但碰到借錢這件事，人性的弱點很容易讓人陷入困境甚至災難。在這個領域裡，政府同樣應尊重人民的自由選擇權；但若能在選擇設計上略加改良，必可大幅減少民眾選擇不當的機率。

第三部
社會

Nudge

9 民營化社會安全制度：瑞典模式

二〇〇〇年美國總統大選期間，布希呼籲社會安全系統應該部分民營化。依照他的計畫，部分薪資所得稅應指定撥入個人儲蓄帳戶。正當美國熱烈討論這個議題時，瑞典已開始實施一套類似的制度。布希的計畫在他執政之初並未獲得太多注意，但到了二〇〇五年又重燃生機。雖然在國會闖關失敗，可以預見類似的建議不久之後可能會在美國或其他國家重獲青睞。瑞典的經驗帶給我們重要的啟示——尤其讓我們體認到，一味擁抱自由選擇權所會遭遇的限制。

瑞典政府在某些方面的選擇設計做得不錯，但至少犯了一個嚴重的錯誤，導致民眾選擇了不太有利的投資組合。這裡便凸顯出設計推力的重要，探討這個問題可以增進我們對社會安全改革及其他許多事情的瞭解。

瑞典的民營化計畫

如果要用簡單的一個詞代表瑞典制度的設計，那應該是「選擇權至上」。事實上這套制度正是「選項極大化」的最佳例子，亦即主張應盡可能提供最多的選項，然後讓民眾自行決定。我們看到政策的設計者幾乎在每個階段都採取自由放任，分析起來，該計畫具有下列特點：

1. 參與者可決定自己的投資組合，從核可名單中選擇最多五種基金。
2. 對於沒有自選的人（不論原因為何），該計畫（審慎）選定一種基金作為預設選項。
3. 政府（透過大量廣告）鼓勵參與者自己選擇投資組合，而不是仰賴預設選項。
4. 任何基金只要符合特定誠信標準就可列為選項。因此，參與者的選擇取決於市場上有哪些基金——一開始總數多達四百五十六種！（在二〇〇七年八月十四日時總共有七百八十三種基金，但自計畫開辦以來已有一千多種被納入，顯見汰舊換新的速度相當快。）
5. 關於基金的收費、過去的績效、風險等資料都以手冊形式提供給所有參與者。
6. 除了預設基金外，所有納入的基金都可打廣告吸收資金。

如果瑞典的民眾都是經濟人，那麼這些設計就都沒有問題。基金可自由加入、競爭完全不受阻礙、民眾有許多選擇——這些都很好。但如果瑞典的民眾是一般人，選項極大化恐怕無法得到最好的結果，事實也證明確是如此。

預設基金

關於預設基金有兩點值得探討。第一，投資組合應包含哪些標的？第二，政府的立場為何——是鼓勵民眾選擇或希望民眾不要選擇或其他？下面列出其中幾種可能的選擇：

1. 參與者沒有選擇：唯一的選擇就是預設基金。
2. 提供預設基金，但希望民眾不要選擇。
3. 提供預設基金，且鼓勵民眾選擇。
4. 提供預設基金，但沒有鼓勵民眾選擇也沒有希望民眾不要選擇。
5. 強制選擇。沒有提供預設基金；參與者必須自選，否則等於棄權。

上述何者是較佳的選擇設計？那要看設計者是否相信民眾有能力與意願自己選擇較合適

的投資組合。第一種根本稱不上是推力，設計者既沒有提供任何選擇，便不符合自由家長制的精神，我們當然不推薦。

另一個極端的做法是設計者完全不提供預設基金，迫使每個人必須自行選擇投資組合——亦即第五種，強制選擇。如果設計者深信民眾可以妥善為自己決定投資組合，當然可以考慮這項做法。在某些領域裡採取強制選擇政策或許有它的優點，但我們認為在這部分瑞典政府不堅持強制選擇是對的。[1] 即使政府非常盡職地告知所有的參與者，總不免會有漏網之魚（可能的原因包括出國、生病、忙於其他事情、無法溝通或單純只是不清楚）。讓這些人無法享受應有的利益當然太過嚴苛，從政治或道德標準來看可能也讓人覺得無法接受。更何況要在四百多種基金裡做選擇並不容易；一個政府為何要強制民眾做這種選擇，有些人一定寧可信賴專家的判斷（亦即預設基金）。

這麼說來，就只剩下中間三種做法了。如果要提供預設基金，那麼應該鼓勵民眾選擇或希望民眾不要選擇？從強烈阻止到強烈鼓勵之間顯然有很多不同的做法。最理想的做法是什麼呢？第四種顯然有它的優點：只是提供預設基金，但沒有鼓勵也沒有阻止民眾選擇。但若以為這樣做就可解決問題，恐怕是一廂情願。何謂中立？如果我們告知民眾這項計畫由專家設計，收費低廉（實際的預設基金確有這些特質），這算不算鼓勵？我們無意吹毛求疵，只是要指出設計者總得選擇某種方式敘述預設基金，這個決定便會影響該基金的市占率。

要分析這幾種選擇的優劣，我們必須知道設計者的能力，以及不選預設基金的人有多少判斷力，個別差異性有多大。如果設計者很優秀，預設基金適合多數人，民眾又很容易選錯，那麼自然可以鼓勵大家選擇預設基金。但如果設計者只是瞎猜，民眾的判斷力很夠，且每個人的情況差異很大，那麼寧可盡量保持中立比較好。

無論如何，瑞典政府採取的是第二種做法，即透過大量廣告積極鼓勵民眾自己選擇投資組合。廣告顯然達到了效果，三分之二的參與者決定自己選擇。從資料上來看，有較多金錢涉入的人較可能自選，若金錢因素不變，則女性與年輕人較可能自選。（關於女性較可能自選這一點，我們的解讀是：女性比較不會弄丟登記表格，也比較會記得寄出去。我們得承認這個論點並沒有證據支撐，也許我和桑思坦做事都不如另一半有條理，也因此受到這個事實過度影響——即前述的可得性偏見。）

當然，最後還是有三分之一的人選擇預設基金，這個比例或許看起來頗高。事實上這是所有基金中市占率最高的。但由於政府大力鼓吹民眾自選，其後數年的發展很能看出此一宣傳的影響——隨著政府的宣傳火力遞減，民眾自選投資組合的比例明顯跟著減少。

這裡提供一些詳細資料：二〇〇〇年春，政府推出該計畫時，所有就業的勞工都被要求選擇一種投資組合。其後，新進員工（多數是年輕人）陸續加入該計畫，同樣被要求選擇一種投資組合。但計畫實施之後不久，政府便不再透過廣告鼓勵大家自選。同時，基金業者也大幅減少廣告。可能受到這兩點的影響，自選投資組合的人數比例跟著減少。以二〇〇六年四月加入計畫的員工而言（我們掌握的資料中最近一次登記），只有八％自選投資組合！*由於這些新加入的員工多是年輕人，將這個比例拿來與二〇〇〇年計畫剛實施時年齡在二十二歲以下的員工相比最具意義——當時這群人有高達五六・七％自選投資組合，顯然比現在高出許多。

自選者選對了嗎？

民眾是否因自選投資組合而過得更好？當然，我們無從得知個別參與者的偏好，也無法知道他們在社會安全制度之外的資產配置，因此對於他們選得好不好很難下定論。但我們可以從理性投資人重視的元素——收費、風險、績效——比較自選者的投資組合與預設基金。簡單地說，我們發現自選者的表現欠佳。

預設基金顯然是經過審慎選擇的（參考表9－1）。資產配置中六五％為海外股票（亦即瑞典以外的股票），一七％為瑞典股票，一〇％為固定收益的證券（債券），四％是避險基金，四％是私募基金。總的來說，六〇％採消極管理，意思是管理人只是買下一些指數型的股票，並沒有致力打敗大盤。指數基金（index fund）的一個好處是便宜，收費遠低於致力打敗大盤

表9－1 比較預設基金與自選投資組合的平均值

資產配置	預設基金（%）	自選投資組合的平均值（%）
股市	82	96.2
瑞典	17	48.2
美洲	35	23.1
歐洲	20	18.2
亞洲	10	6.7
固定收益的證券（債券）	10	3.8
避險基金	4	0
私募基金	4	0
指數基金	60	4.1
收費	0.17	0.77
前三年報酬率	-29.9	-39.6
至二〇〇七年七月的報酬率	+21.5	+5.1

注：這張表比較了預設基金和自選投資組合的平均值。資產配置資料來自晨星（Morningstar）的基金分布資料。收費指每年的費用占基金資產的百分比。事後績效指改革後三年期間（從二〇〇〇年十月三十一日到二〇〇三年十月三十一日）的報酬率。在計算自選投資組合的平均表現時，係以二〇〇〇年做實施之後的基金市值為基礎。

＊事實上，實施後第二年（二〇〇一年）自選者占一七．六%，之後便穩定下降。

的基金，因而能讓預設基金的成本維持非常低（〇．一七％）。投資人每投資一百美元，一年只收十七美分。整體而言，多數專家應該會同意這種基金設計得很好。

要瞭解自選者的整體表現，可以看他們初次選擇的總投資組合再做比較。從中可發現三個重點。第一，預設基金的股市投資比重雖相當高，但自選者更高達九六．二％。民眾會對股市如此青睞，可能是因為先前幾年股市大好。

第二，自選者幾乎將一半的資金投入瑞典企業的股票（占四八．二％）。這反映出投資人確實有一種常見的傾向，就是喜歡買本國的股票，經濟學家稱之為國內資產偏誤（home bias）。[2]當然，讀者可能會說投資本國股市是有道理的：我們不是應該投資自己熟悉的市場嗎？但事實未必如此。如同前一章所討論的，有些員工喜歡購買自家公司的股票，卻未見得有能力從中獲利。

試考量下列事實：瑞典大約占全球經濟一％，其他國家（如美國或日本）的投資人若是夠理性，應該只投入一％的資產在瑞典的股市。那麼，瑞典的投資人投入的比例卻是其他國家的四十八倍，這樣合理嗎？當然不合理。＊

第三，在自選的投資組合中只有四．一％為指數型基金。結果是自選者要負擔較高的費用：高達〇．七七％，較諸預設基金的〇．一七％高出許多。假設兩個人同樣投資一萬美元，自選者每年負擔的費用將比選擇預設組合者高出六〇美元。時間愈久，負擔的費用愈多。＊

簡單地說，自選投資組合的人等於選擇了較高的股票比重，更多的管理工作，投資比例更集中在本國市場，收費也更高。

就開始投資的時間來看，我們很難認定自選投資組合比預設基金更高明。短短幾年的報酬率也許無法作為有力的證明，但預設基金不僅在一開始的設計就比較優異，投資績效也確實比較好。由於此計畫實施後剛好碰到市場走軟，前三年的報酬率都不太好（從二〇〇〇年十月三十一日到二〇〇三年十月三十一日），但相較之下選擇預設基金者受傷較輕——三年內約損失二九．九％，自選者平均虧損達三九．六％。

其後預設基金的表現一直優於自選者。到二〇〇七年七月，預設基金的報酬率是二一．五％，自選者平均只有五．一％。事實上因為預設基金的表現太優異了，基金評等公司晨星甚至自二〇〇三年開始給與最高的五顆星（比其他的「全球」基金好太多）。反之，自選者若被視為單一全球基金，恐怕只會得到三顆星的評價。

瑞典經驗有一個有趣的特點：前述基金發行時剛好是牛市（以及科技股泡沫）將結束時。

＊有些讀者可能對匯兌風險有疑慮，這個問題倒是很容易解決，預設基金的解決方式是在匯率市場中避險（基本上這是一種保險）。

＊此處所舉的是廣告中的收費標準。後來有些基金提供折扣優惠，因此收費降低了。

我們不可能確切瞭解這個時間點對人們的選擇（或甚至是推行此民營計畫的決定）構成何種影響，但可以從資料中獲得有力的線索。前面說過，自選者將九六％的資金投入股市。如果此計畫發行時間晚了兩年，幾乎可以肯定投入股市的比例不會這麼高。如同第八章所說的，個別投資人在決定資產配置時通常是趨勢的追隨者，而非高明的預測者。

在科技股不斷飆升的時期，可以想見投資人紛紛投入。試舉一個明顯的例子，當時（除了預設基金之外）搶得最大市占的是Robur Aktiefond Contura基金，吸走投資金額的四・二％。（這已是很高的市占：別忘了總共有四百五十六檔基金，且三分之一的資金投入預設基金。）該基金主要投資瑞典及其他地區的科技股與醫療股。在開放民眾選擇之前五年的淨值遽增五三四・二％，高居所有基金之冠。計畫推出後前三年，淨值卻大減了六九・五％，其後三年的報酬率也一直不穩定。

回頭來看，這檔基金能搶得高市占實在不足為奇。請想想投資人要做哪些工作——他們會收到一本冊子，裡面列出四百五十六檔基金在不同時期的報酬率，另外還有許多關於收費與風險的重要資訊，投資人根本沒有能力充分瞭解。他們唯一能確定的大概就是報酬率愈高愈好。當然，上面列的是過去的報酬率，但投資人一向不擅分辨過去的報酬率與未來的預測。我們可以想像在瑞典某戶人家餐桌上一對夫妻的對話：

夫：老婆，妳拿著那本冊子在做什麼？

妻：我在看要投資哪一檔基金比較好。我找到了，Robur Aktiefond Contura基金是第一名，過去五年的報酬率高達五三四%。如果我們投資這一檔，將來就可以到西班牙的馬略卡島（Majorca）退休了！

夫：妳說好就好。可以麻煩妳把醃漬鮭魚遞給我嗎？

人們的投資決定會受到近期報酬率的影響，投資計畫的推出時間便很重要。且這種影響是長期的，因為只有極少數人會修正投資組合。在瑞典，維持現狀的偏見很頑強。在前三年，投資組合有絲毫改變的人分別只占一·七%、二·七%和三·一%。這與美國401(k)計畫所顯現的惰性很類似。[3]也就是說，由於人們對近期的報酬率過度關注，加上之後對投資組合的管理有惰性，實施新計畫的時機對人們的投資決策會有很大的影響。

事實上，談「時機」似乎不太對，因為民營化計畫似乎總是在大牛市之後最易被核可。試看在二〇〇一與二〇〇二年熊市之後布希的計畫多麼不被支持就知道了。政治判斷和投資決策一樣很容易受最近可以想到的事件左右。[4]

廣告

容許基金打廣告似乎不是特別具爭議性。事實上，就此制度其他部分的設計來看，禁止打廣告幾乎難以想像。當局既容許基金進入此市場，理應容許業者以合法手段爭取顧客，當然包括（誠實）廣告。不過，廣告對市場的影響還是很值得關注。我們應該抱持何種預期呢？

試想像兩個極端的夢境，第一個是一個自由市場經濟學家做的夢，他夢見廣告主很樂意教育消費者瞭解低成本、分散風險、長期投資的益處，以及依據最近的報酬推斷未來的表現是多麼可笑。夢中的廣告可以幫助每個消費者在經濟學家所稱的「效率前緣」找到自己最理想的投資點——那是每一個理性的投資人夢寐以求的。換句話說，那則廣告可以幫助消費者做出更明智的選擇。也因此經濟學家的臉上露出詳和的微笑。

另一個夢則是會讓心理學家與行為經濟學家輾轉難眠的惡夢。夢中廣告主鼓勵人們要勇於做夢，不要甘於平庸，要視投資為致富的良機。夢中的廣告幾乎絕口不提收費，倒是一再提到過去的績效，雖則並無證據顯示過去的績效可以預測未來的表現。（喜歡運動賭博的人一定會發現相關廣告也有同樣的現象，常會宣揚對於預測即將來臨的賽事「穩操勝券」，以及過去三週的預測是多麼精準到幾乎無可挑剔。）

實際情況呢？在一則典型的廣告中，哈里遜福特（Harrison Ford）為瑞典某基金公司的產品宣傳。廣告曰：「哈里遜福特可以幫你挑選更好的退休計畫。」我們實在不知道他的哪一個角色證明他有這個能力。（我們倒是知道電影中的印第安那瓊斯是芝加哥大學教授，只可惜不是任教於商學院或經濟學系。）

根據克隆維斯特（Henrik Cronqvist）的研究（2007），一般的廣告比較接近第二個惡夢。只有少部分的基金廣告會提供對理性投資人有幫助的相關資訊，如收費標準。（過去表現不錯的）基金常會用力強調過去的報酬率，但這類廣告完全無法預測未來的表現。然而投資人在選擇投資組合時確實深受基金廣告的影響，常會因此選擇預期報酬率較低的投資組合（因收費較高），且風險較高（因投資股票的比重較高、管理較積極，偏重「熱門」產業，表現出國內資產偏誤。）

沒有推力的下場

瑞典社會安全制度的民營化經驗非常具啟發性。基本問題在於政府未能找出最佳的選擇設計，頑固地迷信「選擇愈多愈好」，果然引發可得性偏見與惰性的負面影響。這裡顯然需要更高明的選擇設計。

我們一再強調，在設計預設基金這個關鍵問題上，瑞典的設計者表現得可圈可點。預設基金經過審慎的選擇，我們相信其他國家的人若有機會一定會願意投資該基金。足證政府並非什麼事都做不好。瑞典計畫最大的弊病是鼓勵民眾選擇自己的投資組合。當面對複雜的問題時，政府其實可以提供很有用的提示。讀者應該還記得本書第一部的一個重點：當人們面對困難而不熟悉的決定，且犯錯時無法得到立即的反饋，那麼稍微輕推一下不僅合情合理，也是高明的做法。

在這種情況下，政府可以這樣說：「我們設計的計畫裡提供完整的基金供民眾選擇。如果你覺得很難自己做決定，你可以請教專家，或是選擇預設基金，那正是由專家為你這樣的人設計的。」瑞典政府似乎也同意我們的看法：他們已不再積極鼓勵民眾自己選擇投資組合。

如果美國的社會安全制度也採取類似的部分民營化（不論是與舊制並存或取而代之），都可以從瑞典經驗中得到很多啟發。美國的經濟規模比瑞典大三十倍以上，若採行類似的自由加入制，大概可以產生幾千種基金。認同「選擇愈多愈好」的人可能會很喜歡，但一般人恐怕會感到無所適從。比較理想的做法應該先效法瑞典，選擇很好的預設計畫，主要由指數型基金組成，管理人由競標產生。接著民眾應可依循一套簡化的選擇過程（最好透過網路），首先請民眾回答一個是非題：「你要選擇預設基金嗎？」答是的人便完成選擇作業（當然，之後還是可以在特定日期改變心意）。答否的人則會被提供少量的股債混合基金（blended fund），也許會依據民眾的年齡提供不同的產品（同樣由民間管理，收費標準具競爭力）。如果這些基金全部被拒絕，接著才會進入完整的清單。從民間的經驗來看，很少人會用得到完整的清單，但這個權利一定要獲得充分的保障。

檢視瑞典經驗帶給我們重要的啟發。當你給人們的選擇愈多，便應該提供更多的資源協助人們做決定。下一章的討論告訴我們，為美國聯邦醫療保險（Medicare）設計處方藥計畫的人並未學到這個教訓。多提供一些選擇通常是好的，但如果牽涉到複雜的問題，高明的選擇設計必能引導人們選擇更明智的方向。

10 問題重重的處方藥計畫

美國以外的很多人可能會感到很驚訝——美國人要服用處方藥時必須自己付費購買或透過保險取得（通常由雇主提供保險）。很多老年人仰賴政府的聯邦醫療保險（Medicare），但這種保險並不給付處方藥——直到不久之前才有所改變。這個問題也是二〇〇〇年美國總統大選的熱門話題。

時任副總統的高爾（民主黨）提出一個典型的政府指令，將處方藥的保險以單一計畫納入聯邦醫療保險，召集醫療專業小組擬定細節，然後將此方案提供給所有的老人。反之，共和黨的布希提出的主張恰恰反映出他的競選口號：慈悲的保守主義（compassionate conservatism）。依據他的慈悲的保守主義，自由市場機制與民間業者都扮演重要的角色。他提供老年人一種昂貴的新權益——內含民間醫療業者設計的許多種藥物計畫，消費者可選擇是否要加入以及加入哪一種計畫。

三年後，布希總統的版本在國會驚險過關。這項聯邦醫療保險史上最大的改革案，由聯邦政府出資五千億美元補助一項處方藥的保險——稱為處方藥保險（Part D）。二〇〇六年，隨著計畫即將上路，布希對佛羅里達某老人俱樂部發表談話：「我們認為提供多種選擇很重要，因為我們希望這套制度能滿足消費者的需求。諸位擁有的選擇愈多，愈可能找到符合個人需要的計畫。換句話說，一體適用的計畫對消費者並非最有利。我很重視消費者的權益，也對大家的選擇能力有信心。」[1]

正因布希總統對美國的老人太有信心了，以致他們必須承擔自行決定的重責大任。這正好可作為選擇設計極具啟發性的有趣案例。這種有限的自由選擇制看起來似乎是自由家長制的良好示範，事實上我們認為從很多方面看來布希總統的方向是正確的。以醫療保健制度而言，處方藥保險相當能符合計畫者最初的預期。但從選擇設計的角度來看，卻因設計不當而可能不利民眾做出明智的決定。處方藥保險確實提供很多選擇，這一點是好的，但分析起來有四大缺點：

- 未能引導民眾做最好的選擇。
- 此計畫提供給多數老年人的預設選項是不參加。
- 此計畫提供給六百萬自動加入的老年人的預設選項竟是隨機選定的！且堅持不肯依據民眾的處方藥用藥史進行人與計畫的配對。
- 未能服務最弱勢的民眾，尤其是貧窮與教育程度低下者。

有一點要特別澄清，我們不否認處方藥保險有很多貢獻，此計畫絕非如批評者所說的無可救藥的災難，但從選擇設計來看還有很多改進的空間。

本章會討論很多細節，讀者若對主要的選項與其問題所在沒有基本的認識，恐怕不易瞭解整套計畫的癥結。但只要記住上面所說的四大缺點，就不致落入見樹不見林的陷阱。

處方藥保險的設計

在處方藥保險實施之前，美國大約半數的老年人都有某種處方藥的保險——不是透過民間計畫就是美國退伍軍人事務部之類的政府機構。政府官員很希望將其餘的人透過處方藥保險全部納入保險。處方藥保險的基本運作原則就是盡可能提供聯邦政府核可的所有選擇，結果便推出了一項具備五大特色的政策：

1. 對多數人而言，處方藥保險是自發參加的計畫，加入之後才能受益。先前納入醫療補助計畫（Medicaid，是專門提供窮人的政府醫療保險計畫）的六百二十萬低收入老年人與殘障者例外。這兩種人必須從另外的次級民間計畫中做選擇，這些都是符合一定門檻的最便宜最基本的計畫（二〇〇七年，各州提供的這類計畫從五個到二十個不等）。

任何人若未積極做選擇，就會被隨機納入其中一種計畫。

2. 二〇〇五年十一月到二〇〇六年五月是第一次加入的時間，其後每年年尾開放加入。合乎資格的老年人如果沒有加入，也沒有參加其他民間計畫，延遲的每個月都會被處以罰款。

3. 每一州提供的計畫各不相同，阿拉斯加有四十七種單一計畫，西維吉尼亞與賓州則有六十三種。多數州提供五十到六十種之間。自法律實施以來，可供選擇的計畫種類持續增加中。

4. 在第一次加入期間，政府推出四億美元的宣傳活動，鼓勵民眾選擇適合自己的計畫。負責聯邦醫療保險的官員（包括美國衛生及公共服務部部長）還搭乘藍色大巴士巡迴全國宣傳，許多公司也自己打廣告。目前，老年人被告知應「請你認識或信賴的人給你建議」、「選擇你原本熟悉的計畫」，或使用聯邦醫療保險網站上的客製化指南：聯邦醫療保險處方藥計畫查詢工具。[2]

5. 給付範圍始於患者需要的第一種處方藥，當患者用掉一定金額後便會停止，等回復另一個低點之後再重新開始。媒體通常將這個空檔戲稱為「甜甜圈洞」。我們知道即使不提甜甜圈洞，討論處方藥保險的細節就已經夠讓人頭痛了，因此我們將甜甜圈洞的討論放在最後的附注裡。簡單地說，絕沒有經濟學家會推薦這種特色的保險政策。

如果合乎資格加入這些計畫的人都是經濟人，這些特色都不會構成問題。曾獲諾貝爾獎的柏克萊大學經濟學家麥法登（Daniel McFadden）對處方藥保險研究得很透徹，他說：「如果消費者具備判斷力，當然可以確保市場上富有競爭力的計畫與業者都能符合消費者的需求。然而，如果有很多人搞不清楚，市場根本無法獲得正確的訊號並據以適度調整。」[3] 現在的問題是老年人必須從太多複雜的計畫裡做選擇，也難怪他們無法提供業者正確的訊號。

霧裡看花

隨著加入處方藥保險的六個月期限將屆，民眾開始著急了。我們試以德州麥卡倫市（McAllen）的老年人的經驗為例。麥卡倫市素有棕櫚市之名，居民十萬人，位於美墨邊界附近的瑞歐格蘭山谷（Rio Grande valley）。這裡是跨國企業的製造中心，人民生活窮困——六十五歲以上的居民約五分之一都是窮人，理論上這種城鎮最能因處方藥保險的實施而獲益。

但要能真正獲益，合格的居民首先必須搞懂四十七種處方藥計畫。希達戈史塔郡醫學會（Hidalgo-Starr County Medical Socierty）前會長維拉瑞爾（Dr. E. Linda Villarreal）說：「理論上這套制度不錯，但我的絕大多數患者都是一頭霧水，對這套制度的內容與運作方式都不瞭解。」德州傳教市（Mission）理查藥局的經營者之一貝瑞拉（Ramiro Barrera）說：「新的聯邦醫療保險計畫搞得我們必須全天候作業，有太多受益人要求協助，我們簡直應接不暇。」[4]

麥卡倫市的狀況絕非唯一的個案，每個地方的老年人都是一頭霧水，醫生與藥劑師也是，也因此聯邦醫療保險的詢問熱線被這些人打到爆。處方藥保險的複雜難解已成為眾人詬病的問題，《週末夜現場》（*Saturday Night Live*）甚至在偽造的政府廣告中對迷宮般的處方藥保險大加諷刺，廣告中指出，任何老年人只要是電腦、iPod、衛星電視一把罩的科技通，一定會發現這套保險計畫輕鬆又簡單。

布希總統對這種挫折感表示同情，但強調這是很好的計畫，絕對值得付出一些代價。他告訴佛羅里達的老年人：「當我們提出讓老年人自己選擇的概念時，我知道有些人會搞不清楚。畢竟到目前為止……聯邦醫療保險系統一直沒有提供很多選擇，有些老年人可能覺得本來一切都好好的，怎麼突然來了個布希……還突然冒出四十六種選擇。」

老年人該如何因應呢？布希總統建議他們保持耐性，向民間機構尋求協助。「我們很希望各方人士都能伸出援手，像是美國退休人士協會、美國有色人種促進會、老年人的子女、宗教機構等，都在協助老年人瞭解這套系統，找出最符合需求的計畫。我承認，有些老年人因為選擇太多而想要放棄參加，我要告訴大家，有很多人可以提供協助。」

這種想法很值得肯定，但讀者看到這裡應該已經知道，當你提供人們四十六種選擇，再叫他們向外界求助，等於沒有提供任何幫助。何況以處方藥計畫而言，很多預期可提供協助的團體自己也很困惑，甚至連醫療專業人員也不例外，他們和患者的看法一樣：目前的方案有太多選項，沒有人弄得清楚。另外有些機構如美國退休人士協會決定自己經營保險計畫的業務，同時提供意見幫助老年人選擇最好的計畫，這裡面明顯存在利益衝突。

然而，讓老年人加入計畫還不是最困難的部分。相關單位終究還是成功爭取到很多人參加。[5]二〇〇七年一月，參加聯邦醫療保險的人當中，只有一成以下（約四百萬人）沒有透過處方藥保險或類似的民間計畫享有藥物保險。[6]已參加其他計畫的人當中，約四分之一的人因為仍然很健康，並不需要立即加入。[7]但他們的參與可協助補貼患病的老年人，對處方藥保險的存廢很重要。對聯邦衛生官員而言，高參與率無疑是成功的保證。從這一點看來，自由選擇制確實奏效了——凡是（和我們一樣）反對一體適用制的人當然受到很大的鼓勵。

整體而言，老年人似乎對處方藥計畫相當滿意。（這也是應該的，因為政府確實補助很多！）自從新的聯邦醫療保險法律通過後，反對處方藥計畫的人數穩定減少，贊同的人愈來愈多，證明民眾的學習速度很快。二〇〇五年十一月，老年人初嘗四十多種計畫的滋味，一千八百位受訪的老年人當中半數表示不滿意，滿意的僅二八％。到二〇〇六年十一月，不滿意與滿意的比率分別變為三四％與四二％。當被問及個人的親身經驗時，四分之三的人對處方藥保險的看法是「很正向」或「有些正向」。[8]

大力支持處方藥保險的人看到這些數字可能會說，這就像任何方案一樣，民眾總會經歷一段比較痛苦的教育過程，但整體而言對自己選擇的計畫還是滿意的。絕大多數的人都以為自己的選擇不錯，但我們相信很多人其實沒有什麼根據，理由下面會慢慢闡述。

當然，經過學習之後，原本複雜的選擇確實會變得較容易。但我們認為處方藥計畫中學習的成分不似想像中那麼多。首先，會有那麼高的參與率，一部分是因為三分之二的老年人透過下列途徑輕易或自動加入：雇主或工會；醫療補助計畫、美國退伍軍人事務部或聯邦公務員保險；或更廣泛的特殊聯邦醫療保險優惠計畫（Medicare Advantage）。廣告宣傳與媒體的報導當然有助於提高民眾的瞭解，但上面的統計數字絕不表示三千八百萬老年人是應政府的要求去申請處方藥保險的。

何況還有很多人應該加入卻仍然沒有加入。四百萬人可不是少數人，研究顯示其中大部分是教育程度低下，剛剛超出貧窮線的人（因此不符醫療補助計畫的資格）。此外，符合低收入補助的一千三百二十萬老年人中——多數是教育程度低下的獨居老人——四分之一未申請補助。這群人獲得補助後等於能免費保險，因此四分之一的比例確實偏高。

即使民眾選擇加入，也可能因選擇太多而無所適從。自從新聯邦醫療保險法通過後，不斷有老年人受訪時表示處方藥保險讓人困惑。累積一年的經驗後，只有十分之一的人說這套方案運作順暢，不需要「大改變」。二〇〇六年十一月（累積一年的經驗與知識之後），七三%的老年人認為處方藥保險「太複雜」，六〇%同意應該由某單位（最可能的是政府）「篩選出一些計畫……讓老年人比較容易做選擇。」醫界在這方面的共識更高，九〇%以上的醫生與藥劑師同意這套計畫太複雜了——他們在參加期間不斷被患者的疑問疲勞轟炸。

這些反應顯示，如果有更好的設計，民眾的整體滿意度應該會提高許多。過度複雜是其中最大但不是唯一的問題，事實上處方藥保險的另外兩點選擇設計同樣讓人困惑。

極弱勢者的隨機預設選項

前言提過自助餐廳主管卡洛琳的選擇；其中一種選擇是隨機擺放食物。這種方式可以說是最公平又合乎原則的，但恐怕會導致某些學校的學生營養失調。我們不認為這是可取的做法，因為這會導致一些學生只吃披薩、蛋捲和冰淇淋，形同對他們施加不公平的懲罰。

然而，政府正是以這種方式對待六百萬最貧窮多病的人民。凡是沒有選擇任何計畫的人，便會被自動指派一種隨機選定的預設計畫，基本上保險費不會超過該地區的一定水準。由於計畫調整，到二〇〇七年又有一百一十萬人符合隨機指派預設選項的資格。但有一個州（緬因）很聰明地拒絕配合，讓四萬五千人可以採用「智慧指派制」。稍後會詳細介紹緬因州的做法，現在先談談其他四十九州的情形。

最貧窮多病的參與者通常同時符合聯邦醫療保險與醫療補助計畫的資格（因而被稱為

「雙重合格者」)。這些人裡面有極大比例是非裔、拉丁裔與女性。雙重合格者比其他聯邦醫療保險的受益人更可能罹患糖尿病與中風，每個人平均服用十種以上的處方藥。[9] 這些人包含最重度失能者、各年齡層的身障或精障人士、失智而需要全天候照顧的老人。政府並未明確告訴我們有多少雙重合格者主動選擇一項計畫，但根據我們掌握的資料，很少人主動選擇。雙重合格者隨時可以轉換計畫——但主動選擇的人已經很少，當然更不會有多少人善用這項彈性辦法。

任何人若不幸被隨機指派一種不符需求的計畫時，結果都可能受到傷害。以雙重合格者最常使用且屬於法定給付類別的藥物來說，各計畫的給付程度大不相同，從七六%到一〇〇%都有。這表示有些雙重合格者接受的預設計畫並不給付他最常服用的藥物。他們當然可以轉換，但別忘了這些人是一般人，多半會一直維持慈愛的政府隨機為其選定的計畫。考量各種藥物取得的方便性並不一致，這樣的預設設計會損害民眾的健康自是不足為奇。最近針對雙重合格者所做的一項研究顯示，一〇%的人表示藥物的取得變得較方便，但二二%以上的人因採用新計畫而暫時或永久停止服藥。[10]

政府為何捨智慧指定而採取隨機指定？官方的理由是民眾的處方藥會改變，以前服用的藥物未來不見得會用。醫療保健業者對這個邏輯不太能理解，老年人常要長期服用多種藥物，去年的用藥史很能預測來年的使用情形——至少總比憑空挑出的計畫更具預測價值。

政府完全不看民眾的需求便指定一種計畫，這幾乎是介於麻木與不負責任之間了。此外，隨機指定也不符合市場取向的原則。依據市場機制，好的產品會有較高的市占率，多數自由市場派的經濟學家都認為這是一大優點。我們不認為每一家汽車製造商應享有同樣的市占率，正如我們不認為民眾應隨機挑選汽車。那麼保險計畫為什麼要採隨機指定？

隨機指定造成的錯誤與分配不當要讓我們付出多少代價？檢驗這個問題的一個方法是看看有多少人在一年後轉換計畫。（民眾可在每年十一月的開放加入期間轉換。）遺憾的是我們無法充分瞭解計畫轉換的情形，因為政府並不是很樂意公布這方面的資料。但有一項資料倒是已經公布了——二〇〇七年的開放加入期間，約有二百四十萬人——一〇％的處方藥保險參與者——轉換計畫。但其中一百一十萬人是低收入者，這些人多半是被政府片面轉換的，目的是讓他們不用負擔增加的保費。也就是說，扣除掉雙重合格者，只有六％主動轉換計畫。（我們猜想，若是將所有的參與者考量進來，這個比例會更低。）[11]

這麼低的轉換率可以有兩種可能的解釋。擁護這套計畫的人最喜歡的是第一種解釋——因為大家都沒有問題，因此不必轉換，我們有各式各樣的計畫可以處理不同的健康狀況，老年人也都選擇了最符合需求的計畫。如果我們研究的對象是經濟人，這個說法當然站得住腳。但如果參與者是一般人，則第二種解釋比較說得通：很少人轉換計畫是惰性與維持現狀的偏見使然。我們如何知道哪一種解釋才對？一個方法是比較自選計畫與政府隨機為其指派計畫的人，我們當然不能假定後者被指派的就是最適合的計畫。事實是這兩種的轉換率都很低，足證第二種解釋才對。多數人似乎認為不值得為了轉換計畫付出那麼大的代價——耗費許多時間與心力去選擇最理想的計畫。

那麼究竟值不值得呢？答案要看計畫的多元化程度，以及個人所使用藥物的成本差異。下面舉一項研究來說明，專家比較美國三個地區基本計畫給付的藥價（所謂基本計畫就是貧窮受益人會被預設指派的）。結果發現，若指派的是最低成本最適合需求的藥物計畫，每個月每一種藥可省下五到五十美元。[12] 除了個別藥物之外，不久之後應可看到整套計畫的比較資料，我們相信結果應與一些學術團隊的研究相符。例如依據克靈（Kling）團隊的估計，隨機選擇計畫與最低成本計畫之間的差異一年可達七百美元之多。也就是說，選對計畫可以為老年人與政府省下大筆金錢。如果每個人的改善幅度多達數百美元，很多老年人也許會願意至少花一兩個小時找出最適合的計畫（就像他們會花那麼多時間選購洗衣機或高爾夫球桿）。

對使用者不夠友善

遺憾的是花一兩個小時恐怕無法完成任務。協助民眾選擇計畫的主要工具在聯邦醫療保險網站。聯邦醫療保險辦公室主管說：「這個網站可協助民眾做出明智的決定，裡面提供了前所未有的豐富工具，有助於找出適當的藥物計畫。」[13] 但過度倚賴網站有一個明顯的缺點，多數老年人根本不上網，更遑論使用聯邦醫療保險網站，少數會用的人也不是很靈光（雖然這個現象會慢慢改善）。多數老年人對處方藥保險的瞭解都是被動得自保險業者、政府、美國退休人士協會之類團體的郵件。這類郵件當然不太可能包含為個人量身打造的資訊，因此聯邦醫療保險網站還是提供協助的最佳來源。那麼要叫誰去上網呢？當然是老年人的成人子女。

我們的一位經濟學家朋友梅洛（Katie Merrell）便是其中之一。她本身對醫療保險有些研究，主動為年邁父母選擇計畫，結果發現即使是她這樣的專家也要耗費好幾個小時。為了讓我們知道選擇計畫有多麻煩，她熱心地提供她母親的用藥清單。塞勒拿到聯邦醫療保險處方藥保險網站試運氣，發現簡直是一場惡夢！其一，網站沒有拼字檢查功能。如果你將「Xanax」錯拼成「Zanax」，便什麼都查不到（不像Google）。這是一個大問題，因為藥物名稱很難記，拼錯是常有的事。劑量也是一個問題，你必須清楚知道藥物的劑量（如二十五毫克）以及服用頻率。網站假定你服用的是學名藥（如果有的話），但你可以選擇保留高品質專利藥。問題是很多人雖服用學名藥卻都以專利藥稱呼，因此在選擇每一種藥物時都要很小心。

相較之下，一種免費的軟體Epocrates Rx便顯得方便很多——即使你忘了完整的藥名，該軟體也能幫你找出來。這個軟體可輕易載入iPhone或其他可攜式設備，讓你或你的醫生透過藥的顏色、大小與形狀找出藥名。此外，軟體裡的藥典資料包含極豐富的資訊，如劑量、注意事項、價格、與其他藥物的交互作用等。再回到前述的聯邦醫療保險網站，等你把一切資料都正確輸入後，會得出三種建議計畫，並附上每年的成本預估。（對電腦有恐懼感的老年人可打免付費電話，客服人員會告知三種建議計畫與價格，但不會解釋這些計畫的選擇依據。）[14]

最後塞勒（在梅洛幾近心理治療式的協助下）終於得到一些答案，但和梅洛得到的答案不同。由於塞勒自己已接近使用聯邦醫療保險的年齡，心想年輕人或許會覺得比較容易。於是我們請一位研究生助理試試看。年輕加耐心果然有幫助，但他得到的答案又不一樣。我們只好使出殺手鐧，請出我們之中最年輕最聰明的一個，我們的實習生（曾參加青少年益智節目Teen Jeopardy表現優異），目前就讀某頂尖大學，平常做任何事都覺得輕而易舉的她竟也有些時候會搞不清楚。且我們這群人雖然都使用同一份資料，得到的成本預估或推薦計畫竟然都不一樣。*

起初我們感到很困惑。顯然四位經濟人也無法得到完全一樣的結果，這是因為處方藥計

* 梅洛安慰我們不用難過。她有一次對一群這方面的專家講話，談到她為母親挑選計畫的過程，發現那些專家也有同樣的問題與挫折。

畫不斷在更新藥價，誰也無法保證你母親今日取得的最低價計畫明日還是最低價。事實上消費者聯盟（Consumers Union）追蹤過五個州的價格差異，發現每個月都在變動。有時只波動幾美元，有時更多。二百二十五種計畫中將近四成變動超過五%，等於是一年數百美元。[15]價格的經常變動對一般人是另一個阻礙，依我們的經驗來看，對不知情的人更可能是晴天霹靂。

民眾的選擇能力堪慮

處方藥計畫要如何挑選？過程容易嗎？答案是很困難。為了方便討論，我們暫時將是否要加入處方藥計畫或單一藥物計畫或聯邦醫療保險優惠計畫擺在一邊。假設你和多數參與者一樣，都是選擇單一計畫，你將必須考量十五項因素再進行各計畫的比較。（讀者若以為這不會太困難，請閱讀後面所附的注解，裡面有詳細的說明，但我們建議你先吞兩顆阿斯匹靈再讀。）

聯邦醫療保險網站確實試著協助老人依據其中一些因素進行篩選，但前面已說明使用該網站的痛苦歷程，即使你順利查詢完成，得出三項最便宜的計畫，並不表示就可高枕無憂。網站上看不出依你的狀況是否容易取得事先的授權，或特定藥物的數量限制是多少，大概必須等到你加入某項計畫且實際去買處方藥時才會知道。

若要探討老人的抉擇是否明智，必須先瞭解他們的健康狀況與選擇的計畫。政府基於隱私的考量不願透露這方面的資訊，但顯然相信甚至聲稱老人的抉擇很明智。我們有些半信半疑，所謂明智的選擇應該表示能符合個別的需求。經濟學家麥法登做過這方面的評估實驗。

他的研究團隊提供合理的機會讓老年人可以做出明智的選擇。老年人不須擔憂個人用藥在哪些藥局才買得到或事先授權的問題，他們只需在四種計畫裡選出一個。為了讓選擇工作更簡化，他們甚至不必考量個人的經濟狀況，因為四種計畫的給付金額都一樣，唯一的差別是用藥支出增加時提供不同程度的保障。

即使簡化到這種程度，還是有很高比例的老年人選擇不當，因為他們未能依據個人的健康狀況、用藥習慣、風險承受能力等做選擇。研究發現，近三分之二的人未能選出個人支出最少的計畫。[17]

可能的推力

身為自由家長制的擁護者，我們要對布希總統堅持保留民眾自由選擇處方藥保險的權利表示支持。單一付費者計畫的優劣且留待公評，但任何計畫只要是提供許多選項，人們就可能因更高明的選擇設計而獲益。

智慧型指派

隨機指派預設計畫是很糟糕的設計。假想一個窮人被指派接受一個不恰當的計畫，結果不是醫藥費節節上升，就是停止服用昂貴的藥物（現在已經有一些人這樣做）。短期來看或許能幫政府節省經費，長期來看卻會造成更大的財政負擔，尤其像糖尿病或其他疾病可能因為沒有定期服藥而引發更多併發症。此外，如果指派另一種計畫可完全給付老年人的用藥且成本可降低一五%，捨此計畫不用等於是浪費政府的資源。

最好的方式當然是終止隨機指派，改用智慧型指派。前面說過，只有一個州在雙重合格者的處方藥計畫方面使用智慧型指派——緬因州。[18]美國審計署的一份報告指出：隨機指派「導致緬因州許多雙重合格者接受不恰當的計畫」。依據隨機指派，只有三分之一的人最近服用的藥物可獲完全給付，四分之一只給付最近用藥的六〇%以下。[19]

在緬因州，他們在為合格的參與者尋找適合的計畫時，首先依據當事人三個月內的處方藥使用紀錄，評選出達到政府給付標準的十種計畫。凡是目前所採的計畫給付用藥不到八〇%的人自動移轉（但當事人仍保有取消移轉的權利）。另一群參與者則是以信件告知有更適合他們的計畫，建議與相關單位洽詢詳情。智慧型指派協助了一萬多人移轉計畫——占所有雙重合格者的二二%——成效卓著。剛開始雖因資料不夠周全與技術問題遇到一些困難，緬因州政府指出，現在每位雙重合格者的用藥都可獲九○——一○○%的給付。[20]

並不是只有緬因州對智慧型指派制感興趣。二○○五年，兩大醫藥集團——全國連鎖藥局協會（National Association of Chain Drug Stores）與社區藥師全國聯合會（National Community Pharmacists Association）——與佛州坦帕市的醫療保健資訊科技公司合作，設計一套軟體協助民眾尋找適合的計畫。他們將成果呈現給聯邦政府官員，得到禮貌但冷淡的回應。（也許智慧型指派制這個名稱不受青睞，應改為「智慧型設計」。）由於未能取得政府的信任，加上保險業者提出法律上的質疑，智慧型指派制終究只在緬因州實施。政府實在應該鼓勵其他州嘗試類似的實驗，更重要的是，規範隨機指派的法令應該修改。

RECAP

如果我們的RECAP系統可以應用到聯邦醫療保險，對老年人應該很有幫助，而且可以讓大家利用聯邦醫療保險的網站查詢時更加輕鬆愉快（相對而言）。

RECAP的運作方式簡述如下。企業應每年一次寄給老年人一份完整的條列式清單，詳列過去一年來服用的所有藥物與相關費用，寄發時間應在加入期之前。任何人只要有興趣，保險業者都應提供電子版的完整價格資料。這些訊息必須能上網取得，如此便可輸入聯邦醫療保險網站與比價程式（這時必然已有第三方可輕易提供這類程式）。提供這些資訊的目的是運用推力讓老年人擺脫維持現狀的偏見，且因處方藥的成本已盡可能透明化，也可鼓勵他們多方比價。此外，對多數老年人而言，延遲加入的代價很高，我們也可運用類似的推力幫助未加入者。例如可將價格資料寄給未加入的老年人，針對若干常用藥物清楚列出最近與目前的保費，目標之一是讓老年人清楚知道他們要為延遲加入付出多少代價。

我們相信在這個領域（如同在其他地方），如果能要求業者提供RECAP報告，自然會有民間組織提供服務，幫助民眾透過資料的輸入選出最適合的計畫。事實上，在麻州已有一家艾斯培瑞安公司（Experion Systems）設計線上處方藥計畫助理工具，比政府的網站友善多了。這項工具早期的一種版本會透過提問引導民眾做出更好的決定。此外，該公司還與連鎖藥房合作，方便民眾輸入與RECAP報告類似的用藥資訊。如果能有一套RECAP規範，不論民眾從哪裡取得處方，艾斯培瑞安公司都可輸入相關資訊。

RECAP資訊的另一個作用是改善智慧型指派制。某研究團隊的初步成果已證明RECAP式的推力確實能達到預期效果。這項研究以威斯康辛州的受益人為對象，發現民眾若從現有的計畫移轉到成本最低而仍可滿足其用藥需求的計畫，平均一年約可節省五百美元。[21]研究人員想要知道，些微的推力是否能幫助民眾把握這個省錢的機會，便隨機採取一群同意分享個人用藥史的民眾作為樣本，寄發個別化的信件。信中解釋了現有計畫的成本、類似但成本最低的計畫以及移轉後能省下多少錢。另一群人則只收到一般的處方藥計畫文宣。兩種信件都附上聯邦醫療保險計畫查詢的網址及使用方法。結果顯示第一組個別化的信件確實能運用推力讓更多人選擇低成本的計畫，這組人的移轉率為二七%——較諸僅收到文宣的人高出一〇%。比較兩組當中選擇最低成本的人數（即信中提到的計畫），第一組是第二組的三倍多（雖則整體百分比仍只有個位數）。這個結果與其他研究差不多，同樣顯示民眾常會選錯計畫，而簡單清楚的資訊便可減少選錯的機率。

處方藥計畫帶給我們的教訓與瑞典的社會安全改革相仿。在複雜的情況下，一味提供最多選項不見得是最好的政策。當情況極複雜而選項極多時，高明的選擇設計便愈重要。要創造對使用者友善的設計，設計者必須瞭解一般人需要何種協助。軟體工程師與建築師都知道要遵循一個亙古不變的原則：簡單至上。如果一棟建築非得很複雜才能發揮功能，那麼最好提供很多引導方向的標示。這些道理選擇設計師一定要謹記在心。

11 如何提高器官捐贈率

第一個成功的器官捐贈案例發生在一九五四年，當時是一位男性捐腎給他的雙胞胎兄弟。八年後才有第一個死後移植腎臟的案例，其後的發展大家都知道了。

自一九八八年以來，器官移植的案例超過三十六萬件，其中將近八成的器官來自死亡捐贈者。不幸的是器官的需求遠超過供給。二〇〇六年一月，美國有九萬多人在等待器官（多數是腎臟）。很多人在等待中死亡（可能多達六〇％），且等待的名單每年以一二％的速度成長。*這個議題很重要也很值得探討，大可以另外寫一本書，此處只是要簡短闡述如何以更好的選擇設計提高捐贈率。[1]我們相信只要透過一些簡單的措施，每年可望拯救數千條性命——而且不必額外增加納稅人的負擔。

器官的主要來源是被宣布「腦死」的患者，意指腦部的全部功能都已喪失且不可能恢復，只是暫時以呼吸器維生。在美國，每年約有一萬二千到一萬五千位潛在捐贈者屬於這一類，但真正捐出器官者不到一半。每一位捐贈者最多可捐出三種器官，多爭取一千位捐贈者就可多拯救三千人。捐贈率難以提高的主要障礙是必須獲得家屬的同意，其實只要預設規則設計得宜，就可以提高捐贈率，讓更多人重生。下面就是要探討可能的做法。

明確同意制

在美國，多數州採取的是明確同意原則，意指民眾必須採取具體行動表明願意捐贈。顯然有很多有意願的人沒有採取這些行動。寇茲（Sheldon Kurtz）與賽克斯（Michael Saks）對愛荷華州居民的研究足以為證。「九七%的受訪者支持器捐，絕大多數表示願意捐贈自己及子女的器官（如果發生不幸的話）。」然而意願並未轉化為實際行動。「支持器捐的人當中，只有四三%在駕照上註記。表示本身願意捐贈的人當中，只有六四%在駕照上註記，簽署器捐卡

＊對這個問題經濟學家當然有一個簡單的解決方法，就是容許器官市場存在。這個構想雖然有明顯的優點，但確實讓很多人無法接受，理由目前還不是很明確。此處不擬討論這個問題，關於支持市場機制的論點，貝克（Becker）與艾利斯（Elias）做了很清楚的整理（2007）。此時的政治環境或許不適合直接開放市場，但某種形式的以物易物似乎可以被接受。假設我和桑思坦都需要一個腎臟，也都有一個手足願意捐腎，但血型不同（這是捐腎的必要條件）。再假設桑思坦的妹妹與塞勒血型相符，塞勒的弟弟與桑思坦血型相符，顯然便可以交換配對。現在已有人致力促進這樣的配對，運用的技巧與下面要探討的選校方式類似。有一個問題倒是值得深思：如果桑思坦與塞勒交換配對可以被社會接受，桑思坦為什麼不能用一部新車交換塞勒弟弟的腎臟？

的人更只有三六％。」[2]

簡而言之，登記捐贈的步驟阻礙一些有意願的人。許多沒有登記器捐的美國人至少表示有那個意願。就像很多事情一樣，預設規則可以發揮很大的效果，惰性的影響不容小覷。改變選擇設計不僅能提高捐贈率，挽救更多性命，也比較符合潛在捐贈者的意願。

例行摘除

最激進的做法稱為例行摘除，這已經不只是預設規則了。依照這種做法，一個人一旦死亡或處於無可救藥的狀態，政府便有權取下他的器官，不必徵求任何人同意。聽起來似乎很詭異，但並非完全找不到立論的依據。理論上這麼做可以挽救人命，且並未侵犯任何有機會活下去的人。

目前沒有任何一州廣泛採行這項原則，但很多州確實用在眼角膜上（移植眼角膜可讓一些盲人重見光明）。有些州的驗屍官在驗屍時可以不必徵求任何人同意即摘除眼角膜，在這些地方，眼角膜的供應量確實大幅提高。以喬治亞州為例，一九七八年的眼角膜移植數僅二十五例，實施例行摘除制後，一九八四年增加到一千多例。[3]如果能廣泛實施腎臟的例行摘除，無疑能避免數千人提早結束生命。但很多人反對讓政府有權在未經同意的狀況下任意摘除器官，認為這種做法違背了一個普遍的原則：在一般情況下，每個人應該有權決定他的身體要如何處置。

認定同意制

另一個政策較能符合我們的自由意志主義標準，就是認定同意。認定同意保留了選擇的自由，但又與明確同意不同，因為預設的規則改變了。依據這項政策，所有的民眾都被認定同意捐贈，但還是可以登記表明不願意，而且登記的方式很容易。我們要特別強調**容易**二字，因為愈不容易就表示此政策愈不符合自由意志主義。別忘了，自由家長制的基本精神是讓人們在實現自由意志時只需付出極低的代價，可能的話最好是不用付出任何代價。從某種意義來說，認定同意似與明確同意相反，兩者其實有一個很重要的共同點：不認同捐贈者都必須登記才能選擇退出。

為了方便討論，我們且假設認定同意與明確同意都只需「按一個鍵」便完成。假想政府可透過電郵通知每個人（及未成年者的父母），請他們登記意願。在經濟人的世界裡，這兩種政策得到的結果應該完全相同。因登記的成本微乎其微，每個人都會按鍵選擇他所喜歡的。但即使在這種按一個鍵的世界，只要民眾是由一般人組成，預設規則的設計還是會影響結果。

民眾當然是由一般人組成，那麼預設規定的設計如何影響結果呢？答案就在強森（Eric Johnson）與高斯坦（Dan Goldstein）的一項重要研究（2003）裡。他們透過網路調查，以不同的方式詢問人們是否願意捐贈器官。其中一種模式是明確同意，受訪者被告知他們新遷入的州的預設規定是不願意捐贈器官，他們可以確認或改變這個設定。另一種模式是認定同意，用語相同，但預設規定是願意捐贈器官。第三種是中立模式，沒有提到預設規定——他們必須做出選擇。這三種模式的回應方式都只需按一個鍵。

讀者應該已經可以預料到，預設規定的設計確實會產生影響——而且影響很大。當民眾必須同意才能捐贈時，只有四二%的人這麼做。但如果必須同意才能不捐贈時，則有八二%的人同意捐贈。讓人驚訝的是，在中立模式下，同意的人也一樣多（七九%）。

美國幾乎所有的州都採取某種形式的明確同意制，歐洲很多國家的法律則是採取認定同意制（雖則選擇不捐的代價不一，且都不只是按一個鍵）。強森與高斯坦為分析這種法律的效果，比較了採取認定同意制與明確同意制的國家，發現這會導致非常不同的結果。要瞭解預設規則的影響，我們不妨以兩個相似的國家——奧地利與德國——為例，比較同意器捐率的差異。德國採取同意才能捐贈制，只有一二%的人同意器捐，奧地利卻幾乎所有人都表示同意（九九%）。

錯綜複雜

看起來認定同意制似乎非常好，但我們要強調這個做法並不是萬靈丹。我們必須建立一套完整的基本架構，才能成功地將死亡捐贈者的器官移植給需要的人。在這方面，西班牙是目前全世界發展最完善的國家，捐贈率約百萬分之三十五，高於美國的百萬分之二十出頭。但美國的捐贈率還是比多數認定同意制的國家高一些，那是因為美國的醫療系統較優越，可以快速配對、運送器官與成功移植。因此，預設規則並不是唯一的關鍵因素。不過，依據經濟學家艾柏帝（Abadie）與蓋伊（Gay）審慎的統計分析（2004），發現如果其他條件不變，從明確同意制改為認定同意制可讓一國的捐贈率提高約一六％。強森與高斯坦的研究得到類似的結論，只是效果差一些。不論精確的數字為何，改變預設規則顯然可以達到每年多挽救數千條性命的效果。

要得知改變預設規則的確切效果並不容易，因為各國的執行方式可能有很大的差異。例如法國採認定同意制，但醫生還是會固定徵詢與遵照家屬的意思。這種現象不免模糊了認定同意制與明確同意制的差異。

這當然不是說預設規則不重要。在美國，如果沒有看到明確表示的器捐卡，大約有半數的家屬會拒絕器捐。相較之下，在認定同意制的國家拒絕率低很多（雖然家屬通常也看不到同意器捐的紀錄）。西班牙的拒絕率約為二〇%，法國約三〇%。[4]就如同一份報告所說的：「往生者沒有表示意見可假定為同意器捐，也可假定為不同意，在兩種情況下當局詢問家屬的方式便很不同。在採行認定同意制的國家，器捐組織與醫護人員詢問時是把家屬視為『捐贈者』的家屬，而非『非捐贈者』的家屬。這種立場的不同會讓家屬較容易接受器捐。」[5]

強制選擇制

認定同意制雖可有效提高捐贈率，在政治上卻不見得容易推動。有些人不贊同在這麼敏感的議題上採取任何「認定」的立場。我們不確定這種意見是否具說服力，但可以理解這確實讓強制或規定選擇制具有一定的吸引力。

要實施強制選擇制，只需在很多州採用的駕照登記制增加一個簡單的設計，亦即在更換新駕照時規定以打勾方式表明器捐意願，沒有打勾就無法換照。選項可包括「願意器捐」與「不願意器捐」。一個有趣的問題是應不應將「不確定」或「不知道」納入選項。如果納入，這就不成為強制選擇制了，應該說是「必須當事人接受才具強制力的強制選擇制」！其他領域的實驗顯示，如果你提供延遲決定作為選項，人們通常會選擇這一項。

我們猜想在強制選擇制之下，登記器捐者可能會少於認定同意制，但捐贈率還是會提高不少，也就能挽救許多人的性命。而且，捐贈者若曾**積極**表明「願意」，而不只是沒有說「不願意」，家屬會比較願意遵重其意願。

規範

我們認為政府應審慎考量採用認定同意制或強制選擇制，因為兩者都可在維護自由的前提下挽救更多人的性命。但即使是採行明確同意制，政府還是可以透過幾個簡單的步驟達到很好的效果。例如伊利諾州的計畫便凸顯出當局對選擇設計有很好的直覺判斷。

這個計畫的關鍵部分是二〇〇六年通過的伊利諾州第一人同意登記法（Illinois First Person Consent registry），這條法規吸引了二百三十多萬人登記器捐。此登記法的核心特色是一個人只要表示同意，屆時便不需要家屬同意。這一點很重要，因為在伊利諾州，即使在駕照背後簽名，在法律上還不算完全同意——家屬仍可加以推翻。依據伊利諾州的舊制，解決這個問題的唯一方式是提出本人簽署的器捐卡或兩位證人簽名的文件。新的規定只要上網就可登記，大大降低了表示同意的代價。

透過圖11－1的網頁設計吸引捐贈者就是很高明的推力。首先，政府強調整體問題的嚴重性（九萬七千人排隊等待器捐），然後將焦點拉回到本地（伊利諾州便有四千七百人在排隊）。第二，內容直接訴諸社會規範與社會影響力：「伊利諾州有八七%的成人認為登記同意器捐是應該的」、「伊利諾州有六〇%的成人已經登記同意器捐」。前面說過，人們喜歡做多數人認為對的事；人們也喜歡做多數人真正在做的事。政府借助既存的社會規範鼓勵挽救人命的做法——完全沒有強迫的意味。第三，網頁連結到MySpace，人們可借此彰顯自己是有愛心的公民。在環保議題上，人們會做對的事，一部分就是因為他們知道別人看得到。器官捐贈可能也有同樣的現象。

我們幾乎可以確定這個網頁救了很多人一命，也為其他州立下很好的楷模。

圖11-1　伊利諾州推動器捐的網路活動（已獲伊利諾州器捐救命活動同意轉載）。網頁最上方的刊頭是：「我同意捐贈，你呢？」

12 拯救地球

近幾十年，各國政府無不積極採取行動保護環境。空氣與水的汙染，殺蟲劑與有毒化學物質的散播，瀕絕動物的消失——種種問題讓人憂心忡忡，因此各國紛紛投入大量資源，希望能提升人類的健康，減少人類活動對野生動植物及原始地區的危害。其中很多行動確實成效卓著，例如防制水汙染的努力讓數十萬人免於早夭，數百萬人免於罹病。但很多管制措施成本太高，浪費資源，有些方法不僅未能解決問題，反而讓問題更惡化。例如當政府積極控制新的空汙來源時，可能使舊的空汙來源延長壽命，導致汙染情況更嚴重（至少短期而言）。

近年來，各國努力的重心漸漸轉向國際性的環保問題，包括臭氧層耗竭（ozone depletion）——目前的控制方式是透過國際協定禁用破壞臭氧層的化學物質。最重要的是，現在大家開始把關注的焦點放在氣候的變遷，這部分還未能獲得有效的國際控制，我們倒是可以提出一些建議。舉例來說，我們是否能透過推力與更高明的選擇設計來減少溫室氣體？當然可以，下面會與大家分享一些可能的做法。

當政府嘗試保護環境及減輕汙染對健康的危害時，採取的措施多半遠比推力更強烈，也稱不上自由意志主義。在這個領域，自由選擇權通常不是最重要的原則。管理當局的典型做法是採取某種命令與控制式的管制（command-and-control regulation），完全排除自由選擇與市場機制，民眾即使有心致力環保也沒有多少彈性空間。命令與控制式的管制可能表現為技術方面的規定，例如規定採行政府支持的環保技術——汽車的觸媒轉化器就是一個例子。

更常見的做法是不指定使用何種技術，而是全面要求減少排放量。例如規定十年後所有新車的平均一氧化碳排放量必須比現在低九〇％，或是發電廠的二氧化硫排放不得超出一定限制。或者政府會設定全國空氣品質標準，規定各州在一定期限內必須達到標準（或只容偶爾超出）。

在美國，對主要汙染源設定全國排放標準是規則，不是例外。這種限制有時候頗有效；例如現在的空氣確實比一九七〇年代乾淨很多。理論上來看，這類限制可能讓人不安地聯想到蘇聯式的五年計畫——例如華盛頓的官僚可能逕自宣布數百萬人必須在未來五年內改變行為。但人們未必會改變，有時候改變的成本太高，計畫只好退回官僚重擬。如果目標是為了保護環境，改善選擇設計是否更有幫助？我們很清楚，以溫和的推力應付環境問題可能嚴重不足——有點類似用捕鼠器抓獅子。當空氣或水太髒時，標準的分析會認定汙染者對呼吸或飲用的人施加「外部效應」（externalities），亦即危害。而當外部效應存在時，光靠市場的力量恐怕無法達到最好的效果——即使是自由意志主義者也會同意這一點。汙染者（亦即我們每個人）並沒有為損害環境付出應付的代價，被汙染的人（同樣是我們每個人）通常也沒有適當的方法可讓汙染者清理善後。主張自由選擇權的人很清楚，當「交易成本」（也就是達成自發性協議〔voluntary agreements〕的成本）很高時，無可避免必須仰賴政府採取行動。也就是說，當人們無法達成自發性協議時，多數自由意志主義者都會同意政府必須介入。

我們可以將環境想成某種全球選擇設計體系的結果，從消費者、大企業到政府——各方面都在做決定。市場在這個體系裡扮演重要的角色，但市場機制雖有許多優點，卻有兩個問題會造成環境的危害。第一，誘因未獲適當的連結。假設你明年透過某種消費的選擇表現出對環境危害的行為，你可能不必付出任何代價，這種現象常被稱為「共有財的悲劇」（tragedy of the commons）。每個酪農都有誘因要養更多牛，因為增加的牛隻可為他帶來收益，且他所要付出的成本很少；然而整體來看，牛群卻會破壞草地。酪農必須找出一個方法避免這種悲劇，例如協議限制每一個酪農能夠增加的牛隻數目。漁業也有類似的問題。

導致汙染的第二個問題是人們無法得知自己的行為對環境的影響。如果因你使用能源而汙染空氣，你大概不會知道或深刻體會真相，至少不是一直都知道。即使你知道使用能源與汙染空氣之間的關聯，也不會覺得與你個人的行為有明顯的關聯。有些人會把空調連續打開數星期，他大概不會時時刻刻或每天想到個人或社會承擔的所有成本。因此我們首先要從選擇設計的兩個部分探討環境問題：誘因與反饋。

更好的誘因

當誘因的連結性不夠時，政府應透過重新連結來解決問題。在處理環境問題時，基本上有兩種方式。一是對汙染者課稅或處罰。在氣候變遷這個領域，一個簡單的例子是很多環保人士（及經濟學家）所主張的課徵溫室氣體排放稅。第二種方式稱為總量控制與交易制度（cap-and-trade）。簡單地說，汙染者可獲得（或買到）汙染的「權利」，但只能到達一定的量（cap），這些權利可在市場上交易。多數專家認為，這種以誘因為基礎的做法通常能取代命令與控制式管制。這一點我們很認同。以誘因為基礎的做法比較有效率，且可增進選擇的自由。[1]

我們不否認這種建議不具原創性，但不能因為多數經濟學家的看法一致便加以排拒！（下面會進行行為的剖析，指出經濟活動裡的行動者是一般人。）此外，我們認為此一簡單的做法很符合自由家長制的精神，因為人們只要避免製造汙染就可以不必被課稅。相較於命令與控制式管制，經濟誘因尤其明顯具有強烈的自由意志主義色彩。當人們被告知「你一定要完全遵照政府的規定」時，顯然毫無自由。但如果被告知「只要你願意為社會所受的傷害付出代價，你可以繼續原來的行為」，自由度當然大很多。企業通常比較偏好總量控制與交易制度，除了比較自由之外，也因為成本較低。如果汙染者要繼續原來的作為且變本加厲，從而提高汙染，它不會完全被禁止，大可以透過自由市場購買許可。美國企業正是基於同樣的理由主張採取總量控制與交易制度。如果我們要認真解決氣候變遷的問題，最終的策略還是要仰賴誘因而非命令與控制。

解決汙染問題的最佳方法通常是對危害的行為課稅，讓市場的力量決定如何面對成本的提高。危害環境的產品會因此提高價格，人們便會減少消費。當然，沒有人喜歡被課稅。但有時這是必要的，例如提高汽油稅會讓駕駛人購買較節能的汽車，或少開車，或同時做這兩件事。結果，溫室效應的元兇——一氧化碳的排放量便會減少，且隨著汽油稅的提高，車商會有強烈的誘因發展新的技術，以滿足市場上對節能汽車的需求。

總量控制與交易制度便是依循類似的精神與方法。具體而言，將汙染降低到一定程度的人可透過販售「排放權」(emissions rights)獲利。如此一來，立刻便透過市場機制創造了抑制汙染的力量，以及汙染防治的誘因。此外，這套制度可透過民間市場獎勵(而非懲罰)汙染防治的科技創新。這種建立在市場原則之上的交易制度在國際間愈來愈受認可，例如專為控制溫室氣體而設計的京都議定書(Kyoto Protocol)便包含了一種交易機制，目的就是要降低減少排放量的成本。[2]

歐盟相當關注氣候變遷的問題，其中很多國家表達關切的方式與美國大相逕庭。事實上，歐盟已建立一套理想宏大的排放交易制度，歐盟將近四〇%的溫室氣體排放都已納入其中。該計畫原本的設計目的是協助歐盟各國達到京都議定書的標準，基本上這是一套總量控制與交易制度，在各個國家依國家配額計畫分配給各產業固定的排放權。[3]一單位排放權每年可排放一噸二氧化碳。[4]排放權依交易階段發放，第一個交易階段是二〇〇五到二〇〇七年，第二階段持續到二〇一二年，[5]目前涵蓋的產業包括能源、礦業（玻璃、陶瓷、水泥）、鋼鐵、紙品與紙漿業。[6]

到目前為止排放交易制度的成績還不錯：依新增的工業設施調整過後計算，二〇〇五到二〇〇六年的確認排放量只增加了〇．三%，歐盟的國內生產毛額（GDP）則增加了三%。二〇〇六年，九九%的設施都能符合規定。[7]依據學者估計，排放交易制度促使二氧化碳每年的排放量減少了五千萬至一億噸，相當於減少了二．五%至五%[8]——遠低於規定或追求的目標，但畢竟是跨出了第一步。

像排放交易制度這一類以誘因為基礎的制度未必都能達到既定目標，也未必能贏得政界的青睞——我們認為部分原因可能是這會讓清理環境的成本變透明。宣布新的節能標準會讓人誤以為「不費成本」，課徵碳稅則會讓人覺得很昂貴，事實上後者可能才能以更便宜的方式達到相同的目標。要讓這類法案能夠通過的一個方法是運用心理帳戶。舉例而言，課徵碳稅時可配套降低個人稅率、補貼社會安全財源與聯邦醫療保險，或提供全民醫療保險。同樣的道理，我們可將總量控制與交易制度的汙染「權」拍賣，所得用於類似的地方。這種將成本與效益連結的做法會讓法案較易被接受。

在美國，最引人矚目的經濟誘因是一九九〇年的清淨空氣法案（Clear Air Act）修正案。修正案的重要內涵是酸雨防治的排放交易制，在老布希總統的推動下廣獲兩黨支持。事實上美國企業界也很樂意接受此法案，因為交易排放權可降低成本。國會依此計畫對製造酸雨的汙染源設定「上限」或「總量」——即總排放量。汙染者可進行配額交易，由於降低汙染可換取現金，等於為環保行為提供強大的誘因。

此一酸雨防制計畫非常成功，[9]幾乎完全獲得民眾配合，交易狀況相當活絡，一如預期，許可證的市場順利形成。計畫實施後，煤的運輸價格恰好因為解除管制而大幅降低，但該計畫完全能應付此一意外的發展，許可證的交易價格遠低於預期。相較於命令與控制系統，預估前五年每年可因交易機制節省三．五七億美元。前二十年每年省下二二．八億，總計節省超過二〇〇〇億。

此一計畫堪稱美國環境管理最成功的案例。因計畫的成本遠低於預期，成本效益比（cost-benefit ratio）特別讓人滿意，遵循成本（compliance costs）八．七億，每年的效益預估在一二二〇億到七八〇〇億之間——包括早夭個案減少約一萬例，慢性支氣管炎減少一萬四千五百例以上。

就溫室氣體的問題而言，我們可以合理期待政府採取課徵碳稅的手段，或（更可能）進一步發揮酸雨防制計畫的效果，運用經濟誘因來減少總排放量。事實上，現在已有許多人主張建立全球性溫室氣體排放權的市場，當然，同時要對全球總排放量設限。[10]這套做法的主要優點是：能夠以極低成本減量的業者會努力減量——真正需要排放執照的人則會付錢給寧可拿現金的人，尤其是貧窮國家。

反饋與資訊

我們相信處理環保問題的最重要步驟是提供適當的價格機制（誘因），但我們也知道這有政治上的難度。當選民都在抱怨油價太高時，政治人物很難一致同意提高價格，原因之一是汙染的成本不易看見，油價的上漲卻很明顯。因此，我們建議除了提供適當的價格機制（或等待政治人物鼓起勇氣提高價格），還應採取其他推力，以政治上較容易被接受的方式解決問題。

一個很重要且非常符合自由意志主義的方法是：透過資訊的揭露改善消費者獲得反饋的方式。這種做法不但能讓市場與政府的效率提高，所費的成本也比議會偏好的命令與控制更低，且更不具侵擾性。當然，很多環保人士可能會擔憂光是靠資訊的揭露效果有限。他們的擔憂不無道理，但有時候資訊也能發揮驚人的激勵效果。

強制揭露吸菸的風險可能是大家最熟知的例子——此一政策最早在一九六五年建立，六九年與八四年進行修正。又如食品暨藥物管理局一向規定藥品必須有風險標示，環保局對殺蟲劑與石棉也有類似的規定——在破壞臭氧層的化學物質逐步被禁止之前，含有此類物質的產品都必須附上警告標示。此外，國會規定含有糖精（saccharin）的產品須附上警告標示。雷根總統向來不主張政府管制太多，在他執政時，職業安全與健康局公布了「危害溝通標準」（Hazard Communication Standard）。所有的雇主都必須採取類似計畫（包括進行個別訓練），告知員工相關的風險。「危害溝通標準」讓職場變得安全許多，但除了強制揭露資訊之外，這項規定並未要求雇主做任何改變。

有些資訊揭露法規的設計是為了啟動政治的影響，而非市場的機制，目標不是讓消費者知道他的決定有什麼結果，而是要讓選民與議員自我警惕，其中最有名的是一九七二年通過的國家環境政策法（National Environmental Policy Act）。這項法案的主要目的是要求政府在進行任何對環境有重大影響的計畫之前，必須揭露與環境相關的資訊，希望藉此啟動政治的安全瓣——此安全瓣的作用可能源自政府對後果有了清楚的認知後自己做出判斷，也可能因人民知道後果而帶給政府壓力。法案背後的邏輯是：當大眾被激怒時，政府便不得不正視環境的衝擊，但如果大眾知道後漠不關心，政府自然無需有任何作為。

一個很成功的資訊揭露法案是緊急計畫及公眾資訊公開法（Emergency Planning and Community Right to Know Act），是一九八六年烏克蘭發生車諾比（Chernobyl）核子反應爐事故之後通過的。[11] 這原本是一個溫和而不具爭議性的方案，設計的目的並不是要達到任何環保的效果，而是作為一種記錄的方法，幫助環保局掌握情勢。然而該法案發揮了超乎預期的效果，事實上，其中的資訊揭露規定——毒物排放資料庫（Toxic Release Inventory）的建立——可能是所有的環境法規中明顯最成功的例子。

為了要建立毒物排放資料庫，法案規定企業或個人必須向政府報告他們儲存或釋出了多少潛在危險的化學物質，任何人只要有興趣都可在環保局的網站上找到這些資訊。目前有兩萬三千多處設施公布了六五〇種以上的化學物質詳細資料，涵蓋現場或非現場處理物或其他排放物超過四三．四億磅。使用危險化學物質的人還必須向當地消防局報告儲存物的地點、種類與數量，並告知對健康的潛在負面影響。

最讓人驚訝的是，這項法案並未強制要求任何行為改變，卻發揮了極大的效果，促使全美毒物排放大量減少。[12] 此一意想不到的效果顯示，光是規定必須揭露資訊，可能就可以大幅降低排放量。*（後文會探討如何將毒物排放資料庫的成功故事運用在氣候變遷上。）

* 金哲（Ginger Zhe Jin）與李斯利（Phillip Leslie）的一份報告（2003）發現餐廳也有相似的情況。一九九八年，洛杉磯郡規定餐廳的窗戶必須展示衛生品質計分卡。研究發現，此一措施使餐廳的衛生檢驗成績提高，消費者對餐廳的衛生更注意，因食物而致病住院的案例減少。

毒物排放資料庫究竟為何有此效果？主要原因是環保團體以及媒體常會將目標指向最嚴重的汙染源，形同列出「環保黑名單」。[13]這就是很好的社會推力。任何公司都不希望榜上有名，因為形象不好會引發各種問題，包括股價下跌。[14]不只是上榜的企業要努力降低排放量，更可喜的是他們會努力不要上榜。於是便出現一種競賽的關係，各企業競相實施更多更好的措施，以免被認定是汙染的元兇。為了避免破壞形象並引發連帶損害，只要能以低成本降低排放量，企業當然不會不做。

有了這個例子作為參考，接著我們可針對氣候變遷的問題草擬一個低成本的初步推力。政府可以建立溫室氣體資料庫，要求重要的排放源揭露相關資訊。如此民眾可清楚知道全國溫室氣體的主要來源，並追蹤其變化，每個州與地方可依據這些資訊決定推動何種法案。各利益團體（包括媒體）必然會揪出主要排放源供大家檢驗。氣候變遷的問題顯而易見，因此溫室氣體資料庫很可能發揮與毒物排放資料庫相同的效果。當然不是說光靠溫室氣體資料庫就足以產生很大的改變，重點是這樣的推力成本很低，且幾乎必然有所助益。

政府還可考慮採用其他的資訊揭露措施。自一九七五年開始，國會規定新車都必須符合燃料效能（fuel economy）標準。除此之外，政府還設計了一套很有用的資訊揭露規定，要求業者以清楚的字體告知消費者每一輛車的預期燃料效能（參見圖12－1），以此促進業界的良性競爭。

但里程數究竟代表什麼意義？多數人恐怕都不易瞭解。若能將此資料轉譯為金錢，解決資訊對應的問題，必然能更有效地達到促進競爭的目的。事實上，環保局已修改燃料效能的標籤，以凸顯一年燃料成本的預估值及其計算方式。新的標籤並以圖形顯示特定車輛在同型車的mpg（每加侖汽油所能跑的英里數）評比中落在哪個範圍（見圖12－2）。此一規定自二○○八年的車型開始實施。

新式貼紙確實很不錯，但如果能計算出五年的燃料支出會更好。試想像悍馬車（Hummer）上若有這樣的貼紙會如何！更理想的做法是將數字貼在車後，讓其他駕駛人也能看到。杜克大學的賴瑞克（Richard Larrick）與索爾（Jack Soll）認為，這類標籤應顯示gpm（每英里耗費的加侖數），而非mpg（每加侖可跑多少英里），後者無法凸顯改善燃料效能後能節省多少油錢。一○mpg每增加一英里的效能，會比五○mpg每增加一英里的效能省下更多油。一般人不瞭解這一點（經濟人當然很清楚），也就不瞭解將效能較差的悍馬換成效能還不錯的汽車如福特旅行車時，mpg的改善幅度有多大。相較之下，當人們從效能本來就很好的本田喜美換成豐田Prius時，則又往往高估節能的效益。[15]

順帶一提，豐田Prius之所以賣得很好——尤其是與其他油電混合車比較——不只是得利於燃料效能，也因為它一開始就是標榜為汽電混合車來賣（不像Camry有傳統型與汽電混合型）。消費者若要彰顯自己的環保意識，當然寧選Prius而非Camry，因為別人若不仔細看車

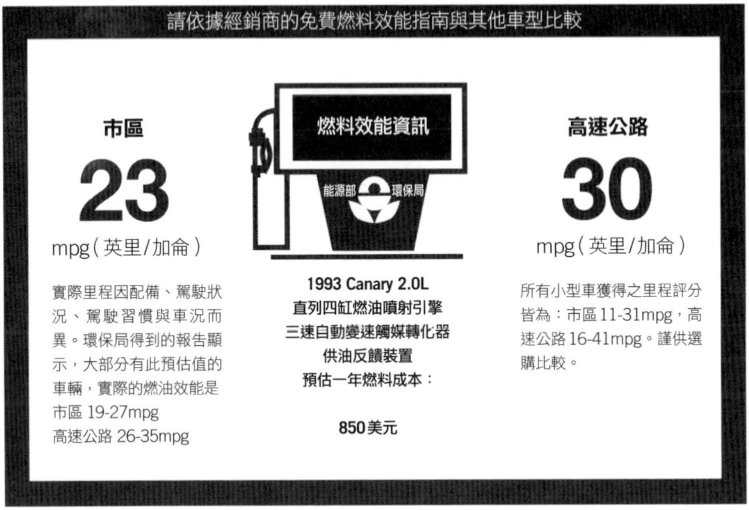

圖12-1 燃料效能貼紙（美國環保局提供）

圖12-2 修改後的燃料效能貼紙

上某處的標示，根本不知道你開的是汽電混合型的Camry。

正因為環保的概念對多數人而言往往非常抽象難解，商品的標示可作為迎戰環保難題的利器，龐大的議題可透過數字、意象、產品的比較被解讀與簡化。日本便是著眼於此，計劃在消費產品的標示上顯示碳足跡，借以提高大眾對全球暖化的認識。依據該計畫，從飲料到清潔劑等一系列產品必須按規定標示碳足跡——或說明在生產與運送過程中對全球暖化造成多少影響。其他已開發國家如英國與法國也開始採取類似做法。商務部門官員石原慎太郎（譯按：不是東京都知事，只是同名）表示：「我們希望標示碳足跡不僅能提高消費者的環保意識，也能讓企業瞭解自己的二氧化碳排放情形，激勵他們減量。」[16]

類似的資訊揭露規定應該也有助於推動綠色建築。建築業常必須考量誘因的問題，因為建商一開始就得承擔節能房屋的建造成本，之後的溫度調節成本則是由屋主負擔，也因此由屋主（電費支付者）自建的房子多半會比建商的房子有更周全的節能設施。試以飯店業為例，很多飯店的房間（尤其是在歐洲）會在門邊設計一個插槽，房門鑰匙插入才能開燈。鑰匙一拔掉，燈光與空調立刻關閉，但時鐘收音機不會關。為什麼要有這樣的設計？因為電費是飯店繳的，他們知道客人沒有關燈的誘因。因此飯店願意一開始多花點錢增添這些設施。

但一般住家為何無此設計？你難道不希望出門時只要按個鍵就能關掉所有電源，但不會關掉時鐘？

小兵立大功的環保推力

下面要提出目標更遠大的構想。想想看，如果可以讓民眾看到自己每天使用多少能源會如何？湯普森（Clive Thompson）研究過南加州愛迪生公司（South California Edison）鼓勵消費者節省能源的方式——他們其實就是提供了極富創意的推力（2007）。該公司原本以電郵或簡訊提醒人們使用了多少能源，但效果不佳，後來使用了能源球（Ambient Orb）倒是很有效——當客戶耗用大量能源時那顆小球會變紅，反之則會變綠。結果發現幾週內，使用者在尖峰時段的用量減少了四〇%。可見那顆閃紅光的球確實能引起人們的注意，達到節能的效果。（我們建議當用量達到一定門檻時，讓那顆球發出音樂，如阿巴合唱團〔ABBA〕的《黃金精選集》，效果一定更好。）

湯普森指出，一個根本問題是能源看不見，人們即使大量耗用也不自知。能源球的厲害之處就是把能源變成看得見。湯普森強調反饋很重要，建議應設計一種方法讓人們知道每日的能源使用量——甚至將相關數據公諸於世，例如放到Facebook上。事實上已有一家設計公司銷售類似的產品——華森能源警示器（Wattson）。（公司名稱叫DIY Kyoto，靈感來源是京都議定書，國際防制溫室氣體排放的努力成果。）華森能源警示器可顯示你的能源使用量，還可將資料傳到網站上，也就可與其他地方的警示器使用者做比較。湯普森相信這種方式可以帶動「節能的連鎖效應」。

促成這種連鎖效應的一個方法是透過友善的競爭。《紐約時報》專欄作家提爾尼（John Tierney）建議人們可以戴一種裝飾品（例如標章別針），上面顯示發光的碳足跡，顏色會在紅黃綠之間轉換——端視佩戴者的碳足跡而定——諸如使用了多少電力和汽油，搭乘多少里程的飛機（或是否搭乘私人飛機）。提爾尼在他的部落格為這項裝置舉辦命名比賽，最後脫穎而出的是iPed（但我們比較喜歡的是「高爾的節奏」〔AlGoreRhythm〕）。提爾尼這樣介紹iPed：

「監控能源的用量當然是很麻煩的事，但很多環保人士樂意投入大量時間。有些人甚至被戲稱為宗教狂熱分子——或稱全球暖化主義者。但宗教的一大優點是能激發人們為了大眾的利益無私奉獻。我們何不給這些充滿熱忱的環保人士一個獎賞，讓他們的善行義舉得以展現在世人面前。

「除了讓環保人士的熱忱發揮效益，此一符合潮流的宣示也可為全球暖化的論辯注入些許務實的元素。一旦你開始追蹤自己使用的所有能源，就會明白要大幅減少用量是多麼困難——也才瞭解真正有效的作為與表面的儀式有很大的差異。舉例來說，即使你安裝太陽能熱水器或在居住地安裝風車，也無法消除你維持及往返兩個住家所產生的碳足跡。或是你很勤於回收玻璃瓶，購物時盡量不用塑膠袋，但如果你自己開車便無法抵銷汽車的排放量。」[17]

拜科技創新之賜，我們可以預期反饋機制的設計會愈來愈精密。試以豐田Prius為例，內部的儀錶板經過特殊的設計，會鼓勵駕駛人透過習慣的改變達到節能的目標——少踩煞車，輕輕加油。

汽車界巨擘日產為了推動輕加速，設計出一種比提供反饋更進一步的裝置：當駕駛人開始加速時，加油的踏板會彈回來。這種ECO踏板能偵測到油門上用力過大，提醒腳力太重的駕駛人稍微放輕一些就可以省油。日產內部的測試顯示，該踏板可使燃料效能提升五%—一〇%。駕駛人可以選擇不要ECO踏板，當他們需要的時候，當然還是可以踩到底。

我們無法確定有多少人真的願意讓大家知道他的能源使用量，我們也不認為現階段政府應要求民眾這樣做，但如果人們願意互相競賽以達到更節能的目的，誰能反對？重點是如果我們能讓能源的使用量更透明，就可以運用推力讓人們減少用量而不必訴諸強制的手段。

這裡再提供一個相關的概念：除了幫助個別消費者，我們也可以為企業設計一些自願參與的方案。這當然是沒有強制性的，政府只是提出一些對環境有利的標準，詢問企業是否願意遵循。[18]這麼做的基本考量是：即使在自由市場裡，很多企業都不會去使用最新的產品，有時候可以靠政府之力幫助業者一邊賺錢一邊減少汙染。

舉例來說，一九九一年環保局實施綠燈計畫以提升能源使用效率，該局認為此一目標可兼顧環保與獲利。許多營利與非營利機構（包括醫院與大學）與環保局達成自願協議，承諾改採省能照明。翌年環保局又實施類似的能源之星辦公用品計畫（Energy Star Office Products program），同樣是為了提升能源使用效率，但把重點放在印表機、影印機、電腦設備及一般電器。環保局訂定自願達到的標準，讓參與的廠商使用該局的能源之星標誌。此外，該局還會公布合作的產業，大力在媒體宣傳，表揚節能有成的業者。

環保局的一個主要目標是讓大家知道節能不只是對環保有利，也能節省支出。但從典型的經濟政策而論，卻不能預期有此效果。為什麼？因為企業若能兼顧環保與省錢，應該早就這樣做了。在市場經濟裡，企業自會努力節省成本，不需政府幫忙。在競爭壓力之下，無法削減成本的業者便難以獲利——遲早會遭淘汰。

但實務上通常不是如此。企業的管理者都很忙碌，難以面面俱到。而企業要有所改變，總要內部有人先發起。多數企業的管理者當然知道，大力推動節能政策並非晉升高層的最佳捷徑，尤其當省下的成本與獲利相比微不足道時。且節能措施聽起來無趣又小氣，提議的管理者最後的出路可能是會計部門而非總經理。

理論上環保局的這套做法應該無法奏效——但這只是理論。事實上，上述兩種做法在推動低成本省能科技上都很成功。很多技術因而能散播得更廣，例如綠燈計畫促使很多地方開始採用節能照明，能源之星辦公用品計畫讓很多業者因使用相關產品而提高能源使用效率，省下許多成本。政府並未發出任何命令，只是輕輕推一下便達到這些效果。

這些成功的故事對環保運動是一大啟發。對於特別關注氣候變遷的人而言，可以學到的啟示很清楚。不論政府是否選擇某種以誘因為基礎的制度，都可以運用推力促進節能，從而減少溫室氣體排放量。當然，很多政府官員都很無知，但有時候他們會掌握有用的資訊，企業確實能因此獲利——而且還能兼顧環保。

13 婚姻民營化

我們希望自由家長制的概念能幫助人們以不同的角度思考許多舊問題。本章要把焦點轉向舊的婚姻制度，探討最近關於婚姻與同性關係的若干爭議。

首先我們要提出一個非常符合自由意志主義的建議，這個做法不僅能保障人們的自由（包括宗教自由），理論上也應該能為各方接受。我們知道很多人（包括許多宗教團體）都強烈反對同性婚姻，宗教團體堅持他們有權依據性別、宗教、年齡等因素決定認可何種婚姻。但我們也知道很多同性伴侶渴望相約信守一生。為了尊重宗教團體，同時保護大眾的個人自由，我們建議婚姻應完全民營化。如此一來，**婚姻**二字將不再出現在任何法律條文裡，結婚證書也不再由任何層級的政府提供或認可。政府與宗教組織各司其事，如此一來，因**婚姻**一詞兼具官方（法律）與宗教地位所衍生的混淆狀態將可完全消除。

依據這套方法，政府賦與伴侶的法律地位只有民事上的公民伴侶（civil union），亦即任何兩個人之間的家庭合夥契約。* 婚姻變成完全民間的事，由宗教或其他民間組織執行。在

* 至於公民伴侶是否只能介於兩人之間，我們決定避而不談。

寬鬆的範圍內，核可婚姻的組織可任意選擇符合其理念的婚姻準則。舉例來說，某教會可決定只為隸屬於該教會的成員主持婚姻，某潛水俱樂部可決定只為合格潛水夫證婚。如此一來，民眾可選擇最符合其需求與希望的核可組織，而不必受限於政府一體適用的婚姻制度。政府不再需要以**婚姻**一詞認可任何伴侶關係，下面將詳述這套制度的運作方式。

其次我們要探討選擇設計的問題，仿造前面分析儲蓄政策與其他生活層面的原則提出一個問題：政府如何設計周延的規則來規範家庭伴侶之間的合約（他們可能是透過民間儀式認可的夫妻，也可能不是）？

婚姻是什麼？

從法律上來看，婚姻就是政府賦與人們一個正式的身分，伴隨各種權利與規定，如此而已。一個人結婚後便得到許多經濟與非經濟的物質利益。[1]各國的法律規定不同，結婚的利益基本上分成六大類：

1. **課稅優惠（與負擔）**。在某些國家，很多人結婚後都能獲得稅務系統的大獎賞——至少當配偶之中一方收入比另一方高很多時。（但如果兩人都賺很多，則結婚等於是一大懲罰。）

2. **權利**。聯邦法律透過很多規定嘉惠已婚者。例如依據家庭與醫療準假法（Family and Medical Leave Act），雇主必須讓員工留職停薪去照顧配偶，但不能去照顧「伴侶」。[3]州法律對已婚者也有類似的優惠規定。

3. **繼承與其他死亡給付**。夫妻一方死亡時，另一方可獲得很多利益，例如可繼承往生者所有的財產而不必負擔任何稅負。

4. **所有權利益**。無論是州或聯邦的法律都規定，配偶自動享有伴侶所沒有的所有權。在實施共同財產制（community property）的州，已婚者自動擁有配偶的財產，且不能透過契約迴避此規定。

5. **替代決定權**。婚姻中一方失去行使決定權的能力時，另一方有權替代決定。當發生緊急事故時，配偶可代替失去能力的配偶做判斷。伴侶恐怕很難獲得這種利益。

6. **證據特免權**。在某些國家，法院承認婚姻的證據特免權，包括有權對夫妻的談話內容守密，以及不做不利配偶的證詞。

我們不過是列出一部分，這些利益已經夠多夠廣泛了（這樣說還算保守呢），且這些利益不太會隨著時代改變；別忘了維持現狀的偏見是很強大的，試圖檢討現狀的人總會遭遇艱難的政治阻礙。這些經濟與物質的利益當然不是婚姻的全部意義，關鍵在於政府明確地將這些物質上的權利義務與婚姻的象徵利益與具體利益連結起來。因此對很多人（甚至是多數人）而言，這些象徵利益與具體利益幾乎就是婚姻的意義。只要結婚證書是由政府來核可，「正式婚姻」——亦即具有法律保障的婚姻——就具有很重要的地位。相對的，兩個人若是依據宗教或其他民間傳統結婚，但不是依據政府的規定，不論兩人私下的承諾多麼堅定，宗教因素對他們多麼重要，這樣的婚姻終究欠缺一種重要的認可。

要瞭解政府認可的結婚證書有多重要，我們只要假設異族通婚者一旦得知他們還是享有婚姻的全部物質利益，但他們的關係叫作「公民伴侶」而不是「婚姻」，對這些人來說，被（官方的）婚姻體制排除這件事就令人反感。事實上這根本違憲，政府不能告知這些人你們有物質上的利益但婚姻並不合法。如此一來，即使這些夫妻的婚姻受到民間組織的支持與認可，對他們而言意義恐怕不大。簡而言之，人們結婚不只是得到婚姻的利益，同時也得到一種政府賦與的官方合法地位，一個被認可的戳記。

如果沒有政府發給的結婚證書

可見只要婚姻必須透過政府運作，就等於是由官方發給執照——政府在發給執照時，同時賦與當事人物質與象徵的利益。但為什麼要將這兩者合而為一？當**婚姻**一詞被賦上官方意義時究竟增添了什麼？

我們不妨拿婚姻與其他合夥關係做比較。當我們決定合寫這本書時，我們必須達成一些協議。兩人一起與出版商簽約，議定書籍銷售的版稅分配，另外就合作方式達成非正式的協議。如果有人重登我們的文章，法律會提供保護。（如果我們惹上糾紛而導致其中一人中途退出，法律也有一定的規範。）但法律並未規定我們必須或絕不能對好友鄭重立誓，或一週至少聚餐一次但不能超過兩次，或必須放棄其他合作機會。寫書不同於一夫一妻制。但即使我們只有非正式的協議，不受法律保障，我們還是會鄭重看待，且嚴格遵循。政府為什麼不能將家庭合夥關係當作商業關係來處理？為什麼不能民營化？

政府掌控婚姻太落伍

我們的基本論點是：由政府掌控婚姻，絕對無法一方面保有宗教組織主持婚姻的自由，同時確保民眾可自由承諾相守終生而不必被視為二等公民。我們也認為官方的婚姻制度已不符現代社會的需求，最首要的是，政府掌控的婚姻制度過去具有高度的歧視色彩，深陷在性別與種族不平等的泥淖，現今的婚姻制度始終無法與這些歷史完全切割。[4]

政府掌控的婚姻制度最初等於是針對性生活與生育子女的權利發給執照。如果你想要有性生活以及生兒育女，先拿到政府的執照會輕鬆很多。事實上這個執照是不可或缺的，就好比你得有駕照才能開車。政府的執照可保障享受性生活而不致觸法，至於育兒，沒有婚姻關係而想要養小孩確實很困難。但官方的婚姻制度已不再具備這些角色，現在的人即使沒有結婚也可合法擁有性關係——同時也有人生育或領養小孩而未享有婚姻的利益。既然婚姻已不再是性或育兒的先決法律條件，政府發給執照的角色似乎不再那麼重要。

從歷史發展來看，官方婚姻制的一個主要功能並非限制人們進入婚姻，而是管控離開婚姻——讓人很難放棄對彼此的承諾。當然，這種管控的形式可發揮推力甚至更大的作用，自有其存在的理由。從某個意義來看，婚姻可視為解決自制問題的一種方法，人們透過這個方法讓彼此的關係更可能持久。當離婚相對困難時，婚姻的穩定度會比較高。婚姻的穩定對孩子是好事（當然，有時候結束不好的婚姻對孩子才是好的），婚姻的穩定對當事人也是好事，讓彼此不致做出衝動或毀滅性的決定，傷害兩人的關係與長遠的幸福。

一般人當然願意利用法律的保護避免做出衝動的決定，這一點與經濟人大不相同。（經濟人即使有衝動，也能仰賴省思系統控制住。）我們甚至可以將法律的婚姻制度視為一種預先約束的策略（precommitment strategy），亦即故意選擇一種法律地位好避免自己犯錯——有些類似尤里西斯在迫近海妖時的做法。事實上美國有些州正實驗採行一種盟約婚姻制（covenant marriage），讓離婚變得異常困難。人們可以自願選擇，就好像他們可以採取行動保護自己的長遠利益。

但在現代社會，離婚不再受到嚴格的控管。在多數州，人們幾乎隨時都可自由離婚。盟約婚姻對婚姻制度幾乎沒有什麼影響，大約只有一%—三%的人選擇這種制度，當然，會選擇這種婚姻的人多半有虔誠的宗教信仰，對婚姻、育兒、離婚等的觀念較傳統。[5] 一般而言，這些人的決心與願望原本就比較有利於營造穩定的婚姻。這些人能夠選擇符合其目標的婚姻制度當然很好，自由家長制的擁護者樂見有人提供這種制度，但盟約婚姻如此不受青睞，背後所代表的運動顯然是失敗的，顯示非盟約婚姻仍是絕大多數民眾的首選。

婚姻已愈來愈讓人覺得不是什麼特殊的契約，婚姻不再是永遠的，雙方願意便可解約。現在，離婚既已不再被禁止，甚至相當普遍，我們很難相信官方的婚姻制度是促成婚姻穩定的必要條件。我們所主張的公民伴侶形式以及其他各式各樣的民間制度與多元規範，應該也能達到促進穩定的作用。

官方的婚姻制度還有一個不幸的缺點：將世人分為「已婚」與「未婚」兩種身分，導致後者在經濟與物質上蒙受嚴重的不公待遇（有時則是讓前者處於劣勢），且很多不公的待遇根本找不到合理的解釋。舉例來說，有什麼理由同性伴侶不能代替對方做醫療上的決定，或是留給對方遺產而不必被課稅？私人的關係（不論是不是親密關係）可以有很多不同的模式，簡單的「已婚」與「未婚」二分法無法充分反映人們的選擇，事實上甚至愈來愈扭曲人們的真實選擇。很多人明明擁有親密、堅定、一夫一妻的關係，卻沒有婚姻的利益。反之，很多夫妻的關係既不親密也不忠誠。中間有太多不同的形態，為什麼不讓人們選擇自己想要的形態，由民間宗教或其他組織來判斷。

官方的婚姻制度是好的嗎？

有些人主張保留現有的制度，甚至對我們的提議感到驚駭，這些人可能會擔憂孩子或弱勢的一方（通常是女性）權益受損。這種想法不無道理，且讓我們一一檢視。

婚姻常被視為是保護孩子的避風港，這個目標當然很重要。但官方的婚姻制度其實是以非常粗糙的方式提供這種保護，我們輕易就可以想到更好更直接的方法。[6] 舉例來說，法律應可透過更積極的做法確保缺席的父母承擔孩子的撫養費。當孩子的利益受到威脅時，訴諸命令是應該的。為了讓所謂的落跑老爸付錢，社會大可訴諸比自由家長制更強烈的手段。偏好推力的人可能會提醒我們，簡單的工具就可以發揮很大的效果，例如讓缺席的父母自動加入付款計畫（且不得退出），每個月自其支票帳戶扣除一定金額。

總之，我們沒有理由認為公民伴侶及民間的制度（無論是否為宗教性質）對孩子的保護不及官方的婚姻制。如果孩子需要物質援助，應透過法律直接規範，如果孩子需要穩固的家，我們要探討的是由官方發給執照賦以**婚姻**之名的制度是否對家庭的穩固真的有幫助。也許有，但我們實在看不出有什麼理由充滿信心。

如果是擔憂弱勢的一方在長期關係結束後生活受影響，從預設值的設計著手是很好的做法。這部分已有人做過很詳盡的討論，其中一些很有用的建議同時符合自由意志主義與家長制的定義，既能保障選擇的自由，又能引導人們朝更好的方向走。[7]稍後會探討其他可能的做法，這裡只是要指出，官方的婚姻制度對高明的預設規定既非必要條件也非充分條件。

若要討論選擇設計是否高明，當前婚姻制的一個主要問題是不夠符合自由意志主義。我們當然知道沒有人是被迫結婚的，至少不是被法律所迫。在這一點上，婚姻制與其他威脅個人自由的嚴格規定大不相同。民主社會對婚姻的認可，很不同於雇主必須提供一定程度的醫療保險，或所有的受雇者必須有一定的儲蓄。婚姻甚至讓人覺得是在促進（而非消除）個人的選擇。但婚姻制的作用不只是如此，它與契約法很不一樣，政府不只是容許人們依據自己的宗教規範結婚，不只是確保婚約的效力，政府還壟斷了婚姻的法律形式——明確限制誰才有資格結婚以及用何種方式結婚。此法律形式附帶的條件是唯有政府能給與的物質與象徵利益，對崇尚自由的人而言，利弊殊難定論。

無可否認，很多夫妻因政府認可他們對彼此的承諾而獲得某種利益。很多人相信官方的婚姻制度有助於讓彼此的承諾更有保障，於公於私都有益處。但如果重點是彼此的承諾，為什麼不仰賴公民伴侶與民間（包括宗教的）組織？由政府來認可並賦與**婚姻**一詞真的是必要的嗎？很多承諾雖沒有政府的認可卻同樣穩固。人們還不是一樣恆久忠於朋友、教會、合作寫書的夥伴或雇主？即使沒有政府或法律的認可，人們對私下的承諾一樣鄭重其事。宗教組織、屋主協會、鄉村俱樂部等的成員通常都有義務遵守所屬組織的規範，這種感覺甚至非常強烈。前面說過，如果人們有心信守某種承諾，不論我們提出何種建議，都無法阻止人們透過公民伴侶或民間組織去做。

我們不妨從這個角度來分析官方婚姻制的優缺點。它的效益其實出奇的低，從很多方面來看根本不合時宜，唯一能說的，或許是對促進親子關係有貢獻。從成本面來看，官方的婚姻制並未造成太大的傷害，但確實在官方婚姻制與宗教婚姻制之間造成不必要的對立與混淆，對一些基本的問題與定義也引發強烈的爭議。當前最明顯的困難是宗教組織堅持應該讓他們自行定義婚姻，同性戀者堅持他們有權信守長期的承諾而不必在法律上忍受二等公民的待遇。我們的建議能同時滿足這兩種極端立場的要求。只要簡單地宣布**婚姻**由民間組織（而非政府）主持，宗教組織可各自制定婚姻的規則，很多根本的問題都可避免。這樣的宣示──等同政教分離──還有一個額外的效益，且待我們仔細分析。

幫伴侶推一把

在我們看來，官方的婚姻制及其引發的爭議讓人忽略了選擇設計師面對的關鍵問題：對於承諾相守的兩個人，最適當的預設值是什麼？

高明的選擇設計師正可在這個地方大展身手。我們無法在有限的篇幅裡釐清所有複雜的問題，且讓我們簡略介紹幾項建議，我們相信應可適用於所有形式的合法家庭伴侶（包括現行婚姻制的夫妻）。我們的動機很簡單：如果要從無到有設計婚姻制度，稍有理智的人都不可能設計出現行制度，因為裡面有太多莫名其妙讓人混淆之處。在很多州，即使是經驗豐富的離婚律師往往也無法預料會出現哪些爭議。好的選擇設計至少要讓人清楚知道自己的權利與義務，如果能運用推力保護弱勢者更好──所謂弱勢者通常是婦女與孩童，尤其是孩童。

在這個問題上，我們同樣應從人們真正的目標與意圖開始探討起。當人們明確對彼此承諾時，一般而言法律應使其遵守承諾。但如果中間有缺漏或不明確的地方，則法律應從預設規則上著手。不幸的是人們在對彼此做出長遠的承諾時，可能需要一些指引。前面說過，人們在面對婚姻時最容易表現出不切實際的樂觀主義。最近的研究顯示人們可以相當準確地判斷他人是否會離婚（準確率約五〇％），對自己是否會離婚卻樂觀到近乎荒謬。我們有必要再重複那份報告的關鍵結果：將近一〇〇%的人確定或幾乎確定自己不會離婚！[8]

很多人非常不願意簽訂婚前協議，一部分與這種樂觀心理有關。他們既自信不太可能離婚，又害怕簽了協議會破壞感情，便接受了現行的離婚法——簡單地說這套法律根本亂七八糟，就連專業律師都常常弄不清楚。通常都是精明有錢的夫妻才會去簽訂婚前協議，嘗試瞭解相關法律，萬一離婚時也才會獲得高品質的法律保障。結果就是多數人只能碰運氣——只能面對一套具有高度不確定性的法律制度。既然多數人都沒有簽婚前協議，我們認為應有一套規則讓結果朝有利弱勢一方的方向發展（一般是女性）。女性的經濟地位通常在離婚後會下降，男性則會上升，[9]預設規則的設計當然應避免讓弱勢的一方蒙受嚴重的損失。

理論上，只要人們願意應該都可以自訂規則。如果男女雙方兩願同意一套大致對男性較有利的規則，法律自應尊重——但應利用法律的其他層面（如稅收及所得移轉系統）來幫助需要的人。強制禁止人們自訂規則恐怕無法達成目的；人們總有辦法鑽法律漏洞，設法在約定的其他部分做調整。不過人們的意願往往受法律預設規定的影響，法律既建立一套標準的做法，很多人都會遵循。

假設預設的規定是孩子的主要照顧者可獲得特別的協助，多數人大概都會照著這樣做。如果預設規則明確認定父母都沒有疏失時應採共同監護制，人們在考慮離婚時自然很清楚會有什麼結果。但如果預設規定是離婚時孩子繼續由主要照顧者照顧，且照顧者可獲經濟資助，人們大概也不太會改變此一規則。因此，我們很可以利用預設規則不易被變更的特性，避免弱勢的一方蒙受嚴重的損失。

除了幫助弱勢的一方，這部分的預設規則應該力求清楚，因為一般人與經濟人不同，他們在協商時很容易產生自利偏誤（self-serving bias）。[10]所謂自利偏誤，基本上是指當我們面對困難或重要的協商時，往往以為客觀「公正」的結果以及最可能的結果是對自己有利的。（芝加哥小熊隊〔Chicago Bears〕與綠灣包裝工隊〔Green Bay Packers〕對戰時，你可以問問看兩隊的球迷認為裁判較偏袒哪一邊。）當雙方都抱持自利偏誤時，協商很容易陷入僵局，以致耗費許多時間在法庭的攻防，甚至毀了彼此的生活（至少會有一段時間如此）。多數人在辦離婚時總是情緒比較激昂，雙方可能都認定自己才是對的，也以為法官一定站在自己這一邊。讀者或許會說，律師總不會像當事人一樣抱持自利偏誤，應該會糾正當事人不切實際的期待，事實上很多律師也無法倖免。

結果就是當法律有模糊的空間時，很容易引發冗長激烈的爭辯。這時如果能運用推力讓雙方朝少數幾種結果考量，彼此的期待自然比較可能相重疊。例如法律若能提供定錨或設定一個範圍，讓人們知道什麼是公平或機率較高的結果，對正在辦離婚的家庭會很有幫助。

要達到這個目標，最好的方法是仿效刑事判決原則——提供範圍不大的幾種可能的判決，法官可考量其他因素之後在此範圍內做裁決。很多州已有類似的做法，但若要避免受到自利偏誤的影響，首先要讓人們知道有這些規定存在。研究顯示，很多人結婚時並不清楚離婚時孩子的撫養費與贍養費等的相關規定。[11]（如果你已婚或正打算結婚，你知道你那個州在這方面的規定是如何嗎？算了，反正你絕不可能離婚的。）各州應清楚說明合理的給付範圍——例如應占收入的多少比例（也許制定一個上限）。

最好的做法可能是依據夫妻的年齡、賺錢能力、婚姻長短等因素設定明確的計算方式。法官可以此為基礎，再考量其他因素如離婚前的生活水準、要求生活費的一方的健康情形、雙方的財務狀況等。凡是要「偏離」既定計算方式時，一定要清楚說明原因，且不能超出少數可接受的理由，因為這整個過程的透明化就是為了運用推力，讓伴侶在預期的範圍內達成協議。

最後我們還是要回歸我們的基本觀點。婚姻的民營化很值得推行——亦即應容許宗教或其他民間機構自辦，但要遵循預設規則，也不得違背法律。我們主張政府應廢除現有的「婚姻制」，改而仰賴公民伴侶制。如果宗教組織要將「婚姻」限制在異性戀者之間，當然沒有問題。如果他們要對離婚（即「婚姻」終止）設限，也悉聽尊便。這麼做的優點是可促進各種實驗——增進個人與宗教組織的自由，同時減少當前許多不必要甚至不堪的激烈爭辯。

第四部
延伸運用與反對意見

Nudge

14 十二種推力

前面已介紹過很多推力，但我們相信還有太多例子可以參考。下列再舉十數種與讀者分享——我們或可稱為迷你推力。如果讀者能想到更多例子，非常歡迎寄到我們的網站：www.Nudges.org與大家分享。

1.**「明日捐更多」計畫**。很多人都有過想要做善事的強烈衝動，但可能因為惰性的關係，實際的捐款金額往往遠低於意願。也就是說，人們的省思系統想要捐錢，但自動系統卻沒有去做。想想看有多少次你想著要捐錢，但沒有立刻做，時間過去後也就忙忘了。

「明日捐更多」計畫可以作為簡單的推力。這個方法係模仿「明日存更多」計畫，基本概念是詢問人們是否願意在不久之後開始小額捐款給選定的慈善機構，然後承諾每年增加捐款。（若將增加的幅度與加薪幅度連結恐怕不太實際。）當然，你還是可以隨時終止「明日捐更多」，只需打通電話或寄封電郵即可。我們猜想應該有很多人樂意加入這樣的計畫。

布萊曼（Anna Breman）便是運用這個概念與某大型慈善機構合作進行前導實驗（2006）。他們請每月已在捐款的人立即增加捐款或兩個月後開始增加捐款，結果後者增加捐款三二%。我們與任職的大學合作，進行進一步的實驗，初步的結果同樣讓人樂觀。如果你的目標是要提高捐款，這是很簡單的做法。我們相信「明日捐更多」不只能為需要幫助的人爭取更多捐款，對於那些有心為善但因心不在焉而一直沒有化為行動的捐款人也很有幫助。

2. **慈善簽帳卡與捐款抵稅**。還有一個類似的推力可以讓民眾更容易以捐款抵稅。有些人會覺得保留捐款紀錄來報稅很麻煩，若可以將節稅的功能設計成自動完成，應該可以提高捐款的意願與金額。一個明顯的解決方法是使用慈善簽帳卡——這是由銀行發行的特殊簽帳卡，只能付給慈善機構。有了慈善簽帳卡，所有的捐款都可從一般帳戶扣帳，年末由銀行寄發對帳單，詳列每一筆捐款與總額。你也可以利用這張卡紀錄非現金的捐贈，如家具或汽車，好讓銀行知道你的捐物價值，以便列入年末的對帳單。這份對帳單甚至可以直接寄給國稅局，政府便可自動替你扣稅。當所有的項目變得一目瞭然，捐款也就變得更簡單更具吸引力。

3. **自動報稅**。談到抵稅與自動扣稅，任何有理智的選擇設計師應該都設計不出現行以複雜聞名的所得稅制。預扣所得稅是重要的進步，讓大家的生活變得簡化許多，但如果這個程序可以更加自動化，對民眾與國稅局會更有幫助。經濟學家古爾斯比（Austan Goolsbee）提出一個簡單的方法叫作自動報稅（Automatic Tax Return, 2006），依據這個方法，任何人只要未使用列舉扣除，且沒有任何未報稅的收入（如小費），便會收到一份已填好的報稅單。納稅人只需簽名後寄出就可完成報稅（更理想的狀況是上國稅局的安全網站，簽名後按鍵送出）。（當然，如果納稅人的狀況改變了或有未報稅的收入，則必須自行修改。）

古爾斯比估計，如此每年可節省納稅人報稅的時間二．二五億小時，以及二十億美元以上的報稅費用。當然，很多人並不信任國稅局，這裡提供一個方法讓大家安心：如果報稅單出錯，政府不僅退稅給你，還額外加錢補償（如一百美元）。

目前已有一些國家實施自動報稅制。一九八〇年代初，丹麥率先採行預填資料報稅制，北歐其他國家很快跟進。二〇〇六年，芬蘭的稅務單位還因採行自動報稅制獲總理范荷能（Matti Vanhanen）頒獎表揚，評審團稱許該制「大幅節省民眾的報稅時間……也讓稅務機關處理報稅資料的內部成本減少許多」。目前有許多國家採取程度不等的預填制，包括澳洲、挪威、瑞典、比利時、智利、葡萄牙、西班牙與法國，荷蘭計畫在二〇〇九年實施。挪威的納稅人若要更改報稅資料，甚至可透過簡訊提出。[1]

4. **Stikk.com**。很多人在追求目標與理想時需要別人推他一把。提高成功率的一個方法是下定決心採取特定行動。有時候下定決心並不難，例如你可以剪掉信用卡，拒絕囤積布朗尼與腰果，或請另一半將電視遙控器藏起來，等你把庭院掃乾淨再給你。但有些事情並不是這麼容易。還記得第二章談到兩位研究生互相打賭減重嗎？其中一人卡蘭（Dean Karlan）現在是耶魯經濟學教授，他與同事艾爾斯（Ian Ayres）合作，依據同樣的概念創立網路事業，名為Stikk.com。[2]

這個網站提供兩種下定決心的方法：金錢約定與非金錢的約定。金錢約定法是請當事人交出一筆錢，承諾在某天之前達成某目標，且必須說明如何印證確實達成目標。例如約定到診所或朋友家量體重；到診所做尼古丁測試；或接受其他可信賴的驗證方式。若未能達成目標，那筆錢便捐給慈善機構。另一個做法是加入團體金錢約定，大家拿錢出來，最後平分給達成目標的人。（比較強硬、不懷好意但可能更有效的方法是將錢指定給當事人最討厭的組織——如反對的政黨，或敵隊的球迷俱樂部，如洋基對紅襪。）非金錢約定可包括同儕壓力（將你達成或未達成目標的結果電郵給你的家人朋友），透過團體部落格監督是否達成目標。

這裡所說的目標可以是減重、戒菸、多運動、讓成績進步等。另外還有一個創意區專門提供給目標特異的人士：例如在山頂的冰未融化前登上吉力馬札羅山（照片為證），到蒙古旅行（護照為憑），學會同時丟七顆橘子和一顆西瓜（錄影存證），跑馬拉松，多存點錢（這確實比較沒有創意），減少汽油與電的用量（同樣沒有創意但值得敬佩），或人們想得到且願意貼上網的任何提升自我的目標。

5. **自然戒菸**。現在已經有一些組織會幫助人們下定決心達成目標。例如菲律賓民答那峨的卡拉加銀行（Bank of Caraga）便提供一種儲蓄計畫，叫作戒菸行動。有心戒菸者先去開一個戶，最低額一美元。其後半年他必須將買菸的錢存入。（有些情況下，銀行會每週派人去收錢。）半年後，客戶驗尿以證明最近確實沒抽菸。試驗通過便可將錢領回，否則銀行會關閉帳戶，將錢捐給慈善機構。

麻省理工學院的貧窮實驗室（Poverty Action Lab）評估這項計畫的初步結果，發現成效很好，開立帳戶讓戒菸的成功率提高五三%，[3] 其他的戒菸方法（包括貼片）都沒有這樣的效果。

6. **機車安全帽**。美國很多州規定沒有戴安全帽不可騎機車，依自由意志主義看來，這種禁令很值得商榷。如果有人要冒險，難道沒有自由？這個議題至今仍引發兩種極端立場的激烈爭辯，一派強硬的家長制擁護者強調這種行為很危險，應該禁止；另一派大力擁護自由放任主義（laissez-faire），堅持政府應讓人民自己決定。專欄作家提爾尼提出一種類似推力的建議（2006），既可保障安全又不妨礙自由。其基本概念是不想戴安全帽的人必須取得特殊的駕照，他必須額外上課才能取得此駕照，另外還要提供保險證明。*

這個方法讓那些特別想要感受狂風拂髮的人必須付出一些代價，額外上課與保險證明都不是芝麻小事，但這種規定總是比直接禁止不具侵擾性——而且還可做好事。

7. **自發戒賭**。賭博會引發很複雜的問題（這種說法還算含蓄），此處不擬詳細討論自由家長制擁護者在這部分會怎麼做。（簡單地說，如果我們可以當家做主，絕不會讓州政府獨

* 該專欄的一位讀者寫信給編輯，建議此類騎士還應出示標章，證明已簽署器官捐贈卡。

占賭博事業——尤其他們專門搞那種消費者最沒有勝算的賭法，亦即樂透，一塊錢大約只有五十分的報酬。建議：如果你要參與有點勝算的賭博，不妨從朋友間的足球賭注開始。）但我們之中顯然存在一些賭性堅強的成癮者，這些人確實需要幫助。

這裡提供一種很聰明的辦法。過去十年來，已有幾個州（包括伊利諾、印地安那、密蘇里）立法讓賭徒自願列入黑名單，禁止進入賭場或收賭金。這個做法的基本概念是認為自制力薄弱的人很清楚自己的問題，希望別人能幫助他的省思系統控制自動系統。有時候非職業賭徒可以靠自己或朋友幫忙；有時候則可借助民間機構，但成癮型賭徒若能獲得州政府的協助，應該成效最佳。我們認為這類自我禁止的構想很棒，應該研究看看是否能運用在其他領域。

8. **注定健康計畫**。保險公司和病患一樣很怕看到龐大的醫藥帳單，他們大可以發揮創意，想出一些方法幫助保戶增進健康，讓彼此都能減少醫藥支出。現在有四個州（伊利諾、威斯康辛、密西根、科羅拉多）提供一種注定健康計畫。裡面有一種健康活力計畫，特別提供誘因鼓勵人們選擇健康的生活方式。只要你在某一週到健身房運動，或是讓你的孩子參加足球隊，或接受血壓檢查且結果正常，都可獲得「健康幣」。健康幣可用以購買飛機票、訂飯店、訂雜誌、買電子產品，透過這種方式將推力融入健康保險，鼓勵人們追求健康的生活。

9. **一天一元**。未成年懷孕是一個嚴重的問題，且生下一個孩子之後，往往會在一兩年內再度懷孕。現在有幾個城市進行「一天一元」的實驗，讓已育有一子的少女沒有懷孕的每一天都可得到一美元。[4]到目前為止，實驗結果非常正面。一天一元，即使延續一兩年，對市政府而言也是微不足道的，整個計畫的成本極低，對少女而言卻是明顯的收穫，足以鼓勵她們避免再懷孕。且納稅人為那些未成年者生下的孩子負擔很多經費，相較之下一天一元的效果太值得了，很多人盛讚這是減少未成年懷孕的模範計畫。（大家還可以想出更多類似的計畫，朝這個方向思考也可以算是一種推力。）

10. **空調過濾器：實用的警示紅燈**。天氣熱時很多人都要吹冷氣，但很多中央空調系統必須定期更換過濾器。若沒有更換，會發生糟糕的結果，系統可能會結凍故障。不幸的是你不太容易記得何時更換，可以想見很多人因此付出龐大的修理費。解決方法很簡單：應該在一個顯著的地方安裝警示紅燈，提醒人們該更換了。現在很多汽車會提醒車主換機油，很多新式冰箱的內建濾水器也有警示燈，冷氣當然也可以。

11. **防咬指甲油和二硫龍**。有些人想要改掉壞習慣又做不到，或許希望有產品可以讓繼續那個壞習慣變得不愉快或很痛苦。這類產品會告訴自動系統立刻踩煞車，省思系統便可藉此教導自動系統。

現在真的有一些產品具備這種功能。例如有的人希望改掉咬指甲的壞習慣，便可購買Mavala Stop或Orly No Bite苦味指甲油。另一個極端的例子是二硫龍（Disulfiram，商標名Antabuse），專治酒鬼，也是運用同樣的概念。二硫龍讓人才開始喝酒就吐，還會感到宿醉。對於一些慢性酗酒的人，將二硫龍列入治療計畫能達到強大的效果。

12. **禮貌守門員**。我們特意將最喜歡的一項留到最後。現代社會很欠缺禮貌，隨時都有人在寄發事後懊悔不該寄的憤怒電郵，咒罵自己根本不認識的人（或更糟糕的，咒罵朋友與家人）。有些人學到一個教訓：不要在氣頭上寄出憤怒的電郵。把它存起來，等一天再寄。（隔天你可能已經平靜下來，甚至忘了那件事。這樣更好。）但很多人不是還未學到教訓就是偶爾還是做不到，這時候科技便可輕易派上用場。我們深信科技人一個月之內就能設計出有用的程式。

我們建議採用一種禮貌守門員系統，可精準判斷你將寄出的電郵是否充滿怒氣，並提醒你：「警告：這似乎是一封不太禮貌的信。你真的確定要寄出嗎？」現在已有軟體可偵測髒話，我們建議的這種軟體比較精密，因為有些很過分的郵件完全不帶髒字。）另外可設計更強烈的版本，由使用者選用或設計成預設值：「警告：這似乎是一封不太禮貌的信。除非你在二十四小時內重寄，否則將不會寄出。」強烈版還可設計成必須輸入若干資料才可重寄（如輸入社會安全號碼、你祖父的生日或先解答某個麻煩的數學題）。*

我們的省思系統不只是比自動系統更聰明，也可以比自動系統更善良，有時候善良一些才是真聰明。我們相信一般人若能提升林肯所謂的「人性中較光明的一面」，未來一定會更美好。

＊在等待這個軟體被設計出來之前，我們自己先想了一個自制策略作為代替。當我們兩人之一對某人非常憤怒時，寫完非常憤怒的郵件會先寄給另一人修改。當然，如果我們兩人對彼此生氣就沒效了，因此還是希望那個軟體趕快被設計出來。

15 反對意見

誰會反對推力呢？我們知道其中一種人是堅定反家長制的人。[1]下面將一一列出可能的反對意見加以討論，首先從我們認為最弱的論點談起，再及於其他涉及較複雜議題者。

滑坡理論

一個人一旦開始擁抱自由家長制，豈不是走向一條不歸路？這種擔憂很容易理解。懷疑論者認為我們既能接受溫和的家長制，如儲蓄、自助餐廳的菜色排列、環保議題，接下來肯定會發展出更具侵擾性的干預。如果我們容許政府透過資訊宣導鼓勵大家節約能源，沒多久政府的宣傳機器就會從教育演變為直接操縱，然後是強迫與禁止。

批評者很容易想像具侵擾性的家長制排山倒海而來的可怕情形，政府剛開始也許只是在教育上做些小改變，接著可能祭出嚴苛的罰款，甚至入人於罪。香菸是很好的例子，有些國家原本只是包裝上出現溫和的警語，接著變成積極推出許多宣傳，然後是課徵高額的香菸捐，禁止公共場合吸菸。一個吸菸者若擔憂有一天，香菸在某個國家變成管制品甚至完全禁止，也不算杞人憂天。很多人樂見香菸有這種下場，對酒則未必。但界線在哪裡？一路滑到底的可能性當然不高，但既有逾越界線的危險，批評者或許會主張不要跨出第一步比較好。

面對這類批評我們有三點回應。第一，滑坡理論有避重就輕之嫌，因為這種論點並未正面回答我們的建議本身是否值得採行——這一點當然很值得探討。如果我們的建議可以幫助人們存更多錢、吃得更健康、更聰明投資、選擇更好的保險與信用卡——且都是在當事人願意的前提下——這不是好事嗎？如果我們的政策不高明，直接提出批評才比較具建設性，而非訴諸假設性的滑坡理論。如果我們的建議有價值，那就讓我們攜手前進，盡力在滑溜的坡道撒上止滑的沙子吧（如果我們真的很擔憂的話）。

第二，我們的自由意志主義立場要求的是低成本的選擇退出制（opt-out），應該可以讓看似滑溜的坡道不至於太陡峭。我們的提議特別強調要保留選擇的自由，在很多領域——舉凡教育、環保、醫療過失、婚姻——我們都希望能爭取到現在沒有的自由。只要有心自主行動的人能夠輕易避開家長制的干預，反對家長制的人所批評的風險就不會太高。如果我們建議的做法無法與令人生厭、難以接受、過分的做法區分開來，滑坡理論才真正值得擔憂。但自由家長制既主張保留選擇的自由，我們確信我們提出的建議絕對與政府最糟糕的干預手段大不相同。

第三點是我們一再強調的：很多時候某種形式的推力無法避免，要求政府袖手不管根本沒有意義。正如建築物必然是某種設計的結果，任何選擇也必然不脫選擇的背景。不論公私領域的選擇設計師總要做點**什麼**。例如我們在處理汙染問題時總得建立某種規則，即使只是聲明汙染者無須負責且不會被處罰，這也是一種規則。再以婚姻為例，就算婚姻與公民伴侶這兩種名稱都捨棄不用，政府還是要有一套契約法來決定伴侶分開時應給付對方多少（或是否應該給付）。如果政府要實施處方藥計畫，也不可能沒有某種選擇設計。

人生常會出現讓人意想不到的問題——包括投資、租車、信用卡合約、抵押貸款、能源的使用等等，公私機構都需要一套規則來決定問題出現時如何處理。有時候你以為沒有規則，那是因為規則不言自明，以致不被任何人視為規則，但其實還是存在的。當然這個社會上也有不太合理的規則。

反對使用推力的人可能會同意民間確有此現象，但相信競爭壓力自可消除最糟糕的推力，例如銀行或手機業者若是將消費者推向不利的方向，最後自然會被顧客摒棄。這個觀點我們先前已探討過，稍後會有更詳盡的討論，但首先且讓我們把重點放在滑坡理論是否適用於政府機構。滑坡論者的說法彷彿政府可以不存在——彷彿所有作為基礎的預設值都是天上掉下來的，這是很大的謬誤。當然，目前存在的預設值或許最能促進人們的整體利益，但這必須經得起質疑，不能假設一定是如此。有些人對政府的評價本來就很低，當然沒有理由相信以前的政府會湊巧設計出理想的制度。*

有心人士與不當的推力

選擇設計師在提供看似有益的推力時，也可能別有居心。設計師會選擇某種預設規則而非另一種，可能是因為這涉及他個人的利益。假設業者第一個月提供你優惠費率，第二個月開始自動轉為較高的費率，主要目的當然不是要節省你的麻煩。我們可以大膽地說，各行各業的選擇設計師都有理由將人們輕推向對選擇設計師或其雇主有利的方向（而非對使用者有利），但我們可以從此一觀察得到何種結論？蓋房子的建築師和客戶也有利益衝突，但沒有

* 有的人可能會提出英國傳統主義者柏克（Edmund Burke）的論點來辯駁，尤其是關於社會習俗的可能價值。柏克認為，社會習俗反映的不是政府的英明，而是累積許多年來眾人的判斷而成，法律通常便是具體表現出這些判斷。很多傳統主義者引述柏克的論點來反對任何形式的社會工程（social engineering）。我們同意源遠流長的傳統可能很有道理，但不認為傳統論者有足夠的理由反對自由家長制。社會習俗以及因這些習俗而產生的法律之所以能延續下來，往往並不是因為內涵多麼高明，而是因為一般人常有自我控制的障礙，習於跟著其他一般人的腳步走。我們的很多行為都是受到惰性、拖延、模仿等特質驅策。若是以實事求是的精神來探究各項傳統，必然會發現其立論基礎會因時因地而有所變化。當然，有些法律確實能反映出許多人的判斷，因而值得社會給與支持，此處並不是要質疑這一點。

人會因此主張他們不要蓋房子。反之，我們應盡可能提供各種誘因，如果做不到，則應盡可能加以監督並促進過程的透明化。

一個值得探討的問題是公部門的選擇設計師似乎比民間的設計師更值得我們憂慮。這種論點不無道理，但我們其實對兩者同樣憂心，自私自利、貪婪、無能、剝削消費者的民間機構不是沒有。表面上看來，認定公部門的選擇設計師一定比較危險未必合理，畢竟公務員必須對選民負責，而民間管理者的目標則是追求最高的利潤與股價，而非消費者的福祉。對政府疑慮最深的一些人認為，民間管理者唯一的責任就是拉高股價。我們前面一再強調，市場有一隻看不見的手，有時候會讓業者在追求最高利潤的同時也能促進消費者的最大福祉。但當消費者對所購買的產品搞不清楚時，利用此一模糊空間可能有利於業者追求最高利潤，尤其是短期而言（但長期而言也可能如此）。二〇〇八年會發生金融危機，一部分原因就在於人們對自己所簽的契約欠缺瞭解，而他們的無知被業者利用了。

當產品很簡單，且消費者經常購買時，看不見的手最能發揮作用。例如我們不太會擔憂消費者被乾洗店占便宜，乾洗店若常弄丟襯衫或突然漲價一倍，絕對無法生存太久。相對的，如果貸款仲介沒有告知優惠利率很快就會調整，當客戶得知壞消息時仲介可能早就跑了。

《經濟學人》的編輯在一篇文章中對自由家長制基本上抱持同情的態度，他們提出下列忠告：「談自由總有過猶不及的危險，我們也就有謹慎的理由。畢竟政治人物都很擅長利用公眾的選擇，操弄公眾的決定，以達到所屬政黨的目的。我們如何能避免立意良善的計畫被遊說團體、只圖私利者，以及各式各樣的好事者挾持？」[2]

我們同意（不論是否為選舉產生的）政府官員常會被民間利益團體掌控，為某些利益團體撐腰的民意代表在運用推力時也只是為了遂其私利，這就是為什麼我們要主張選擇的自由。但如果業者只是追隨看不見的手去增進顧客的利益，那又有什麼關係？[3]所以說所有的選擇設計師都值得關注——不論是公部門或民間機構。重要的是我們應該建立遊戲規則以減少欺詐與濫用，促進健康的競爭，限制利益團體的勢力，創造誘因讓選擇設計師更可能為大眾謀福祉。不論是在公部門或民間機構，一個主要目標應該是提升透明度。我們所設計的RECAP制就是為了幫助消費者瞭解他們使用的服務有多少價值，以及他們實際付出多少錢。在環保的領域，我們認為資訊揭露法是很有效且低成本的監督辦法。

我們樂見類似的原則可用以監督政府，例如要求政府官員將他們的投票情形、專案撥款（earmarks）與遊說團體提供的獻金都公布在網站上。又如我們應要求有權決定能源政策走向的人公布一項資訊：是否有哪些一心追求最高利潤的企業能夠將看不見的手伸進規則的設計？要求有權決定教育政策的人公布最近的活動收受哪些利益團體與組織的錢，要求政府部門也要公布他們製造了多少的水汙染、空氣汙染及溫室氣體排放量。美國最高法院法官布蘭迪斯（Louis Brandeis）鼓吹：「陽光是最佳殺菌劑。」民主政府和威權體制一樣都應該讓陽光普照。

我們一再強調計畫的設計對人們的選擇有很大的影響，希望鼓勵設計者掌握更充足的資訊。另外，我們主張對不良的計畫採取自由意志主義的限制，希望對考量不周或動機不良的計畫建立有效的安全瓣。只要個人的利益對計劃者能形成健康的牽制，選擇的自由就是很重要的矯正力量。

犯錯的權利

懷疑論者可能會說，在自由的社會裡每個人都有犯錯的權利，有時候犯錯是好的，因為這樣才能學習進步。第一點我們舉雙手贊成，因此所以我們要堅持選擇退出權。如果人們真的要將全部的退休金投入羅馬尼亞高科技股，我們沒有意見。但對於判斷力不足的民眾，在過程中設置一些警告標示應該沒有害處。就好比滑雪場會對新手與中級滑雪者提出警告：「如果你不是專家，絕不要嘗試這條路徑。」

我們比較擔憂的是窮人被騙去辦理不久之後便無力負擔的貸款，而不是擔憂投資這些貸款的公司。後者理應有更好的判斷（當然，若能促進資訊的透明化還是有所助益），且業者自會設計出更好的風險評估方法。但學習的經驗一定是多多益善嗎？我們不認為讓小孩子掉進泳池自行求生是讓他們體會泳池很危險的理想方法。我們需要讓倫敦的行人被雙層巴士撞到後才學會「注意右方來車」嗎？在人行道寫上警語不是更好嗎？

論處罰、再分配與選擇

有些極端的批評者提出的反對意見可能會讓讀者難以理解——他們反對**任何形式**的強迫交換（forced exchanges）。他們不喜歡劫富濟貧，當然也反對累進稅（progressive tax，其實就是大部分的稅）。以我們關切的領域來說，任何政策若明顯有利於弱勢、貧窮、教育程度低或判斷力不足的族群，這些人都會反對。不是因為他們對這些族群缺乏同情，而是認為所有的協助都應由民間力量自發提供，由政府制定政策必然會影響其他族群的權益（通常是強勢、富有、教育程度高或較具判斷力的一群）。他們不贊成透過公共政策以某些人的資源幫助另一些人。

坦白說，我們不認為所有的重分配都不合理。我們認為，一個理想的社會應該在保護弱勢與鼓勵奮發自助之間——在人人有餅吃與把餅做大之間——取得平衡。在我們看來，再分配的最佳結果並不是零。即使是比我們更討厭再分配的人對我們的政策應該也無須擔憂。運用推力通常可以幫助需要幫助的人，不需要幫助的人則只需負擔極小的代價。「明日存更多」

計畫對已經在存退休金的人不會對造成什麼問題，為癮君子與胖子提供協助，對不抽菸或先天（後天）窮窕的人也沒有害處。

有些反對者可能會說，我們的一些建議會讓經濟人為他們不需要也無法受益的計畫付出代價（雖然不是很多）。但如果需要幫助的人不可避免會對社會構成一些成本（如增加醫療支出），那麼讓經濟人分擔些許成本來協助一般人似乎反而比較划算。當然，有些反對再分配的人根本反對集眾人之力幫助少數人的醫療制度。誠然，協助一般人的政策還是可能讓經濟人相對不利。如果彼得的快樂有一部分取決於他比保羅富有，以任何方式幫助保羅站起來都會讓彼得比較不快樂。但我們相信，多數的彼得都很樂意幫助社會上最弱勢的人（但我們必須坦承提不出實證）。有些人可能會因最窮的鄰人稍微拉近和他的距離而感到難過，對此我們雖感同情卻無法認同。

真正熱情的自由意志主義派還有一把寶劍尚未出鞘——他們關切的是自由與選擇權而不是社會福利，因此他們認為強制選擇優於提供推力。他們至多可以認同提供必要的資訊幫助人們做出明智的選擇，但最後還是要讓人們自己去選擇：絕不能運用推力！此一論點反映在兩個實際案例：一是瑞典政府要求民眾自行決定投資組合，一是在推動器官捐贈時不提供任何預設選項，要求民眾明確表達意願。兩種政策都是刻意捨棄推力。

推力通常不可避免，但我們非常同意有時候規定（或強烈鼓勵）自行選擇才是對的，當然也同意應提供資訊與教育（別忘了我們可是教授）。但有時候強制選擇不見得是最好的做法，當選擇的難度很高且選項很多時，政府可能希望讓人們自行選擇，但後者未必能做出最明智的決定。如果可以的話，人們往往會選擇不要選擇，因此當人們（自由且自願）抗拒選擇時，鼓吹自由的人士實在沒有理由強迫人們做選擇。假設你請服務生推薦適合佐餐的酒，而他竟請你自己選擇，你恐怕不會太高興吧！

再談到提供資訊與教育，心理學專家都知道，這類方案根本不可能「客觀」，不論設計者多麼努力維持中立。簡而言之，強迫人們做選擇未必明智，想要保持客觀也未必都能做到。

設定界線與公開原則

不久前桑思坦帶著青春期的女兒去芝加哥參加每年舉行的Lollapalooza搖滾音樂節（為期三天）。那裡有一個巨大的告示牌會顯示不同的電子訊息，週五晚上通常會打出節目表，穿插另一個訊息「多喝水」，三個字寫得很大，另一個訊息是：「天熱易流汗：你會流失水分。」

為什麼要公告這些訊息？芝加哥正遭逢嚴重的熱浪侵襲，主辦單位希望民眾避免因脫水危害健康。這個告示就是一種推力，沒有人被迫一定要喝水，但設計該告示的人很瞭解人們的想法。**多喝水**三字尤其高明，遠比平淡的「喝足夠的水」或「請喝水」來得有效。「流失水分」的提醒訴諸我們嫌惡失去的心理，讓人知道要避免脫水。（桑思坦只恨沒有早點看到告示，在俏妞的死亡計程車樂團（Death Cab for Cutie）表演時他開始覺得很渴，但因觀眾太多根本擠不出去。）

試著與其他可能的情形做比較。潛意識廣告（subliminal advertising）也可以打上：「你不渴嗎？」「喝酒不開車」「毒害終身」「支持總統」「墮胎是殺人」「買十本《推力》」。潛意識廣告可以視為一種自由家長制嗎？畢竟這些訊息只是引導人們做選擇卻沒有代其決定。

那麼是不是只要潛意識廣告能達到我們希望的目的，我們就應該擁抱？公民營機構的這類操縱手法應如何設限？一般人反對自由家長制以及某些推力的一個理由是唯恐手段太陰險——政府可操縱人民朝一定的方向走，同時提供公務員絕佳的操縱工具。我們不妨拿潛意識廣告與另一個同樣狡猾的技巧做比較：如果你要幫助人們減肥，一個很好的方法是在餐廳放鏡子，胖子看到鏡中的自己便會少吃一些。這樣做可以嗎？如果鏡子可以被接受，那麼可不可以放置讓人顯得特別不好看的鏡子？（這種鏡子好像愈來愈常見。）自助餐廳的卡洛琳可以善用鏡子的功能嗎？如果可以，我們對於速食店裡讓人看起來身材特別好的鏡子該怎麼說？

要探討這些問題，我們同樣要仰賴一個重要原則：透明度。此處我們主張遵循哲學家羅爾斯（John Rawls）所說的公開原則（publicity principle, 2007）。簡而言之，一項政策若是政府無法或不願對民眾公開辯護，則依據公開原則政府不能採取該政策。我們很贊同這項原則，理由有二。第一是實際的考量，如果政府實施一項它無法公開辯護的政策，一旦政策本身或背後的邏輯被揭露，可能會引發讓人難堪或甚至更糟糕的後果。（伊拉克阿布格萊布（Abu Ghraib）監獄曾發生殘酷不人道的虐囚事件，那些參與或容許事件發生的人若懂得運用此原則就好了。）第二個理由更重要：政府應尊重人民，如果政府實施它無法公開辯護的政策，便等於不尊重人民，只是把人民當作操縱的工具。從這個觀點來看，公開原則的另一面是不得欺騙，欺騙者就是將人民當作工具，而不是以服務人民為目的。

不論是公部門或民間機構，我們認為公開原則正是限制或實施推力的最佳指導原則。試以「明日存更多」計畫為例，當局會告訴參與者這項計畫的相關訊息，並徵詢是否願意接受。又如公司採取自動加入制時也絕不會偷偷摸摸，而是坦誠表示他們認為加入計畫對多數員工有利。只是當企業強迫員工認購公司股票時，還能不能這樣說，就不知道了？

法律上的預設規則也是一樣。如果政府改變這類規則——如鼓勵器官捐贈或改善年齡歧視——應該光明正大地做。有些教育計畫透過行為研究來設計有用的推力，同樣應適用公開原則。因此，當政府設計巧妙的標示以減少垃圾、阻遏化石木被盜或鼓勵民眾登記器捐，都應樂於公開他們的方法與動機。幾年前美國出現過這樣一則廣告：畫面顯示熱鍋上正在煎蛋，旁白曰：「當你吸毒時你的腦子就是這樣。」如此鮮明的意象是為了引發對毒品的恐懼。有些人或許認為這則廣告有操縱的意圖，但並未違反公開原則。

我們絕對同意有些狀況可能比較棘手。理論上，潛意識廣告似乎與公開原則衝突。有些人會對這類廣告大為不滿，是因為人們會在不知不覺中受廣告影響。但如果預先告知呢？如果政府公開宣布要利用潛意識廣告打擊暴力犯罪、酗酒、逃漏稅呢？公開宣示是否就可以了？我們通常認為不可以——這類操縱手法之所以無法讓人接受正因為它看不見，也就無法監督。

中立

我們一再強調，在很多情況下政府不可能做到百分之百中立，但有時候維持某種形式的中立不僅可行也很重要。試以選舉為例，候選人總得依某種順序印在選票上，而大家都知道排在第一位是比較有利的。一項研究顯示，排在第一位大約可多得三．五%的選票。＊如果政府(也就是在位者)可以決定候選人的排序，恐怕大家都不會滿意。因此，在選票的設計上遵循中立原則便很重要，而所謂中立在此處通常就必須具隨機性。

那麼，我們如何能放心地讓政府運用推力幫助聯邦醫療保險的參與者選擇最適合的計畫，或讓政府付費刊登廣告告訴民眾不要「把德州搞髒」？如果選票上候選人適合隨機排序，隨機指派保險計畫為什麼不適合？[4] 原因之一是在某些情況下民眾有權利要求政府保持一定程度的中立，這項權利甚至可能受到憲法保障。以投票權為例，政府必須避免刻意的推力，亦即透過選擇設計偏袒任一候選人。同樣的原則有時也適用於宗教自由與言論自由，政府絕不能鼓勵民眾加入「祈禱次數日增計畫」或「反抗行為日減計畫」。

除了憲法保障的權利之外，中立性還涉及一個更廣泛的問題，且無論是公部門或民間機構都是如此。我們曾批評那些運用推力讓員工認購大量公司股票的企業，但我們也讚揚那些運用推力讓員工增加儲蓄的企業。我們的基本結論是：評價推力的好壞端看結果是對人們有利或有害。反對者也許主張在某些領域最好完全不要使用推力，但企業如何能做到這一點？完全避免選擇設計根本不可能，也就不可能完全避免影響員工。我們同意在某些情況下，強制選擇是最理想的，但很多時候這並不可行，有時候根本是事倍功半。

誠然，有些推力不可避免，但教育與廣告是可選擇也可避免的。試想，政府是否應該教育民眾瞭解菸酒、無保護性行為、反式脂肪、細高根鞋的風險？雇主是否應就類似的風險提供教育？要回答這些問題，我們必須先對使用推力的人與被輕推的人有些許瞭解。首先要探討的是第三人（使用推力的人）是否能幫助個人（被輕推的人）做出更明智的選擇？答案與選

* 請參考寇培爾（Koppell）與史丁（Steen）的研究（2004）。如果候選人的知名度很高（如總統大選時），排序的影響較小；但如果候選人的知名度較低或媒體的報導不多（如許多地方性選舉），影響則比較顯著。

擇的難度有關。前面說過，當人們面對的決定很困難、複雜、不常經歷、缺乏反饋、少有機會學習時，最可能需要推力。

推力是否有幫助，則要看使用推力的人是否能判斷怎麼做對被輕推的人最有利。大抵而言，如果推力設計者能掌握較多的專業知識，且一般人的品味與偏好沒有太大的差異（幾乎所有的人都喜歡巧克力甚於甘草），或是此一差異很容易分辨（例如政府可推斷民眾喜歡的藥物計畫一定是個人經常使用的藥物價格較低者），設計者的判斷會比較精準。依據以上的理由，抵押貸款自然比飲料更適合用推力。抵押貸款很複雜，第三人可以提供很多協助。反之，再高明的專家也無法告訴你你可能較喜歡可口可樂或百事可樂，那還是得靠自己喝一口最清楚。簡單地說，當面臨棘手的選擇、使用推力的人掌握專業知識、個別的偏好差異不大或很容易評估時，我們比較可能提供有助益的推力。

當然，我們必須留意使用推力的人是否有能力不足或自利交易（self-dealing）的問題。使用推力的人若能力不足，恐怕會愈幫愈忙。如果自利交易的風險很高，我們對推力當然也要提高警覺。有些人認為政府官員所做的任何決定多半不脫能力不足或貪汙腐敗之嫌，抱持這種看法的人會希望將政府主導的推力減至最低——亦即只限於無法完全避免推力時，例如預設值的設計。但也有些人對政府的看法沒有那麼悲觀，相信政治人物與官僚也只是一般人，不比商業主管、律師或經濟學家更愚蠢或更不誠實，更值得關切的是自利交易的風險高不高。

所以我們不能讓政治人物去決定選票上候選人的排序，但可以讓他們聘請專家協助聯邦醫療保險的受益人，選出較佳的預設值（尤其當政治人物必須公布保險公司提供的獻金時）。

為什麼止於自由家長制？

我們希望保守派、溫和派、自由派（liberals）、自詡為自由派者以及其他人士，都能贊同自由家長制。前面探討了某些保守派與極端自由意志主義者的批評，來自另一個極端的批評則又大不相同。有些人可能會提出人性弱點的種種證據而理直氣壯地為家長制辯護，甚至認為在很多地方，推力與自由家長制都嫌過度溫和謹慎。我們如果真的要幫助人，為什麼不更進一步？在某些情況下，乾脆不要提供選擇的自由不是對人們更有益？是不是有某些情況可以合理採用命令與禁止？如果一般人就是會犯錯，為什麼不能以禁止犯錯的方式保護他們？

當然，這方面很難找出明確的界線。我們對自由家長制的定義是：所採取的行動、規則及其他推力，必須可以透過選擇退出權（opt-out）輕易避免。我們對「輕易避免」沒有明確的定義，但相信以現在的科技而言，「一個按鍵」的家長制應該是最接近的例子。（我們可以期待不久的將來出現「一個念頭」或「一眨眼」的技術。）我們的目標是讓人們可以用最低的成本決定他的選擇。無可否認，我們提議的一些政策無法做到這一點，人們若要選擇退出，必須付出比按一個鍵更高的成本。例如員工若要選擇退出自動加入計畫，通常必須填寫一些表格後寄回——不算很大的成本，但總是比按一個鍵更麻煩。我們不能規定成本高到某個程度就不符自由意志主義政策的標準，那恐怕太武斷，甚至有些可笑，事實上最重要的問題根本也不在成本的確切標準。簡單地說，我們的原則是希望盡量壓低成本。關鍵在於，在何種情況下我們願意為了增進人們的福祉而讓人們接受不算微小的成本。

一些行為經濟學家與律師探討這些問題後提出一個很好的思考方向，統稱為「不對稱家長制」(asymmetric paternalism)。[5]其中最主要的原則是：政策的設計應該要幫助社會上最不具判斷力的人，同時讓最具判斷力的人負擔的成本減至最低。(自由家長制就是一種不對稱家長制，具判斷力的人負擔的成本幾近零。)不對稱家長制的一個最簡單的例子是日曬燈。這種消費產品讓使用者不必到海邊也可以做日光浴，使用者通常會閉眼躺在燈下幾分鐘——超過這個時間就有嚴重曬傷的危險。(當然，光是使用日曬燈也許就有引發皮膚癌的危險，但我們且跟隨使用者的腳步，暫且不談這個問題。)日曬燈當然很溫暖，一個選擇設計師若是懂得預期錯誤，應該明白這裡面涉及嚴重的風險：有些人閉眼躺著可能就睡著了，醒來時只怕已三度灼傷。

現在假設只要付出些許成本，就可讓日曬燈附上定時裝置，時間到便自動關閉(有些飯店浴室的加熱燈就有這種設計)。政府是否應要求所有市面上的日曬燈都附有此一裝置？不對稱家長制者認為答案要經過成本效益分析才知道。如果定時裝置的成本夠低，曬傷的風險夠高，答案就是肯定的。

不對稱家長制者也主張有「冷卻期」的規定。理由是消費者在熱頭上往往做出考慮欠周或目光短淺的決定，基本上這是反映出對人類自制力的懷疑。一個明顯的例子是對挨家挨戶推銷的產品強制規定要有冷卻期，如同一九七二年美國聯邦貿易委員會所規定的。[6]依據委員會的規定，登門推銷的產品在出售時必須附上一份書面聲明，告知買方可在三天內反悔。之所以會通過這項法律，是因為很多人抱怨銷售員採取強迫推銷方式以及買賣契約的字太小。這裡同樣可針對因此項法律而獲益與未獲益的人進行成本效益分析，據以決定何時適用這項法律。立法者要探討的是因此法而必須多等幾天才能收到產品的人將受到多少影響，同時要考量消費者購買後反悔的頻率有多高。如果成本很低（即使在維基百科問世之前，有人真的需要立刻購買百科全書，一天都不能等嗎），且買後反悔的人很多，表示這條法律很有必要通過。

有些重要的決定往往是在衝動之下做成，也可運用類似的策略。例如有些州規定夫妻在離婚前必須先冷靜數日。[7]離婚畢竟是人生大事，要求人們冷靜思考一下應該很合理，我們想不通有誰非得立刻離婚不可。（誠然，有些怨偶實在已經相看兩相厭，但稍等一下再簽字有那麼糟糕嗎？）我們很能夠想像對計劃結婚的人設定同樣的限制，事實上已有一些州朝這個方向努力。[8]立法者很瞭解人們有時會做出日後懊悔的事，但也不能阻止人們做出選擇，只能要求冷靜思考一段時間。請注意，通常在下列兩種情況下，強制冷卻期的規定最合理也最可能實施：(1)人們不常做這種決定，因而欠缺經驗，(2)人們在做這種決定時往往情緒高昂。這種時候特別容易做出日後懊悔的決定。

職業安全與健康方面的法律通常會比不對稱家長制更強烈——亦即法律直接禁止，但無疑會有些人因此受害。[9]法律不會允許勞工放棄安全的工作環境以交換較高的薪水（安全的定義依政府規定），即使具判斷力又有知識的人可能願意這麼做。全世界的退休制與社會安全計畫都不只是鼓勵大家儲蓄，而是強制規定。又如法律禁止種族、性別、宗教歧視，這是不能自動放棄的。雇主不能要求員工放棄免於性騷擾的權利，以交換較高的薪水。這些禁令都稱不上自由意志主義，但也許可以依據人性的弱點加以辯護。非自由家長制的擁護者也許會想要以此為基礎更進一步延伸，例如擴及醫療與消費者保護等領域。

上述很多論點都有一定的吸引力，但我們通常拒絕繼續往家長制的一端靠攏。為什麼呢？我們既然承認自由家長制不免讓人承擔些許成本，也就沒有資格永遠強烈反對透過規定將成本調高一點點，那樣說只會讓人覺得矯情。事實上我們並非反對所有的強制規定，但要判斷何時應該適可而止，輕推何時會變質為強推（甚至是推入火坑）並不容易。當採行強制規定而又沒有提供選擇退出權時，滑坡理論便能顯出它的價值，尤其當規範者採取高壓手段時。我們同意有些情況下直接下禁令是不可免的，但總的來說，我們還是偏好比較符合自由意志主義而較不具侵擾性的做法。

對於冷卻期的規定我們並不是那麼反感，甚至是歡迎的，在適當的情況下這類規定利大於弊，很值得小心翼翼地朝那道滑坡跨出幾步。

16 真正的第三條路

我們在書中提出兩大論點。第一，看似微不足道的社會現象可能對人們的行為造成很大的影響，推力無所不在，只是我們未必能察覺。不論是好是壞，選擇設計廣泛存在、無可避免，且對吾人的決定形成強大的影響。第二，自由家長制並非矛盾詞。選擇設計師可以在不犧牲自由選擇權的前提下，運用推力幫助人們改善生活。

書中探討很多議題，包括儲蓄、社會福利、信用市場、環保政策、醫療保險、婚姻等等，但選擇設計可運用的範圍遠超過這些領域。我們最大的希望是促進大眾對選擇設計與推力的瞭解，進而在其他領域激發出更多改善人類生活的創意。很多領域需要的是民間的力量，如職場、企業的董事會、大學、宗教組織、俱樂部乃至家庭，只要稍微運用自由家長制，應該都可獲益良多。

再談到政府，我們希望這套原則可以在過度兩極化的社會裡提供可行的第三條路。二十世紀充斥各種虛偽的「第三條路」論述，我們希望自由家長制能夠提供真正的第三條路——在最棘手的現代民主論辯中突破重圍。

自羅斯福總統實施新政以來，民主黨對嚴格的政府規範及命令／控制式的管理一直很熱衷。當他們看到民間市場出現嚴重的問題時，通常堅持應採取強硬的命令，卻也不免剝奪（或至少削減）了人民的自由選擇權。共和黨則認為這類命令通常不夠周延，甚至造成反效果——畢竟美國是一個多元的國家，根本不可能找到一體適用的方法。他們多半主張自由放任，反對政府干預。至少在經濟這一塊，他們的基本立場是支持自由選擇權。

但對於平凡百姓而言，兩黨的論辯愈來愈讓人感到厭倦、抽象、毫無助益——只不過是沒有意義的口水戰。很多理性的民主黨員也知道，政府的命令可能沒有助益，甚至適得其反。美國的社會很多元，人民富有創意，加上世局的變遷極快速，政府出錯的機率又很高——一體適用的方法根本不存在。很多理性的共和黨員也知道，即使是自由市場也無法完全避免政府的干預，因為市場必須仰賴政府保護個人的財產，保障契約的效力。而從環保、退休計畫到幫助弱勢者，這些領域也不能沒有市場。事實上，最好的推力必然會用到市場的力量，高明的選擇設計更不會忽略誘因的影響。有些人毫無理由地反對「政府進行任何干預」，也有人理性主張當政府必須干預時，應以維護人民的自由選擇權為念——我們應該辨明這兩種立場有極大的差異。

自由派與保守派容或有許多歧見，所幸在這方面似乎已開始產生共識。不只是民間，政府官員也可以運用推力幫助人們改善生活，同時確保最終的選擇能著眼於個人（而非政府）

的利益。現代社會如此複雜，科技與全球的變化如此快速，嚴格的命令或一味執著於自由放任都值得商榷。觀諸情勢的發展，讓我們對理性堅持自由選擇權及溫和的推力更有信心。

後記

本書初稿完成於二〇〇七年夏天，翌年二月出版。這個版本是在二〇〇八年夏天修訂的，但這篇後記至十一月底才寫，當時社會上正處於強烈的矛盾中。美國剛選出新任總統歐巴馬（Barack Obama），他是有能力的人才，世人無不同聲慶賀。但歐巴馬與各國領袖一樣面臨極艱巨的挑戰，肩負眾人的深切期許。

整個世界陷入大蕭條以來最嚴重的金融危機，絕大多數的執政者或經濟學家都未能預見這場風暴。美國前聯準會主席葛林斯潘（Alan Greenspan）坦承未能預期危機發生，連他都感到「震驚與無法置信」。我們要問的是：深入解析人類行為是否有助於解釋當前的局勢——運用推力是否能避免未來重蹈覆轍？

這場金融危機的來龍去脈漫長而複雜，簡單地說，危機源自「次貸」投資——所謂次貸就是貸款給條件不佳、難以用一般市場利率貸款的人。二〇〇四年，大幅飆升的房價開始回跌。到二〇〇八年初，許多借款人無力還款，房屋遭法拍。影響所及，次貸投資成了一場災難。投資公司與抵押貸款機構陷入經營困境，導致美國信用市場流動性劇減，此一風暴進而蔓延全球。又因流動性不足使得股價下挫，引發一連串經濟問題，許多企業倒閉，全球各地掀起政府紓困的呼聲。

值得注意的是，儘管經濟學界似乎也是一片驚愕，但確實有少數行為經濟學家——尤其是席勒（Robert Shiller）——早在問題發生之前就已預見。[1] 一些敏銳的觀察家很早就注意到房價被高估（例如依買價與租金比判斷），一九九七到二〇〇六年間的房價漲幅嚴重悖離歷史趨勢，美國的房市是一個投機性大泡沫，遲早要破滅。我們可以從一般人的三項特質（本書都解析過）來解釋這些現象：欠缺理性，自制力不足，受社會影響力牽引。

一般投資人與經濟危機

欠缺理性。書中一再提到，一般人面對複雜的問題時很容易慌了手腳。從這一點更能理解這次金融危機裡一項廣受忽略的特點：過去二十年來金融商品已變得過度複雜。不太久以前，多數抵押貸款還只是簡單的三十年固定利率型，辦理抵押貸款很簡單：只需找出月付額最低者即可。

現在的抵押貸款種類多到數不清，即使是專家也很難比較各類貸款的優劣，當初期月付款很低時，可能讓人對貸款的總成本（與風險）產生錯誤的認知。

次貸風暴的一個主因是太多借款人不瞭解抵押貸款的條件。有些人即使嘗試閱讀細字條文，也可能看得頭昏眼花，尤其貸款仲介又會鼓起如簧之舌保證賺到便宜。

但相較於抵押貸款機制的演變，借方所面對的複雜問題還只是小巫見大巫。以前抵押貸款的債權人就是提供貸款的銀行，現在卻分割成許多貸款擔保證券，包括各種難以理解的新型衍生性商品，如信用違約交換（credit default swaps）與擔保債權憑證賣回權（liquidity puts）。

讀者也許不知道什麼是擔保債權憑證賣回權，這對你可能沒什麼影響，但問題是當花旗銀行的高階管理者竟然也不瞭解時，便導致公司嚴重虧損，最後還得動用納稅人拿出幾千億資金去紓困。

花旗的黑洞始於二〇〇七年，這對各國際機構應該都是一大警訊，尤其是華爾街。遺憾的是他們沒有被打醒。事實是目前已倒閉或搖搖欲墜的各大金融機構都太沒有危機意識，不瞭解他們發行或買賣那些複雜的新型證券會讓員工陷入多大的風險。

自制力不足。經濟人沒有這個問題，在經濟學家的字典裡沒有誘惑這兩個字。也因此，世界各國的多數管理者都沒有細思過這個問題。當有人推出甜點的餐車時，我們這些平凡人難免食指大動，然後不知不覺愈吃愈胖。重貸（refinance）的誘惑太難以抗拒，許多人因此不想還清抵押貸款，這可以說是當前金融危機的一個導火線。

在這之前，一般家庭辦的是傳統式的抵押貸款，然後會努力在退休前還清。即使重貸對自己有利，很多人都不會去辦，原因之一是嫌麻煩。

抵押貸款仲介遂應運而生，讓一切變得極容易。到世紀之交，由於利率不斷下降，房價持續攀升，又有誘人的前期「優惠利率」，加上抵押貸款仲介積極拉生意，重貸（以及二胎）變成伊甸園的蘋果。然而當房價反轉向下，利率開始走揚，歡樂派對嘎然告終。

社會影響力。為什麼有這麼多人相信房價永遠會向上？依歷史標準來看，一九九七到二〇〇四年間房價漲幅驚人。很多人以為（而且斷言）房價長時間來看都會上漲，這也反映在人們的行為上。但這個信念明顯是錯的。從一九六〇到一九九七年房價相對穩定，直到一九九七年開始進入史無前例的榮景。

如同席勒所說的，房市泡沫與九〇年代末的股市泡沫有很大一部分可以用同樣的道理解釋：人們同樣受到社會感染力的強大影響，從而產生極不切實際的投射，表現在具體行為上則是買屋與搶辦抵押貸款。

二〇〇五年，席勒與凱斯（Karl Case）針對舊金山的購屋者進行調查。未來十年房價的平均預期漲幅是每年百分之九，但三分之一的受訪者卻預期會高出很多。這種沒有根據的樂觀源於兩個因素：第一是近幾年房價明顯上漲，第二是其他人似乎都很樂觀，而這種樂觀具有感染力。

當然，大眾的知識不只是仰賴口耳相傳或明顯的宣傳，媒體也扮演重要的角色。九〇年代末與二〇〇〇年代初，媒體廣泛報導兩件事：房價快速上漲（這是事實），房價還會持續上漲（這不是事實）。如果所謂的專家都為「眾口鑠金的現象」背書，人們如何能抗拒那些高風險的交易（又如何能避免後來的災難）？

推力

若說只靠推力就能解決經濟危機，未免太天真。金融機構讓全球經濟付出慘痛的代價，眾多弱勢員工與屋主的生活受到影響，我們當然要呼籲實施更嚴格的監督與直接的規範。但未來在制定政策時，類似推力的做法也將不可或缺。當局尤其應採取行動幫助人們管理複雜的選擇，抗拒誘惑，避免被社會影響力誤導。

面對複雜的情勢，有些人可能會希望力求簡化——例如只容許標準的三十年固定利率抵押貸款。這是很大的錯誤。一意追求簡化等於是阻礙創新，更好的做法是提高透明度與資訊的揭露。若要避免未來再發生風暴，當局可以規定相關人士必須讓人們更容易瞭解複雜產品的真實風險。

還記得書中提到的RECAP制嗎？以抵押貸款而言，目前的細字條款必須另外附上可用機器判讀的檔案，好方便第三方網站就所有隱藏的細節進行解譯與分析。若能規定投資銀行與避險基金必須達到一定的透明度，也會很有幫助。這樣即使那些公司的執行長不瞭解公司承擔的風險，投資人總是比較有機會及早發現問題。

政府與市場應通力合作協助人們力抗誘惑。我們希望抵押貸款機構能夠像以前一樣，要求家戶必須先有一定的儲蓄才有資格購屋。有良心的貸款業者可以運用推力幫助人們擺脫沒完沒了的重貸誘惑，例如要求重貸時必須將抵押貸款期限縮短。更大膽的做法是公私機構回歸舊的社會規範（這也是一種推力）：鼓勵人們及早還完貸款，最晚也要在退休以前還完。

學習掌握資訊也很有助於防患社會影響力的可能危害。即使你認識的每個人都說某家餐廳很棒，只要你掌握足夠的資訊，就可避免花冤枉錢。（即使在二〇〇三年每個人都告訴你應該投資房地產，只要你曾經查看部分統計數字，可能就不會盲從。）當局應更努力幫助消費者瞭解各種投資的風險。法學教授華倫（Elizabeth Warren）主張，美國應成立金融產品安全委員會（Financial Product Safety Commission），建立大型統計資料庫，定期發布風險與趨勢的相關資訊，以達到保護消費者的目的。[2]美國（或任何政府）是否應成立新的官僚組織自有討論的空間，但現有的機構確實應更努力強制相關組織揭露重要資訊。法律規定超市的食品都必須有營養標示，這或許可作為參考的模式。多數人都不會去看營養標示，但還是有人會看，而營養標示的存在就足以確保市場的運作更順暢。

要解決欠缺理性、自制力不足，以及社會影響力的問題，或許也可以考慮建立簡單的預設條件來規範抵押貸款與其他工具，亦即除非消費者明確選擇其他方案，否則就須遵照預設條件。如果能訴諸民間的、自願的做法更好——亦即民間的推力。我們或許可以發展出一種至少適合多數借款人的「最佳方案」式規範，告訴民眾「對於與您的條件相似的人，基本上我們建議如下方案」。但如果有人無意採用預設選項，寧可承擔更高的風險，則可提供相關資訊，請他們慎重選擇。另外也可考慮採行與推力類似的做法，例如建立預設條件與選擇退出的規範。這樣的干預方式遠優於強制命令與禁止。

這場危機與人類的貪婪與腐化不無關係，但人性的弱點更扮演關鍵的角色。如果我們只是一味痛斥貪婪與腐化，而沒有反躬自省，瞭解欠缺理性、自制力不足與社會影響力具有多麼可怕的殺傷力，恐怕無法預防悲劇再度發生。

附注

前言

1. 見 http://www.coathanger.com.au/archive/dibblys/loo.htm. Vicente (2006) 也討論過這個例子。
2. Friedman and Friedman (1980).
3. 相似的定義請見 Van De Veer (1986).

1 偏見與謬誤

讀者若有興趣深入瞭解本章提到的研究，我們推薦兩本著作：Kahneman and Tversky (2000) 與 Gilovich, Griffin, and Kahneman (2002).

1. 關於心理學兩種思考系統的理論研究，可參考 Chaiken and Trope (1999).
2. Lieberman et al. (2002); Ledoux (1998).
3. 見 Westen (2007).
4. 之所以會常發生調整不足的問題，是因為省思系統很容易被攻擊——省思系統需要一定程度的認知資源，因此當資源匱乏時（例如當你注意力不集中或疲倦時），便無法調整定錨。見 Gilbert (2002).
5. Strack, Martin, and Schwarz (1988).

6. Slovic, Kunreuther, and White (1974).
7. 有一個手風順網站（Hot Hand Web）提供極詳盡的資訊（比你想要知道的更詳盡），甚至還會教導你如何自己做測試，請見：http://thehothand.blogspot.com/
8. 見http://www.cdc.gov/nceh/clusters/.
9. Paul Price, "Are You as Good a Teacher as You Think?" 2006，在這個網址可以看到此文：http://www2.nea.org/he/heta06/images/2006pg7.pdf.
10. Mahar (2003).
11. Cooper, Woo, and Dunkelberg (1988).
12. 有關這個段落的主要發現，請見Sunstein (1998).
13. Kahneman, Knetsch, and Thaler (1991).
14. Tversky and Kahneman (1981).

2 抗拒誘惑

計劃者／行動者的模式是由塞勒與雪佛林（Shefrin）發展出來的（1981）。要瞭解近年來關於自制力與跨期選擇（intertemporal choice）的研究，請參考Frederick, Loewenstein, and O'Donoghue (2002)。現代行為經濟學的討論參見Laibson (1997)及O'Donoghue and Rabin (1999)。

1. 見Camerer (2007), McClure et al. (2004).
2. 概述請見Wansink (2006).
3. 見Gruber (2002).
4. Thaler and Johnson (1990).

3 從眾心理

本章的部分內容援引桑思坦的著作（2003）。探討社會規範及其影響的文獻很多，特別值得推薦的兩冊概要性的討論：Ross and Nisbett (1991) 及 Cialdini (2000)

1. 見 Layton (1999) and Stephenson (2005).
2. 見 Akerlof, Yellen, and Katz (1996，少女懷孕）; Christakis and Fowler (2007，過重）; Sacerdote (2001，大學室友分配）; Sunstein et al. (2006，法官投票模式）。
3. 見 Berns et al. (2005). 大家的答案之所以會相同，與腦部知覺的改變有關，而不是因為負責決策的前額葉皮質改變了。當人們表示和別人的看法一樣時，未必只是口頭說說而已，如果其他人看法一致，我們可能真的會看到同樣的現象。
4. Ross and Nisbett (1991), 29–30.
5. Jacobs and Campbell (1961).
6. Kuran (1998).
7. 見 Crutchfield (1955).
8. 這裡的記述很不錯：http://www.dontmesswithtexas.org/history.php.
9. Gilovich, Medvec, and Savitsky (2000).
10. 這裡有概述：http://www.historylink.org/essays/output.cfm?file_id55136.
11. Wansink (2006).
12. Coleman (1996).
13. 例如可以參見 Cialdini (1993).

14. 見 Cialdini, Reno, and Kallgren (2006).
15. 基本上可參見 Perkins (2003), 7–8.
16. Wechsler et al. (2000).
17. 見 Perkins (2003), 8–9.
18. 見 Linkenbach (2003).
19. Linkenbach and Perkins (2003).
20. 見 Schultz et al. (2007).
21. 見 Sherman (1980).
22. 見 Greenwald et al. (1987).
23. 見 Morwitz and Johnson (1993).
24. 見 Levav and Fitzsimons (2006).
25. 見 Kay et al. (2004).
26. 見 Holland, Hendriks, and Aarts (2005).
27. 見 Bargh (1997).

5 選擇設計

1. 那是二〇〇三年七月二日寫給州立中小學教育主管的信，由教育部次長漢斯（William Hanse）與國防部次長朱大衛（David Chu）共同署名。
2. Byrne and Bovair (1997).
3. Vicente (2006), 152.

4. 見Zeliadt et al. (2006), 1869.

5. 桑思坦（2007）曾詳細探討過這一點。

6「明日存更多」計畫

本章大量引用我們與貝納茨共同研究的結果，尤其是貝納茨與塞勒的合作（2007）。

1. Gross (2007).
2. Beland (2005), 40–41.
3. Investment Company Institute (2006).
4. 感謝布雷克（David Blake）以及英國勞動與退休部（U.K. Department of Work and Pensions）提供資料。
5. Choi, Laibson, and Madrian (2004). 達弗洛（Duflo）等人（2005）研究發現，有些納稅人未能善用儲蓄免稅優惠，同樣是忽略機會成本。
6. Choi et al. (2006).
7. Carroll et al. (2005).
8. Carroll et al. (2005).
9. Iyengar, Huberman, and Jiang (2004).
10. Benartzi and Thaler (1999).
11. Benartzi and Thaler (2007).
12. Choi et al. (2002).
13. Duflo and Saez (2002).
14. 按照退休金保護法案，如果雇主提供的401(k)計畫有對等提撥的規定，兩年內員工對提撥部分無條件享有權益，自動加入的儲蓄率至少為收入的三％，自動調高的幅度為每年至少一％為時三年以上，則表示該雇主符合無差別待遇原則（nondiscrimination rule）。（具體而言，員工若儲存薪資的一％，雇主必須百分之百對等提撥，其後一直到六％應至少對等提撥五〇％；員工若總計提撥薪資的六％，雇主的總提撥率應達三・五％。）無差別待遇原則對薪資最高員工能夠領取的退休金比例有一定限制。由於401(k)對每個員工能領取的金額已設有上限，一般認為這些規定可吸引足夠多的低薪員工加入。也許有不少人對此法案的內容有意見（畢竟該法案反映出常見的政治妥協），在我們看來仍可視為推力的絕佳範例。雇主並不需要改變計畫，即使要改變，也不必填一大堆討厭的表格。

15. New Zealand Ministry of Economic Development (2008).

7 天真的投資人

本章大量引用我們與貝納茨共同研究的結果，尤其是貝納茨與塞勒的合作（2007）。

1. 見 Benartzi and Thaler (1999).
2. 在 Zweig (1998) 中有引用。
3. 見 Benartzi and Thaler (2001).
4. Read and Loewenstein (1995). 亦見 Simonson (1990)，是他提出這個點子。
5. Benartzi and Thaler (2001).
6. Benartzi and Thaler (2007).

8 信用市場

1. 感謝梅敏（Phil Maymin）提供這個例子。
2. Karlan and Zinman (2007).
3. Simon and Haggerty (2007).
4. Morton, Zettelmeyer, and Silva-Risso (2003).
5. Draut and Silva (2003).

9 民營化社會安全制度：瑞典模式

本章大量引用克隆維斯特與塞勒的研究，感謝克隆維斯特協助計算更新後的資料。

1. 見 Carroll et al. (2005).
2. French and Poterba (1991).
3. 見 Samuelson and Zeckhauser (1988); Ameriks and Zeldes (2001).
4. 見 Kuran and Sunstein (1999).

10 問題重重的處方藥計畫

《匹茲堡郵報》（*Pittsburgh Post-Gazette*）二〇〇五年發行特別版探討如何選擇處方藥保險，標題是「讓人頭痛的處方藥保險」（D is for Daunting）。非常感謝梅洛與洛伯（Marion Wrobel）引導我們穿越迷宮。

1. White House (2006).
2. Medicare Prescription Drug Plan (n.d.).

3. McFadden (2007).
4. Pear (2006) 所引用。
5. Cubanski and Neuman (2007).
6. Henry J. Kaiser Family Foundation (2007).
7. Winter et al. (2006).
8. Henry J. Kaiser Family Foundation (2006).
9. Nemore (2005).
10. West et al. (2007).
11. 克靈等人對雙重合格者進行過調查，得到同樣低的數字。受訪的聯邦醫療補助計畫受益者當中，六—七%在二〇〇七年主動選擇與前一年不同的計畫。
12. Hoadley et al. (2007).
13. Lipman (2005) 引用。
14. 克靈等人曾對聯邦醫療保險的免付費諮詢電話做過一次小規模的查核（2007），他們發現所打的十二通電話當中，有八通指出價格最低廉的計畫。
15. Vaughan and Gunawardena (2006).
16. 每個州的藥物計畫承辦單位不盡相同，可能是全國性／地區性保險公司與藥品福利管理人（pharmacy benefit manager），共同承辦單位可包括連鎖藥局、零售業、美國退休人士協會（AARP）。每個月的保費自二〇美元至一〇〇美元以上不等，自負額在零至二六五美元之間（以二〇〇七年計）。有些基本的計畫給付七五%的藥費，但多數計畫採分級給付制。如果你的計畫採共保制（coinsurance，譯按：指自負額之外另有部份負擔額），或是像某些老人一樣一次領三個月分的藥，給付方式便會有所不同。學名藥每次的部分負擔額（copayment）在零到一〇美元之間；專利藥在一五到六〇美元以上都有可能。你必須追蹤這些數字，因為每個月的價格變動會影響支出。以最常使用的二百種藥物來說，不同的計畫給付比例從七三％到九六％不等，你必須做點功課，瞭解各計畫的內容（即給付的藥物清單）。非常用藥物的給付比例各不相同。一家公司不能在年度中間將給付藥品從清單中去除，但可以轉換為學名藥（如果可以取得的話），並可在隔年從清單去除。每一個連鎖藥局對緊急處方藥的取得以及使用其他連鎖藥局的藥有不同的規定，關於藥物的事先授權、漸進治療（step therapy）、藥量限制的給付規定都會寫在注解裡，但必須有相當好的眼力才看得清楚。最後一點，每個用藥者必須自行預測花費金額是否介於二五一〇美元與五七二六美元之間——俗稱甜甜圈洞，這部分政府不予補助——以便瞭解所屬計畫是否提供給付。從保險的觀點來看，甜甜圈洞現象毫無道理（還不如提供每個人一個依收入訂定的自負額——窮人全免），而且會讓決策過程複雜許多。

17. McFadden (2006).
18. 另有六個州為符合聯邦醫療補助計畫資格的少數窮人提供智慧型指派。
19. Government Accountability Office (2007).
20. Medicare Rights Center (2006).
21. Kling et al. (2007).

11 如何提高器官捐贈率

1. 關於這個問題，美國國家醫學研究院（Institute of Medicine）委託查爾德瑞斯與李維曼（Childress and Liverman）進行了一項周詳而傑出的研究（2006），很值得推薦。

2. Kurtz and Saks (1996), 802.
3. Childress and Liverman (2006), 241.
4. Childress and Liverman (2006), 253.
5. Childress and Liverman (2006), 217.

12 拯救地球

1. 另一個做法是由政府補助那些致力降低污染的人。從很多方面來看，補助方案的分析應與處罰方案的分析類似。
2. 見Nordhaus and Boyer (2000).
3. 見Pew Center on Global Climate Change (undated), 2, 7.
4. Id. 7.
5. 見Europa (2005).
6. 見Ellerman and Buchner (2007), 66, 72, n9.
7. 見Europa (2007).
8. 見Ellerman et al. (2000).
9. 見Stewart and Wiener (2003).
10. 42 U.S.C. §§ 9601 et seq.
11. 見Hamilton (2005).
12. 見Fung and O' Rourke (2000).
13. 見Hamilton (2005).

14. 見Larrick and Soll (2008).
15. Agence France-Presse (2008) 所引用。
16. 見Tierney (2008).
17. 見Howarth, Haddad, and Paton (2000).
18. 見EDN Europe (2007)

13 婚姻民營化

本章部分內容取材自桑思坦的資料（2005）。范曼（Fineman）的討論（2004）很有建設性，讓我們獲益良多。

1. 見Coleman (n.d.).
2. 這裡是取材自Chambers (1996).
3. 29 U.S.C. 2601-–-54.
4. 見Polikoff (1993).
5. 見Nock (2003).
6. 見Fineman (2004)，第一二三頁：「政府目前賦與婚姻的社會／經濟補助與特權，應轉移給新的家庭核心關係——亦即照顧者與被照顧者的關係。」
7. 詳細的處理參見Fineman (2004)。
8. Mahar (2003).
9. Smock, Manning, and Gupta (1999).
10. 見Babcock and Lowenstein (1997).
11. 見Baker and Emery (1993).

14 十二種推力

1. 見 Organization for Economic Co-Operation and Development (2008); Norwegian Tax Administration (2005); European eGovernment (2006).
2. 類似的計畫，見 http://www.poverty-action.org/ourwork/projects_view.php?recordID533
3. 研究仍在進行中，見 http://www.povertyactionlab.com/projects/project.php?pid565.
4. Brown, Saunders, and Dick (1999).

15 反對意見

1. 此處援引一個強大的反對者 Glaeser (2006).
2. *Economist* (2006).
3. 確實有一些經濟學家主張此一論點。參考 Becker (1983).
4. 感謝夏培洛（Jesse Shapiro）提出這個深刻的問題。
5. Camerer et al. (2003).
6. 16 CFR §429.1(a) (2003).
7. 例如加州家事法 §2339(a) 規定離婚判決書必須等待六個月才能生效；康乃狄克州一般法令注釋 §46b–67(a) 規定法院必須等待九十天才能進行離婚訴訟。更廣泛的討論參見 Scott (1990)。
8. 見 Camerer et al. (2003)，他們在資料中引述州的法令「強制規定準新人取得許可後必須等待短暫時間才能真正結婚」。
9. 法蘭克（Frank）對這樣的法律提出有意思的辯護（1985）。

Tversky, Amos, and Daniel Kahneman. "Availability: A Heuristic for Judging Frequency and Probability." *Cognitive Psychology* 5 (1973): 207-32.

———. "Judgment Under Uncertainty: Heuristics and Biases." *Science* 185 (1974): 1124-31.

———. "The Framing of Decisions and the Psychology of Choice." *Science* 211 (1981): 453-58.

Van Boven, Leaf, David Dunning, and George Loewenstein. "Egocentric Empathy Gaps Between Owners and Buyers: Misperceptions of the Endowment Effect." *Journal of Personal and Social Psychology,* 79 (2000): 66-76.

Van Boven, Leaf, and George Loewenstein. "Social Projection of Transient Drive States." *Personality and Social Psychology Bulletin* 29 (2003): 1159-68.

Van De Veer, Donald. *Paternalistic Intervention; The Moral Bounds on Benevolence*. Princeton: Princeton University Press, 1986.

Vaughan, William, and Delani Gunawardena. "Letter to CMS Acting Administrator Leslie Norwalk." Consumers Union. Washington, D.C., December 18, 2006.

Vicente, Kim J. *The Human Factor: Revolutionizing the Way People Live with Technology*. New York: Routledge, 2006.

Viscusi, W. Kip. "Alarmist Decisions with Divergent Risk Information." *Economic Journal* 107 (1997): 1657-70.

Vitality Program. "Overview." Destiny Health. 2007. http://www.destinyhealth.com.

Waldfogel, Joel. "Does Consumer Irrationality Trump Consumer Sovereignty? Evidence from Gifts and Own Purchases." April 2004. http://knowledge.wharton.upenn.edu/papers/1286.pdf.

Wansink, Brian. *Mindless Eating: Why We Eat More Than We Think*. New York: Bantam, 2006.

Watts, Duncan. "The Kerry Cascade: How a'50s Psychology Experiment Can Explain the Democratic Primaries." *Slate, February* 24, 2004. http://www.slate.com/id/ 2095993/.

Wechsler, Henry, Jae Eun Lee, Meichun Kuo, and Hang Lee. "College Binge Drinking in the 1990s: A Continuing Problem. Results of the Harvard School of Public Health 1999 Alcohol Study." *Journal of the American College of Health* 48 (2000): 199-210.

West, joyce C., et al. "Medication Access and Continuity: The Experiences of Dual-Eligible Psychiatric Patients During the First Four Months of the Medicare Prescription Drug Benefit." *American. Journal of Psychiatry* 164 (2007): 789-96.

Westen, Drew. *The Political Brain: The Role of Emotion in Deciding the Fate of the Nation*. New York: PublicAffairs, 2007.

White House, The. "President Bush Discusses Medicare Prescription Drug Benefit." Press release, Washington, D.C., May 2006. http://www.whitehouse.gov/news/releases/2006/05/20060509-5.html.

Wilkins, Lauren. "Decisionmaking and the Limits of Disclosure: The Problem of Predatory Lending: Price." *Maryland Law Review 65* (2006): 707-840.

Wilson, Timothy D., and Daniel T. Gilbert. "Affective Forecasting." *Advances in Experimental Social Psychology* 35 (2003): 345-411

Winter, Joachim, Rowilma Balza, Frank Caro, Florian Heiss, Byung-hill Jun, Rosa Matzkiu, and Daniel McFadden. "Medicare Prescription Drug Coverage: Consumer Information and Preferences." *Proceedings of the National Academy of Sciences* 103 (2006): 7929-34.

Woodward, Susan E. "A Study of Closing Costs for FHA Mortgages." Working paper, Sand Hill Econometrics, 2007,

Zeliadt, Steven B., Scott D. Ramsey, David F. Penson, Ingrid J. Hall, Donatus U. Ekwueme, Leonard Stroud, and Judith W. Lee. "Why Do Men Choose One Treatment over Another?" *Cancer* 106 (2006): 1865-74.

Zelinsky, Edward A. "Deregulating Marriage: The Pro-Marriage Case for Abolishing Civil Marriage," *Cardozo Law Review* 27 (2006): 1161-1220.

Zweig, Jason. "Five Investing Lessons from America's Top Pension Fund." *Money, January* 1998, 115-I8.

toid Arthritis Pain and Fatigue: Examining Momentary Reports and Correlates over One Week."*Arthritis Care and Research* 10 (1997): 185-93.
Strack, Fritz, L. L. Martin, and Norbert Schwarz. "Priming and Communication: The Social Determinants of Information Use in Judgments of Life-Satisfaction." *European Journal of Social Psychology* 18 (1988): 429-42.
Stroop, John R. "Studies of Interference in Serial Verbal Reactions." *Journal of Experimental Psychology* 12 (1935): 643-62.
Sunstein, Cass R. "Endogenous Preferences, Environmental Law." *Journal of Legal Studies* 22 (1993): 217-54.
———. "Selective Fatalism." *Journal of Legal Studies* 27 (1998): 799-823.
———. "Human Behavior and the Law of Work." Virginia Lam Review 87 (2001): 205-76.
———. Risk and Reason: *Safety Law, and the Environment*. Cambridge: Cambridge University Press, 2002.
———. "Switching the Default Rule." New' York University Law Review 77 (2002): 106-34.
———. *Why Societies Need Dissent*. Cambridge: Harvard University Press, 2003.
———. "Lives, Life-Years, and 'Willingness to Pay." *Columbia Law Review* 104 (2004 [a]): 205-52.
———. *The Second Bill of Rights*. New York: Basic, 2004 (b).
———. "The Right to Marry." *Cardozo Law Review* 26 (2005): 2081-2120.
———. *Republic.com 2.0*. Princeton: Princeton University Press, 2007.
Sunstein, Cass R., Daniel Kahneman, and David Schkade. "Assessing Punitive Damages (With Notes on Cognition and Valuation in Law)." *Yale Law Journal* 107 (1998): 2071-2153.
Sunstein, Cass R., Daniel Kahneman, David Schkade, and Ilana Ritov. "Predictably Incoherent Judgments." *Stanford Law Review* 54 (2002): 1153-1216.
Sunstein, Cass R., David Schkade, Lisa Ellman, and Andres Sawicki. *Are Judges Political?* ashington, D.C.: Brookings Institution Press, 2006.
Sunstein, Cass R, and Richard H. Thaler. "Libertarian Paternalism Is Not an Oxymoron." *University of Chicago Law Review* 70 (2003): 1159-1202.
Sunstein, Cass R., and Edna Ullman-Margalit. "Second-Order Decisions." *Ethics 110 (1999): 5-31.*
Thaler, Richard H. *Quasi-Rational Economics*. New York: Russell Sage, 1991.
———. *The Winner's Curse: Paradoxes and Anomalies of Economic Life*. New York: Free Press, 2002.
Thaler, Richard H., and Shlomo Benartzi. "Save More Tomorrow: Using Behavioral Economics to Increase Employee Saving." *Journal of Political Economy* 112 (2004): S164-87.
Thaler, Richard H., and Eric J. Johnson. "Gambling with the House Money and Trying to Break Even: The Effects of Prior Outcomes on Risky Choice." *Management Science* 36 (1990): 643-60.
Thaler, Richard H., and Hersh M. Shefrin. "An Economic Theory of Self-Control." *Journal of Political Economy* 89 (1981): 392-406.
Thaler, Richard H., and Cass R. Sunstein. "Libertarian Paternalism." *American Economic Review* 93, no. 2 (2003): 175-79.
Thompson, Dennis F. *Political Ethics and Public Office*. Cambridge: Harvard University Press, 1987.
Tierney, John. "Magic Marker Strategy." *New York Times*, September 6, 2005, Section A, Late ed.
———. "Free and Easy Riders." *New York Times*, June 17, 2006, Opinion section, Late ed.
Tierney, Kathleen J., Michael K. Lindell, and Ronald W. Perry. *Facing the Unexpected: Disaster Preparedness antd Response in the USA*. Washington, D.C.: Joseph Henry, 2001.
Toderov, Alexander, Anesu N. Mandisodza, Amir Goren, and Crystal C. Hall. "Inferences of Competence from Faces Predict Election Outcomes." *Science* 308 (2005): 1623-26.
Towers Perrin, Tillinghast. "2006 Update on U.S. Tort Cost Trends." 2006. http://www.towersperrin.com/tp/getwebcachedoc?webc=TILL/USA/ 2006 /200611/Tort_2006_FINAL.pdf.
Tversky, Amos. "Elimination by Aspects: A Theory of Choice." *Psychological Review* 76 (1972): 31-48.

Schkade, David A., and Daniel Kahneman. "Does Living in California Make People Happy? A Focusing Illusion in Judgments of Life Satisfaction."*Psychological Science* 9 (1998): 340-46.
Schkade, David, Cass R. Sunstein, and Daniel Kahneman. "Deliberating About Dollars: The Severity Shift." *Columbia Law Review* 100 (2000); 1139-76.
Schneider, Carl E. *The Practice of Autonomy: Patients, Doctors, and Medical Decisions.* Oxford: Oxford University Press, 1998.
Schreiber, Charles A., and Daniel Kahneman. "Determinants of the Remembered Welfare of Aversive Sounds." *Journal of Experimental Psychology: General* 129 (2000): 27-42.
Schultz, P. Wesley, Jessica M. Nolan, Robert B. Cialdini, Noah J. Goldstein, and Vladas Griskevicius. "The Constructive, Destructive, and Reconstructive Power of Social Norms." *Psychological Science* 18 (2007): 429-34.
Schwarz, Norbert. *Cognition and Communication: Judgmental Biases, Research Methods, and the Logic of Conversation.* Mahwah, N.J.: Lawrence Erlbaum, 1996.
Scitovsky, Tibor, *The Joyless Economy*. Oxford: Oxford University Press, 1992.
Scott, Elizabeth. "Rational Decisionmaking About Marriage and Divorce." *Virginia Law Review* 76 (1990) 9-94.
Sen, Amartya. *Development as Freedom*. New York: Knopf, 1999.
Shapiro, Ian. "Long Lines, Even Longer Odds, Looking for a Lucky Number? How About 1 in 76,275,360?" *Washington Post*, April 12, 2002.
Shepard, Roger. *Mind Sights: Original Visual Illusions; Ambiguities, and Other Anomalies,with a Commentary on the Play of Mind in Perception and* Art. New York: Freeman, 1990.
Sherif, Muzafer. "An Experimental Approach to the Study of Attitudes." *Sociometry* 1 (1937): 90-98.
Sherman, Steven J. "On the Self-Erasing Nature of Errors of Prediction." *Journal of Personality and Social Psychology* 39 (1980): 211-21.
Shiller, Robert J. *Irrational Exuberance.* Princeton: Princeton University Press, 2000.
Shu, Suzanne B. "Choosing for the Long Run: Making Trade-offs in Multiperiod Borrowing." Working paper, UCLA, 2007.
Silverstein, Shel. *Where the Sidewalk Ends*. New York: HarperCollins, 1974.
Simon, Ruth, and James Haggerty. "Mortgage Mess Shines Light on Brokers' Role." *Wall Street journal*, July 5, 2007, front section, Eastern ed.
Simonson, Itamar. "The Effect of Purchase Quantity and Timing on Variety-Seeking Behavior," *Journal of Marketing Research* 28 (1990): 150-62.
Simonson, Itamar, and Russell S. Winer. "The Influence of Purchase Quantity and Display Format on Consumer Preference for Variety." *Journal of Consumer Research* 19 (1992): 133-38.
Slovic, Paul, Melissa L. Finucane, Ellen Peters, and Donald G. MacGregor. "The Affect Heuristic." In Gilovich, Griffin, and Kahneman (2002), 397-420.
Slovic, Paul, Howard Kunreuther, and Gilbert F. White. "Decision Processes, Rationality, and Adjustment to Natural Hazards." 1974. Rpt. in *The Perception of Risk*, ed. Paul Slavic, 1-31. London: Earthscan, 2000.
Smith, Vernon, Kathleen Gifford, Sandy Kramer, and Linda Elam. "The Transition of Dual Eligibles to Medicare Part D Prescription Drug Coverage: State Actions During Implementation." Henry J. Kaiser Family Foundation. February 2006. http://www.kff.org/medicaid/7467.cfin.
Smock, Pamela J., Wendy D. Manning, and Sanjiv Gupta. "The Effect of Marriage and Divorce on Women's Economic Well-Being." *American Sociological Review* 64 (1999): 794-812.
Stephenson, Denice, ed. *Dear People: Remembering Jonestown*. Berkeley, Calif.: Heyday, 2005.
Stewart, Richard B., and Jonathan B. Wiener. *Reconstructing Climate Policy: Beyond Kyoto*. Washington, D.C: American Enterprise Institute Press, 2003.
Stone, Arthur A., Joan E. Broderick, Laura S. Porter, and Alan T. Kaell. "The Experience of Rheuma-

Perry, Ronald W., and Michael K. Lindell. "The Effects of Ethnicity on Evacuation Decision-Making." *International Journal of Mass Emergencies and Disasters* 9 (1991): 47-68.

Perry, Ronald W., Michael K. Lindell, and Marjorie R. Greene. *Evacuation Planning in Emergency Management*. Lexington, Mass.: Lexington, 1981.

Peterson, Paul E., William Howell, Patrick Wolf, and David E. Campbell. "School Vouchers: Results from Randomized Experiments." In *The Economics of School Choice*, ed. Caroline Hoxby, 107-44. Chicago: University of Chicago Press, 2003.

Pittsburgh Post-Gazette. "D Is for Daunting: The Medicare Drug Program." November 6, 2005, Health section, Five-star ed. .

Polikoff, Nancy D. "We Will Get Whar We Ask For: Why Legalizing Gay and Lesbian Marriage Will Not 'Dismantle the Legal Structure of Gender in Every Marriage.'" *Virginia Law Review* 79 (1993): 1535-50.

Prelec, Drazen, and Duncan Simester. "Always Leave Home Without It: A Further Investigation of the Credit-Card Effect on Willingness to Pay." *Marketing Letters* 12 (2001): 5-12.

Prendergast, Canice. "The Provision of Incentives in Firms." *Journal of Economic Literature* 37 (1999): 7-63.

Prestwood, Charles. Testimony Before the Senate Committee on Commerce, Science, and Transportation. December 18, 2001.

Rawls, John. *A Thcory of Justice*. Oxford: Clarendon, 1971.

Read, Daniel, Gerrit Antonides, Laura Van Den Ouden, and Harry Trienekens. "Which Is Better: Simultaneous or Sequential Choice?" *Organizational Behavior and Human Decision Processes* 84 (2001): 54-70.

Read, Daniel, and George Loewenstein. "Diversification Bias: Explaining the Discrepancy in Variety Seeking Between Combined and Separated Choices." *Journal of Experimental Psychology: Applied* 1 (1995): 34-49.

Read, Daniel, George Loewenstein, and Shobana Kalyanarama. "Mixing Virtue and Vice: Combining the Immediacy Effect and the Diversification Heuristic." *Journal of Behavioral Decision Making* 12 (1999): 257-73.

Read, Daniel, and B. Van Leeuwen. "Predicting Hunger: The Effects of Appetite and Delay on Choice." *Organizational Behavior and Human Decision Processes* 76 (1998): 189-205.

Redelmeier, Donald A., Joel Katz, and Daniel Kahneman. "Memories of Colonoscopy: A Randomized Trial." *Pain* 104 (2003): 187-94.

Redelmeier, Donald A., Paul Rozin, and Daniel Kahneman. "Understanding Patients' Decisions: Cognitive and Emotional Perspectives." *Journal of the American Medical Association* 270 (1993): 72-76.

Revesz, Richard L. "Environmental Regulation, Cost-Benefit Analysis, and the Discounting of Human Lives." *Columbia Law Review* 99 (1999): 941-1017.

Ross, Lee, and Richard Nisbett. *The Person and the Situation*. New York: McGraw-Hill, 1991.

Rottenstreich, Yuval, and Christopher Hsee. "Money, Kisses, and Electric Shocks: On the Affective Psychology of Risk. " *Psychological Science* 12 (2001): 185-90.

Rozin, Paul, and Edward B. Royzman. "Negativity Bias, Negativity Dominance, and Contagion." *Personality and Social Psychology Review* 5 (2001): 296-320.

Sacerdote, Bruce. "Peer Effects with Random Assignment: Results for Dartmouth Roommates." *Quarterly Journal of Economics* 116 (2001): 681-704.

Sageman, Marc. *Understanding Terror Networks*. Philadelphia: University of Pennsylvania Press, 2003.

Salganik, Matthew J., Peter Sheridan Dodds, and Duncan J. Watts. "Experimental Study of Inequality and Unpredictability in an Artificial Cultural Market." *Science* 311 (2006): 854-56.

Samuelson, William, and Richard J. Zeckhauser. "Status Quo Bias in Decision Making." *Journal of Risk and Uncertainty* 1 (1988): 7-59.

Milgram, Stanley. *Obedience to Authority*. New York: HarperCollins, 1974.

Mitchell, Olivia S., and Stephen P. Utkus. "The Role of Company Stock in Defined Contribution Plans," In *The Pension Challenge: Risk Transfers and Retirement Income Security*; ed. Olivia Mitchell and Kent Smetters, 33-70. Oxford: Oxford University Press, 2004.

Mokdad, Ali H., Barbara A. Bowman, Earl S. Ford, Frank Vinicor, James S. Marks, and Jeffrey P. Koplan. "The Continuing Epidemics of Obesity and Diabetes in the United States." *Journal of the American Medical Association* 286 (2001): 1195-1200.

Morrison, Edward R. "Comment: Judicial Review of Discount Rates Used in Regulatory Cost-Benefit Analysis." *University of Chicago Law Review* 65 (1998): 1333-70.

Morton, Fiona S., Florian Zettclmeyer, and Jorge Silva-Risso. "Consumer Information and Discrimination: Does the Internet affect the Pricing of New Cars to Women and Minorities?" *Quantitative Marketing and Economics* I (2003): 65-92.

Morwitz, Vicki G., and Eric Johnson. "Does Measuring Intent Change Behavior?" *Journal of Consumer Research* 20 (1993): 46-61.

Moser, Christine, and Christopher Barrett. "Labor, Liquidity, Learning, Conformity, and Smallholder Technology Adoption: The Case of SRI in Madagascar." Manuscript, 2002. http://papers.ssrn.com/sol3/papers.cfm?abstract_id=328662.

Ncmore, Patricia B. "Medicare Part D: Issues for Dual-Eligibles on the Eve of Implementation." Center for Medicare Advocacy for the Henry J. Kaiser Family Foundation. November 2005. http://www.kff.org/medicare/7431.cfm.

Nisbett, Richard E., and David E. Kanouse. "Obesity, Hunger, and Supermarket Shopping Behavior." *Proceedings of the Seventh Annual Meeting of the American Psychological Association* 3 (1968): 683-84.

Nock, Steven L., Laura Sanchez, Julia C. Wilson, and james D. Wright. "Covenant Marriage Turns Five Years Old." *Michigan Journal of Gender and Law* 10 (2003): 169-88.

Nordhaus, william D. "The Stern Review on the Economics of Climate Change." *Journal of Economic Literature* 45 (2007): 686-702.

Nordhaus, William D" and Joseph Boyer. *Warming the World: Economic Models of Global Warming*. Cambridge: MIT Press, 2000.

Norman, Donald. *The Design of Everyday Things*. Sydney: Currency, 1990.

Normann, Goran, and Daniel J. Mitchell. "Pension Reform in Sweden: Lessons for American Policymakers." Heritage Foundation Backgrounder no. 1381, 2000. http://www.herirage.org/Research/SocialSecurity /bg1381 .cfm.

O'Donoghue, Ted, and Matthew Rabin. "Doing It Now or Later." *American Eco-nomic Review* 89, no. 1 (1999): 103-24.

———. "Studying Optimal Paternalism, Illustrated by a Model of Sin Taxes." *Ameri-can Economic Review* 93, no. 2 (2003): 186-91.

Okin, Susan Moller. *Justice, Gender, and the Family*. New York: Basic, 1989.

Payne, John W., James R. Bettman, and David A. Schkade. "Measuring Constructed Preferences: Towards a Building Code." *Journal of Risk and Uncertainty* 19 (1999): 243-70

Peacock, Walter G., Betty Hearn Morrow, and Hugh Gladwin, eds. *Hurricane Andrew: Ethnicity, Gender, and the Sociology of Disasters*. New York: Routledge, 1997. Pear, Robert. "In Texas Town, Patients and Providers Find New Prescription Drug Plan Baffling." *New York Times, June* 11, 2006, section I, East Coast ed.

Perkins, H. wesley, ed. *The Social Norms Approach to Preventing School and College Age Substance Abuse*. New York: Jossey-Bass, 2003.

Perry, Ronald W. *Comprehensive Emergency Management: Evacuating Threatened Populations*. Greenwich, Conn.: JAI Press, 1985.

224-34.
Lipman, Larry. "Medicare Offers Web Tools for Choosing a Drug Plan," Cox News Service. October 20, 2005. http://www.coxwashington.com/reporters/content/reporters/stories/2005/10/20/BC_MEDICARE18_COX.html.
Localio, A. Russell, Ann G. Lawthers, Troyen A. Brennan, Nan M. Laird, Liesi E. Hebert, Lynn M. Peterson, Joseph P. Newhouse, Paul C. Weiler, and Howard H. Hiatt. "Relation Between Malpractice Claims and Adverse Events Due to Negligence: Results of the Harvard Medical Practice Study III" *New England Journal of Medicine* 325(1991): 245-51.
Loewenstein, George. "Out of Control: Visceral Influences on Behavior." *Organizational Behavior and Human Decision Processes* 65 (1996): 272-92.
———. "Costs and Benefits of Health-and Retirement-Related Choice." In *Social Security and Medicare: Individual Versus Collective Risk and Responsibility,* ed. Sheila Burke, Eric Kingson, and Uwe Reinhardt. Washington, D.C.: Brookings Institution Press, '2000.
Loewenstein, George, and Lisa Marsch. "Altered States: The Impact of Immediate Craving on the Valuation of Current and Future Opioids." Working paper, Carnegie-Mellon University, 2004.
Loewenstein, George, Ted O'Donoghue, and Matthew Rabin. "Projection Bias in Predicting Future Welfare." *Quarterly Journal of Economics* 118 (2003): 1209-48.
Loewenstein, George, and David Schkade. "Wouldn't It Be Nice: Predicting Future Feelings." In *Well-Being: The Foundations of Hedonic Psychology*, ed. Daniel Kahne-man, Ed Diener, and Norbert Schwarz, 85-108. New York: Russell Sage, 1999.
Loewenstein, George, Elke U. Weber, Christopher K. Hsee, and Ned Welch. "Risk as Feelings." *Psychological Bulletin* 127 (2001): 267-86.
Madrian, Brigitte C., and Dennis F. Shea. "The Power of Suggestion: Inertia in 401(k) Participation and Savings Behavior." *Quarterly Journal of Economics* 116 (2001): 1149-1225.
Mahar, Heather. "Why Are There So Few Prenuptial Agreements?" John M. Olin Center for Law, Economics, and Business, Harvard Law School, Discussion Paper no. 436. September 2003. http://www.law.harvard.edu/programs/olin_center/papers/pdf/436.pdf.
Malmendier, Ulrike, and Stefano DellaVigna. "Paying Not to Go to the Gym." *American Economic Review* 96, no. 3 (2006): 694-719.
McClure, Samuel M., David I. Laibson, George Loewenstein, and Jonathan D. Cohen. "Separate Neural Systems Value Immediate and Delayed Monetary Rewards." Science306 (2004): 503-7.
McFadden, Daniel. "Free Markets and Fettered Consumers." *American Economic Review* 96, no. I (2006): 5-29.
———. "A Dog's Breakfast." *Wall Street Journal*, February 16, 2007. Opinion section, Eastern ed.
McKay, Kim, and Jenny Bonnin. *True Green*. Washington, D.C.: National Geographic, 2007.
Medicare Prescription Drug Plan. "Tips and Tools for People with Medicare and Those Who Care for Them. "U.S. Department of Health and Human Services. N.d. http://www.medicare.gov/medicarereform/drugbenefit.asp.
Medicare Rights Center. "Part D 2007: Addressing Access Problems for Low Income People with Medicare." November 2006. http://www.medicarerights.org/policybrief_autoreenrollment.pdf.
Mello, Michelle, and Troyen Brennan. "Deterrence of Medical Errors: Theory and Evidence for Malpractice Reform." *Texas Law Review* 80 (2002): 1595-1637.
Meulbroek, Lisa. "Company Stock in Pension Plans: How Costly Is It?" Harvard Business School Working Paper no. 02~058, 2002. http://www.hbs.edu/research/facpubs/workingpapers/papers2/0102/02-058.pdf.
Meyer, Robert J. "Why We Under-Prepare for Hazards." In *On Risk and Disaster: Lessons from Hurricane Katrina*, ed. Ronald J. Daniels, Donald F. Kettl, and Howard Kunreuther, 153-74. Philadelphia: University of Pennsylvania Press, 2006.

Well: The Case of Medicare Drug Plans." Working paper, Harvard University, August 2007.
Koehler, Jay, and Caryn Conley, "The 'Hot Hand' Myth in Professional Basketball." *Journal of Sport and Exercise Psychology* 25 (2003): 253-59.
Koppell, Jonathan G. S., and Jennifer A. Steen. "The Effects of Ballot Position on Election Outcomes." *Journal of Politics* 66 (2004): 267-81.
Korobkin, Russell. "The Status Quo Bias and Contract Default Rules." *Cornell Law Review* 83 (1998): 608-87.
Kraut, Robert E., and McConahay, John B. "How Being Interviewed Affects Voting: An Experiment." *Public Opinion" Quarterly* 37 (1973): 398-406.
Krech, David, Richard S. Crutchfield, and Egerton S. Ballachey, *Individual in Society.* New York: McGraw-Hill, 1962.
Krueger, Alan B. *What Makes a Terrorist.* Princeton: Princeton University Press, 2007.
Kruse, Douglas L., and Joseph Blasi. "Employee Ownership, Employee Attitudes, and Firm Performance." NBER Working Paper no. 5277, September 1995. http://www.nber.org/papers/w5277.v5.pdf.
Kunreuther, Howard. "Mitigating Disaster Losses Through Insurance," *Journal of Risk and Uncertainty* 12 (1996): 171-87.
Kuran, Timur. *Private Truths, Public Lies: The Social Consequences of Preference Falsification.* Cambridge: Harvard University Press, 1998.
Kuran, Timur, and Cass R. Sunstein. "Availability Cascades and Risk Regulation." *Stanford Law, Review* 51 (1999): 683-768.
Kurtz, Sheldon F. and Michael J. Saks. "The Transplant Paradox: Overwhelming Public Support for Organ Donation vs. Under-Supply of Organs: The Iowa Organ Procurement Study." *Journal of Corporation Law* 21 (1996): 767-806.
Laibson, David. "Golden Eggs and Hyperbolic Discounting." *Quarterly Journal of Economics* 112 (1997): 443-77.
Layton, Deborah. *Seductive Poison: A Jonestown Survivor's Story of Life and Death in the People's Temple.* New York: Anchor, 1999.
Leavitt, Michael. Remarks as Prepared to America's Health Insurance Plans (AHIP). U.S, Department of Health and Human Services. March 22, 2007. http://www.hhs.gov/news/speech/ SP20070322a.html.
Ledoux, Joseph. *The Emotional Brain; The Mysterious Underpinnings of Emotional Life.* New York: Simon and Schuster, 1998.
Leebron, David. "Final Moments: Damages for Pain and Suffering Prior to Death." *New York University Law Review* 64 (1989): 256-360.
Levav ; Jonathan, and Gavan J. Fitzsimons. "When Questions Change Behavior," *Psychological Science* 17 (2006): 207-13.
Leventhal, Howard, Robert Singer, and Susan Jones. "Effects of Fear and Specificity of Recommendation upon Attitudes and Behavior." *Journal of Personality and Social Psychology* 2 (1965): 20-29.
Lichtenstein, Sarah, and Paul Slovic. "Reversals of Preference Between Bids and Choices in Gambling Decisions." *Journal of Experimental Psychology* 89 (1971): 46-55.
Lieberman, Matthew D., Ruth Gaunt, Daniel T. Gilbert, and Yaacov Trope. "Reflection and Reflexion: A Social Cognitive Neuroscience Approach to Attributional Interference." In *Advances in Experimental Social Psychology* 34, ed. Mark Zanna, 199-249. New York: Elsevier, 2002. .
Linkenbach, Jeffrey W. "The Montana Model: Development and Overview of a Seven-Step Process for Implementing Macro-Level Social Norms Campaigns." In Perkins (2003), 182-208.
Linkenbach, Jeffrey W., and H. Wesley Perkins. "MOST of Us Are Tobacco Free: An Eight-Month Social Norms Campaign Reducing Youth Initiation of Smoking in Montana." In Perkins (2003),

Iyengar, Sheena S., Gur Hubcrman, and Wei Jiang. "How Much Choice Is Too Much? Contributions to 401(k) Retirement Plans." In *Pension Design and Structure: Lessons from Behavioral Finance*, ed. Olivia S. Mitchell and Stephen P. Utkus, 83-95. Oxford: Oxford University Press, 2004.

Jacobs, R. C., and D. T. Campbell. "Transmission of an Arbitrary Social Tradition." *Journal of Abnormal and Social Psychology* 62 (1961): 649-58.

Jin, Ginger Zhe, and Phillip Leslie. "The Effect of Information on Product Quality: Evidence from Restaurant Hygiene Grade Cards. *Quarterly Journal of Economics* 118 (2003): 409-51.

Johnson, Branden B. "Accounting for the Social Context of Risk Communication." *Science and Technology Studies* 5 (1987): 103-11.

Johnson, Eric J., and Daniel Goldstein. "Do Defaults Save Lives?" *Science* 302 (2003): 1338-39.

Johnson, Eric J., John Hershey, Jacqueline Meszaros, and Howard Kunreuther. "Framing, Probability Distortions, and Insurance Decisions: "In Kahneman and Tversky (2000), 224-40.

Jolls, Christine, Cass R. Sunstein, and Richard Thaler. "A Behavioral Approach to Law and Economics." *Stanford Law Review 50* (1998): 1471-1550.

Jones-Lee, Michael, and Graham Loomes. "Private Values and Public Policy." In *Conflict and Tradeoffs in Decision Making,* ed. Eike U. Weber, Jonathan Baron, and Graham Loomes, 205-30. Cambridge: Cambridge University Press, 2001.

Kahneman, Daniel "New Challenges to the Rationality Assumption." *Journal of Institutional and Theoretical Economics* 150 (1994): 18-36.

Kahneman, Daniel, and Shane Frederick. "Representativeness Revisited: Attribute Substitution in Intuitive Judgement." In Gilovich, Griffin, and Kahneman (2002), 49-81.

Kahneman, Daniel, Barbara L. Fredrickson, Charles A. Schreiber, and Donald A. Redelmeier, "When More Pain Is Preferred to Less: Adding a Better End." *Psychological Science* 4 (1993): 401-5.

Kahneman, Daniel, Jack L. Knetsch, and "Richard H. Thaler. "Experimental Tests of the Endowment Effect and the Coase Theorem."*Journal of Political Economy* 98 (1990): 1325-48.

———. "Anomalies: The Endowment Effect, Loss Aversion, and Status Quo Bias." *Journal of Economic Perspectives* 5, no. 1 (1991): 193-206.

Kahneman, Daniel, and Richard H. Thaler. "Anomalies: Utility Maximization and Experienced Utility." *Journal of Economic Perspectives* 20, no. 1 (2006): 221-34.

Kahneman, Daniel, and Amos Tversky, eds. *Choices, Values, and Frames.* Cambridge: Cambridge University Press, 2000.

Kahneman, Daniel, Peter. P. Wakker, and Rakesh Satin. "Back to Bentham? Explorations of Experienced Welfare." *Quarterly Journal of Economics* 112 (1997): 375-405.

Karlan, Dean S., and Jonathan Zinman. "Expanding Credit Access: Using Randomized Supply Decisions to Estimate the Impacts." 2007. http://research.yale.edu/karlan/ deankarlan/downloads/ExpandingCreditAccess.pdf.

Kay, Aaron C., S, Christian Wheeler, John A. Bargh, and Lee Ross. "Material Priming: The Influence of Mundane Physical Objects on Situational Construal and Competitive Behavioral Choice." *Organizational Behavior and Human Decision Processes* 95 (2004): 83-96.

Kennedy, Robert. "Strategy Fads and Strategic Positioning: An Empirical Test for Herd Behavior in Prime-Time Television Programming." *Journal of Industrial Economics* 50 (2002): 57-84.

Kessler, Daniel, and Mark McClellan, "Do Doctors Practice Defensive Medicine?" Quarterly Journal of Economics 111 (1996): 353-90.

Ketchum, Christopher. "Enron's Human Toll." *Salon.com,* January 23, 2002. http://archive.salon.com/tech/feature/2002/01/23/enron_toll/index1.html.

Klevmarken, N. Anders, "Swedish Pension Reforms in the 1990s." April 2002. http://www.nek.uu.se/Pdf/wp2002_6.pdf.

Kling, Jeffrey, Sendhil Mullainathan, Eldar Shafir, Lee Vermeulen, and Marian Wrobel. "Choosing www.nber.org/papers/w12995.

Hastings, Justine S., and Jeffrey M. Weinstein. "No Child Left Behind: Estimating the Impact on Choices and Student Outcomes. " NBER Working Paper no. 13009, 2007. http://www.nber.org/papers/w13009.

Heath, Chip, and Dan Heath. *Made to Stick*: Why Some Ideas Survive and Others Die. New York: Random House, 2007.

Heinrich, Joseph, Wulf Albers, Robert Boyd, Gerd Gigerenzer, Kevin A. McCabe, Axel Ockenfels, and H. Peyton Young. "What Is the Role of Culture in Bounded Rationality?" In *Bounded Rationality: The Adaptive Toolbox*, ed. Gerd Gigerenzer and Reinhard Selten, 343-59. Cambridge: MIT Press, 2001.

Henry J. Kaiser Family Foundation. "Seniors and the Medicare Prescription Drug Benefit." December 2006. http://www.kff.org/kaiserpolls/pomr121906pkg.cfm.

———. "Low-Income Assistance Under the Medicare Drug Benefit." July 2007. http://www.kff.org/medicate/ 7327 .cfm.

Herzog, Don. *Happy Slaves: A Critique of the Consent Theory*. Chicago: University of Chicago Press, 1989.

Hirshleifer, David. "The Blind Leading the Blind: Social Influence, Fads, and Informational Cascades." In *The New Economics of Human Behavior*, ed. Mariano Tom-masi and Kathryn Ierulli, 188. Cambridge: Cambridge University Press, 1995. Hirshlcifer, David, and Tyler Shumway. "Good Day Sunshine: Stock Returns and the Weather." March 2001. http://papers.ssrn.com/so13/ papers.cfm?abstract_id=265674.

Hoadley, Jack. Testimony to Government Reform Committee Briefing on the Medicare Drug Benefit. U.S. House Committee on Oversight and Government Reform. January 20, 2006. http://oversight.house.gov/documents/20060120130100-17757.pdf.

Hoadley, Jack, Laura Summer, Jennifer Thompson, Elizabeth Hargrave, and Katie Merrell. "The Role of Beneficiary-Centered Assignmcnt for Part D." Georgetown University and the National Opinion Research Center at the University of Chicago for the Medicare Payment Advisory Commission. June 2007. http://www.medpac.gov/documents/Juneo7 _Bene_centered_assignment_contractor.pdf.

Holland, Rob W., Merel Hendriks, and Henk Aarts. "Smells Like Clean Spirit." *Psychological Science* 16 (2005): 689-93.

Howarth, Richard B., Brent M. Haddad, and Bruce Paton. "The Economics of Energy Efficiency: Insights from Voluntary Participation Programs." Energy Policy 28 (2000): 477-86.

Howell, William. "School Choice in No Child Left Behind." In *Choice and Competition in American Education*, ed. Paul E. Peterson, 255-64. Lanham, Md.: Rowman and Littlefield, 2006.

Hoxby, Caroline. "School Choice and School Productivity: Could School Choice Be a Tide That Lifts All Boats?" In *The Economics of School Choice*, ed. Caroline Hoxby, 287-341. Chicago: University of Chicago Press, 2003.

Hsce, Christopher K "Attribute Evaluability and Its Implications for Joint-Separate Evaluation Reversals and Beyond." In Kahneman and Tversky (2000), 543-63.

Huberman, Gur, and Wei Jiang. "Offering vs, Choice in 401(k) Plans: Equity Exposure and Number of Funds. " *Journal Of Finance* 61 (2006): 763-801.

Hyman, David A., and Charles Silver. "Medical Malpractice Litigation, and Tort Reform: It's the Incentives, Stupid." Vanderbilt Law Review 59 (2006): 1085-1136.

Investment Company Institute. "40l(k) Plans: A 25-Year Retrospective," 2006. http://www.ici.org/pdf/per12-02.pdf

Ivkovic, Zoran, and Scott Weisbrenner. "Local Does as Local Is: Information Content of the Geography of Individual Investors' Common Stock Investments." NBER Working Paper no. 9685, May 2003. http://www.nber.org/papers/w9685.pdf.

in Emotional Intelligence, ed. L. F. Barrett and P. Salovey, 114-43. New York: Guilford, 2002.
Gilbert, Daniel T., M. Gill, and Timothy D. Wilson. "How Do We Know 'What We Will Like? The Informational Basis of Affective Forecasting." Manuscript, Harvard University, 1998.
Gilbert, Daniel T., Elizabeth C. Pinel, Timothy D. Wilson, Stephen J. Blumberg, and Thalia P. Wheatley. "Immune Neglect: A Source of Durability Bias in Affective Forecasting." *Journal of Personality and Social Psychology* 75 (1998): 617-38.
Gilbert, Daniel T., and Timothy D. Wilson. "Miswanting: Some Problems in the Forecasting of Future Affective States." In Feeling and Thinking: *The Role of Affect in So-cial Cognition*, ed. Joseph P. Forgas, 178-97. Cambridge: Cambridge University Press, 2000.
Gilovich, Thomas. How We Know What Isn't So: The Fallibility of Human Reason in Everyday Life. New York: Free Press, 1991.
Gilovich, Thomas, Dale Griffin, and Daniel Kahneman. *Heurisitics and Biases: The Psychology of Intuitive Judgment*. Cambridge: Cambridge University Press, 2002.
Gilovich, Thomas, Victoria H. Medvec, and Kenneth Savitsky. "The Spotlight Effect in Social Judgment: An Egocentric Bias in Estimates of the Salience of One's Own Actions and Appearance." *Journal of Personality and Social Psychology* 78 (2000): 211-22.
Gilovich, Thomas, Robert Vallone, and Amos Tversky. "The Hot Hand in Basketball: On the Misperception of Random Sequences." *Cognitive Psychology* 17 (1985): 295-314.
Glaeser, Edward L. "Paternalism and Psychology." *University of Chicago Law Review* 73 (2006): 133-56.
Glaeser, Edward L., Bruce Sacerdote, and Jose Scheinkman. "Crime and Social Inter-actions." *Quarterly Journal of Economics* III (1996): 507-48.
Goldstein, Noah J., Robert B. Cialdini, and Vladas Griskevicius. "A Room with a Viewpoint: The Role of Situational Similarity in Motivating Conformity to Social Norms." Manuscript in preparation, 2007.
Goodin, Robert E. "Permissible Paternalism: In Defense of the Nanny State." *Responsive community* 1 (1991): 42.
Goolsbee, Austan. "The Simple Return: Reducing America's Tax Burden Through Return-Free Filing." Brookings Institution Web site, July 2006. http://www .brookings.edu/papers/2006/07useconomics_goolsbee.aspx.
Gould, Stephen Jay. Bully for *Brontosaurus; Reflections in Natural History*. New York: Norton, 1991.
Government Accountability Office. "Toxic Chemicals." Report to the Congress, 1991.
——. "Medicare Part D: Challenges in Enrolling New Dual-Eligible Beneficiaries." June 2007. http://www.gao.gov/cgi-bin/getrpt?GAO-07-272.
Greenwald, Anthony G., Catherine G. Carnot, Rebecca Beach, and Barbara Young. "Increasing Voting Behavior by Asking People if They Expect to Vote." *Journal of Applied Psychology* 2 (1987): 315-18.
Grether, David M. "Bayes Rule as a Descriptive Model: The Representativeness Heuristic." *Quarterly Journal of Economics* 95 (1980): 537-57.
Gross, Daniel. "The Empty 401(k): If White House Press Secretary Tony Snow Won't Save for Retirement, Why Should You?" *Slate,* September 4, 2007. http://www .slate.com/id/2173288/.
Gross, David B., and Nicholas S. Souleles. "Do Liquidity Constraints and Interest Rates Matter for Consumer Behavior? Evidence from Credit Card Data." *Quarterly Journal of Economics* 117 (2002): 149-85.
Gruber, Jonathan. "Smoking's Internalities. "'Regulation 25, no. 4 (2002): 52-57. Hamilton, James. Regulation Through Revelation. New York: Cambridge University Press, 2005.
Hastings, Justine S., Richard Van Weelden, and Jeffrey M. Weinstein. "Preferences, Information, and Parental Choice Bchavior in Public School Choice." NBER Working Paper no. 12995,2007' http://

Plan Decisions: Evidence from a Randomized Experiment." Massachusetts Institute of Technology Department of Economics Working Paper no. 02-23, 2002. http://papcrs.ssrn.com/ so13/papers.cfm?abstract_id=315659.

Dworkin, Gerald. *The Theory and Practice of Autonomy.* Cambridge: Cambridge University Press, 1988.

Dynes, Russell R. "The Importance of Social Capital in Disaster Response." University of Delaware Disaster Research Center Preliminary Paper no. 327, 2002. http://www.udel.edu/DRC/Preliminary_Papers/PP3 27-THE%20IMPORTANCE%20OFpdf%20.pdf.

Economist, The. Editorial. "The State Is Looking After You," April 8, 2006. Edgeworth, Francis Ysidro. *Mathematical Psychics*. London: C. K. Paul, 1881. Ellerman, A. Denny, Paul L. Joskow, Richard Schmalensee, Juan-Pablo Montero, and Elizabeth M. Bailey. Markets for Clean Air: Cambridge: Cambridge University Press, 2000. Ellickson, Robert C. *Order Witbout Law*: How Neighbors Settle Disputes. Cambridge: Harvard University Press, 1991.

Ellsberg, Daniel. "Risk, Ambiguity, and the Savage Axioms." *Quarterly Journal of Eco-nomics* 75 (1961): 643-69.

Elster, Jon. Sour *Grapes: Studies in the Subversion of Rationality*. Cambridge: Cambridge University Press, 1983.

Epley, Nicholas, and Thomas Gilovich. "Just Going Along: Nonconscious Priming and Conformity to Social Pressure." *Journal of Experimental Social Psychology* 35 (1999): 578-89.

Epstein, Richard A. "In Defense of the Contract at Will." *University of Chicago Law Review* 51 (1984): 947-82.

———. "Contractual Principle Versus Legislative Fixes: Coming to Closure on the Unending Travails of Medical Malpractice." Depaul Law Review 54 (2005): 503-26.

Fineman, Martha A. The Autonomy Myth: A Theory of Dependency. New York: New Press, 2004.

Frank, Richard G., and Joseph P. Newhouse. "Mending the Medicare Prescription Drug Benefit: Improving Consumer Choices and Restructuring Purchasing." Brook-ings Institution Web site, April 2007. http://www.brookings.edu/views/papers/200704frank_newhousc.htm.

Frank, Robert. *Choosing the Right Pond.* New York: Oxford University Press, 1985. Frederick, Shane. "Measuring Intergenerational Time Preference: Are Future Lives Valued Less?"*Journal of Risk and Uncertainty* 26 (2003): 39-53.

———. "Cognitive Reflection and Decision Making." *Journal of Economic Perspectives* 19, no. 4 (2005):24-42.

Frederick, Shane, George Loewenstein, .and Ted O'Donoghue. "Time Discounting and Time Preference: A Critical Review," *Journal of Economic Literature* 40 (2002): 351-401.

French, Kenneth R., and James M. Poterba. "Investor Diversification and International Equity Markets." *American Economic Review* 81, no. 2 (1991): 222-26.

Friedman, Milton, and Rose Friedman. *Free to Choose*: A Personal Statement. New York: Harcourt Brace Jovanovich, 1980.

Fung, Archon, and Dara O'Rourke. "Reinventing Environmental Regulation from the Grassroots Up: Explaining and Expanding the Success of the Toxic Release Inventory." *Environmental Management* 25(2000):115-27

Gallagher, Maggie. "Banned in Boston." Weekly Standard, May 15, 2006.

Gerber, Alan S., and Todd Rogers. "The Effect of Descriptive Social Norms on Voter Turnout: The Importance of Accentuating the Positive." Working paper, 2007. http://www.iq.harvard.edu/NewsEvenrs /Seminars-WShops /PPBW/rogers.pdf.

Gilbert, Daniel T. "Inferential Correction." In Gilovich, Griffin, and Kahneman (2002),167-84.

Gilbert, Daniel T., Erin Driver-Linn, and Timothy D. Wilson. "The Trouble with Vronsky: Impact Bias in the Forecasting of Future Affective States." In *The Wisdom in Feeling: Psychological Processes cal Science* 12 (2003): 105-9.

Cialdini, Robert B., Raymond R. Reno, and Carl A. Kallgren. "A Focus Theory of Normative Conduct: Recycling the Concept of Norms to Reduce Littering in Public Places." *Journal of Personality and Social Psychology* 58 (1990): 1015-26.

——. "Activating and Aligning Social Norms for Persuasive Impact." *Social Influence* 1 (2006), 3-15.

Clark, Andrew E., Ed Diener, Yannis Georgellis, and Richard E. Lucas. "Lags and Leads in Life Satisfaction: A Test of the Baseline Hypothesis," DELTA Working Pa-per 2003-14, 2003. http://www.delta.ens.fr/abstracts/wp200314.pdf.

Coleman, Stephen. "The Minnesota Income Tax Compliance Experiment State Tax Results." Minnesota Department of Revenue, 1996. http://www.state.mn.us/legal_policy/research_reports/content/complnce.pdf.

Coleman, Thomas F. "The High Cost of Being Single in America; or, The Financial Consequences of Marital Status Discrimination." Unmarried America Web site, n.d. http://www.unmarriedamerica.org/cost-discrimination.htm.

Colin, Michael, Ted O'Donoghue, and Timothy Vogelsang. "Projection Bias in Catalogue Orders." Working paper, Cornell University Economics Department, 2004.

Cooper, Arnold C., Carolyn Y. Woo, and William C. Dunkelberg. "Entrepreneurs' Perceived Chances for Success." *Journal of Business Venturing* 3, no. 2 (1988): 97-108.

Cronqvist, Henrik. "Advertising and Portfolio Choice." Working paper, Ohio State University, 2007.

Cronqvisr, Henrik, and Richard H. Thaler. "Design Choices in Privatized Social-Security Systems: Learning from the Swedish Experience," *American Economic Review* 94, no. 2 (2004): 425-28.

Cropper, Maureen L., Sema K Aydede, and Paul R. Portney. "Rates of Time Preference for Saving Lives." *American Economic Review* 82, no. 2 (1992): 469-72.

——. "Preferences for Life Saving Programs: How the Public Discounts Time and Age." *Jonrnal of Risk and Uncertainty* 8 (1994): 243-65.

Crutchfield, Richard S. "Conformity and Character." American. Psychologist 10 (1955): 191-98.

Cubanski, Juliette, and Patricia Neuman, "Status Report on Medicare Part D Enrollment in 2006: Analysis of Plan-Specific Market Share and Coverage." *Health Affairs* 26 (2007): WI-12.

Cuomo, Andrew. Testimony to the U.S. House of Representatives Committee on Education and Labor, April 25, 2007. http://edlabor.house.gov/testimony/042507 AndrewCuomotestimony.pdf.

Daughety, Andrew, and Jennifer Reinganum. "Stampede to Judgment." *American Law and Economics Review* 1 (1999): 158-89.

De Bondt, "Werner F. M., and Richard H. Thaler. "Do Security Analysts Overreact?" *American Economic Review* 80, no. 2 (1990): 52-57.

Department of Health and Human Services. "Medicare Drug Plans Strong and Growing." Press release, Washington D.C., June 30, 2007.

De Rothschild, David. The *Global Warming Survival Handbook.* Emmaus, Pa.: Ro-dale, 2007.

Diamond, Peter A, and Jerry A. Hausman. "Contingent Valuation: Is Some Number Better Than No Number?" *Journal of Economic Perspcctives* 8, no. 4 (1994): 45-64.

Drabek, Thomas E. "Social Processes in Disaster: Family Evacuation." *Social Problems* 16 (1969): 336-49.

Draut, Tamara, and Javier Silva. "Borrowing to Make Ends Meet: The Rise of Credit Card Debt in the '90s." Demos Web site, 2003. http://www.demos.org/pubs/borrowing_to _make_ends_meet.pdf.

Duflo, Esther, William Gale, Jeffrey Liebman, Peter Orszag, and Emmanuel Saez. "Saving Incentives for Low-and Middle-Income Families: Evidence from a Field Experiment with H&R Block," NBER Working Paper no. 11680, 2005. http://www .nber.org/papers/w11680.pdf

Duflo, Esther, and Emmanuel Saez. "The Role of Information and Social Interactions in Retirement

quences of Optimistic Time Predictions." In Gilovich, Griffin, and Kahneman (2002), 250-70.
Burke, Edmund. *Reflections on the Revolution in France*. Ed. L. G. Mitchell. Oxford: Oxford University Press, 1993.
Burnum, John F. "Medical Practice à la Mode: How Medical Fashions Determine Medical Care." *New England Journal of Medicine* 317 (1987): 1220-22.
Byrne, Michael D., and Susan Bovair. "A Working Memory Model of a Common Procedural Error." *Cognitive Science* 21 (1997): 31-61.
Calabresi, Guido, and A. Douglas Melamed. "Property Rules, Liability Rules, and Inalienability: One View of the Cathedral." *Harvard Law Review* 85 (1972): 1089-1128.
Calle, Eugenia E., Michael J. Thun, Jennifer M. Petrelli, Carmen Rodriguez, and Clark W. Heath. "Body-Mass Index and Mortality in a Prospective Cohort of U.S. Adults." *New England Journal of Medicine* 341 (1999): 1097-1105.
Camerer, Colin F. "Prospect Theory in the Wild: Evidence from the Field." In Kahneman and Tversky (2000), 288-300.
———. *Behavioral Game Theory: Experiments in Strategic Interaction*. Princeton: Princeton University Press, 2003.
———. "Neuroeconomics: Using Neuroscience to Make Economic Predictions." *Economic Journal* 117 (2007): C26-42.
Camerer, Colin F., and Robin M. Hogarth. "The Effects of Financial Incentives in Experiments: A Review and Capital-Labor-Production Framework." *Journal of Risk and Uncertainty* 19 (1999): 7-42.
Camerer, Colin F., Samuel Issacharoff, George Loewenstein, Ted O'Donoghue, and Matthew Rabin. "Regulation for Conservatives: Behavioral Economics and the Case for 'Asymmetric Paternalism.'" *University of Pennsylvania Law Review* 151 (2003): 1211-54.
Caplin, Andrew. "Fear as a Policy Instrument." In *Time and Decision: Economic and Psychological Perspectives on Intertemporal Choice*, ed. George Loewenstein, Daniel Read, and Roy Baumeister, 441-58. New York: Russell Sage, 2003.
Carroll, Gabriel D., James J. Choi, David Laibson, Brigitte Madrian, and Andrew Metrick. "Optimal Defaults and Active Decisions." NBER Working Paper no. 11074, 2005. http://www.nber.org/ papers/w11074.pdf.
Chaiken, S., and Y. Trope. Dual Process Theories in Social Psychology. New York: Guilford, 1999.
Chambers, David L. "What If? The Legal Consequences of Marriage and the Legal Needs of Lesbian and Gay Male Couples." *Michigan Law Review* 95 (1996): 447-91.
Childress, James F., and Catharyn T. Liverman, eds. *Organ Donation: Opportunities for Action*. Washington, D.C.: National Academies Press, 2006.
Choi, James J., David Laibson, and Brigitte Madrian. "$100 Bills on the Sidewalk: Violation of No-Arbitrage in 401(k) Accounts." Working paper, University of Pennsylvania, 2004.
Choi, James J., David Laibson, Brigitte Madrian, and Andrew Metrick. "Defined Contribution Pensions: Plan Rules, Participant Decisions, and the Path of Least Resistance." In *Tax Policy and the Economy*" vol. 16, ed. James Poterba, 67-113. Cambridge: MIT Press, 2002.
———. "For Better or For Worse: Default Effects and 401(k) Savings Behavior." In *Perspectives in the Economics of Aging*, ed. David Wise, 81-121. Chicago: University of Chicago Press, 2004.
———. "Saving for Retirement on the Path of Least Resistance." In *Behavioral Public Finance*, ed. Edward McCaffery and Joel Slemrod. New York: Russell Sage, 2006.
Christakis, Nicholas A., and James H. Fowler. "The Spread of Obesity in a Large Social Network over 32 Years." *New England Journal of Medicine* 357 (2007): 370-79.
Cialdini, Robert. *Influence: The Psychology of Persuasion*. New York: Quill, 1993.
———. *Influence: Science and Practice*. 4th ed. Needham Heights, Mass.: Allyn and Bacon, 2000.
———. "Crafting Normative Messages to Protect the Environment." *Current Directions in Psychologi-*

Organ Donations." *Journal of Economic Perspectives* 21, no. 3 (2007): 3-24.
Beland, Daniel. Social Security: *History and Politics from the New Deal to the Privatization Debate*. Lawrence: University Press of Kansas, 2005.
Benartzi, Shlomo. "Excessive Extrapolation and the Allocation of 401(k) Accounts to Company Stock." *Journal of Finance* 56 (2001): 1747-64.
Benartzi, Shlomo, and Richard H. Thaler. "Risk Aversion or Myopia? Choices in Repeated Gambles and Retirement Investments." *Management Science* 45 (1999): 364-81.
——. "Naive Diversification Strategies in Defined Contribution Savings Plans." *American Economic Review* 91, no. 1 (2001): 79-98.
——. "How Much Is Investor Autonomy Worth?" *Journal of Finanice* 57 (2002): 1593-1616.
——. "Heuristics and Biases in Retirement Savings Behavior." *Journal of Economic Perspectives* 21, no. 3 (2007): 81-104.
Benartzi, Shlomo, Richard H. Thaler, Stephen P. Utkus, and Cass R Sunstein. "The Law and Economics of Company Stock in 401(k) Plans." *Journal of Law and Economics* 50 (2007): 45-79.
Benjamin, Daniel, and Jesse Shapiro. "Thin-Slice Forecasts of Gubernatorial Elections." Working paper, University of Chicago, 2007.
Bentham, Jeremy. *An Introduction to the Principles of Morals and Legislation*. Oxford: Blackwell,1789.
Berger, Jonah, Marc Meredith, and S. Christian Wheeler. "Can Where People Vote Influence How They Vote? The Influence of Polling Location on Voting Behavior." Stanford University Graduate School of Business Working Paper no. 1926, 2006. https://gsbapps.stanford.edu/researchpapcrs/library/RP1926.pdf.
Berns, Gregory S., Jonathan Chappelow, Caroline F. Zink, Giuseppe Pagnoni, Megan E. Martin-Skurski, and Jim Richards. "Neurobiological Correlates of Social Conformity and Independence During Mental Rotation." *Biological Psychiatry* 58 (2005): 245-53.
Bettinger, Eric, Bridget Long, and Phil Oreopoulos. "Momentum, Savings, and College." Research in progress (a).
——. "Simplifying the FAFSA: The Effects on College Enrollment." Research in progress (b).
Bikhchandani, Sushil, David Hirshleifer, and Ivo Welch. "Learning from the Behavior of Others." *Journal of Economic Perspectives* 12, no. 3 (1998): 151-70.
Boaz, David. *Libertarianism: A Primer*: New York: Free Press, 1997.
Bond, Rod, and Peter Smith. "Culture and Conformity: A Meta-Analysis of Studies Using Asch's Line Judgment Task." *Psychological Bulletin* 119 (1996): 111-37.
Boston Research Group. "Enron Has Little Effect on 401(k) Participants' View of Company Stock." 2002.
Breman, Anna. "Give More Tomorrow: A Field Experiment on Intcrtemporal Choice in Charitable Giving." Working paper, Stockholm University, November 7, 2006. http://www.hhs.se/NR/rdonlyres/A605 5DoE-49AE-4BBF-A9FC-ECC965E9 DF84/o/GMT_jobmarket.pdf.
Brickman, Philip, Dan Coates, and Ronnie J. Janoff-Bulman. "Lottery Winners and Accident Victims: Is Happiness Relative?" *Journal of Personality and Social Psychology* 36 (1978): 917-27.
Brodie, Mollyann, Erin Weltzien, Drew Altman, Robert J. Blendon, and John M. Benson. "Experiences of Hurricane Katrina Evacuees in Houston Shelters: Implications for Future Planning." *American Journal of Public Health* 96 (2006): 1402-8.
Brown, Hazel N., Rebecca B. Saunders, and Margaret J. Dick. "Preventing Secondary Pregnancy in Adolescents: A Model Program." *Health Care for Women International* 20 (1999): 5-15.
Brown, Lester R., Christopher Flavin, and Sandra Postrel. *Saving the Planet: How to Shape an Environmentally Sustainable Global Ecouomy*. New York: Norton, 1991.
Buehler, Roger, Dale Griffin, and Michael Ross. "Inside the Planning Fallacy: The Causes and Conse-

參考書目

Abadie, Alberto, and Sebastien Gay. "The Impact of Presumed Consent Legislation on Cadaveric Organ Donation: A Cross Country Study." NBER Working Paper no. W10604, July 2004. http://ssrn.com/abstract=563048.

Abdulkadiroglu, Atila, Parag A. Pathak, and Tayfun Sonmez. "The Boston Public School Match." *American Economic Review* 95, no. 2 (2005): 368-71.

Ackerman, Bruce A., and William T. Hassler. *Clean Coal/Dirty Air: Or How the Clean Air Act Became a Multibillion-Dollar Bail-Out for High-Sulfur Coal Producers and What Should Be Done About It.* New Haven: Yale University Press, 1981.

Akerlof, George A., Janet L. Yellen, and Michael L. Katz. "An Analysis of Out-of-Wedlock Childbearing in the United States." *Quarterly Journal of Economics* 111(1996): 277-317.

Alkahami, Ali Siddig, and Paul Slovic. "A Psychological Study of the Inverse Relationship Between Perceived Risk and Perceived Benefit." *Risk Analysis* 14 (1994): 1085-96.

Allais, Maurice. "Le comportement de l'homme rationnel devant le risque, critique des postulats et axioms de l'écolc Americaine." *Econometrica* 21 (1953): 503-46.

Ameriks, John, and Stephen P. Zeldes. "How Do Household Portfolio Shares Vary with Age?" Working paper, Columbia University, 2001.

Asch, Solomon. "Opinions and Social Pressure." In *Readings About the Social Animal*, ed. Elliott Aronson, 13. New York: W. H. Freeman, 1995.

Ayres, Ian, and Robert Gertner. "Filling Gaps in Incomplete Contracts: An Economic Theory of Default Rules." *Yale Law Journal* 99 (1989): 87-130.

Ayres, Ian, and Barry Nalebuff. "Skin in the Game." *Forbes*, November 13, 2006. Babcock, Linda, and George Loewenstein. "Explaining Bargaining Impasse: The Role of Self-Serving Biases." *Journal of Economic Perspectives* 11, no. 1 (1997): 109-26.

Badger, Gary J., Warren K. Bickel, Louis A. Giordano, Eric A. Jacobs, George Loewenstein, and Lisa Marsch. 2004. "Altered States: The Impact of Immediate Craving on the Valuation of Current and Future Opioids." *Journal of Health Economics* 26 (2007): 865-76.

Baker, Lynn A., and Robert E. Emery. "When Every Relationship Is Above Average: Perceptions and Expectations of Divorce at the Time of Marriage." *Law and Human Behavior* 17 (1993): 439-50.

Baker, Tom. *The Medical Malpractice Myth*. Chicago: University of Chicago Press, 2005.

Bargh, John. "The Automaticity of Everyday Life." In *Advances in Social Cognition*, vol, 10, *The Automaticity of Everyday Life*, ed. Robert Wyer, Jr., 1-61. Mahwah, N.J.: Lawrence Erlbaum 1997.

Baron, Robert, Joseph A. Vandello, and Bethany Brunsman. "The Forgotten Variable in Conformity Research: Impact of Task Importance on Social Influence." *Journal of Personality and Social Psychology* 71 (1996): 915-27.

Bateman, Ian J., and Kenneth G. Willis, eds. *Valuing Human Preferences*. Oxford: Oxford University Press, 1999.

Baumeister, Roy F., Ellen Brarslavsky, Catrin Finkenauer, and Kathleen Vohs. "Bad Is Stronger Than Good." *Review of General Psychology* 5 (2001): 323-70.

Beattie, Jane, Jonathan Baron, John C. Hershey, and Mark D. Spranca. "Psychological Determinants of Decision Attitude."*Journal of Behavioral Decision Making* 7 (1994): 129-44.

Becker, Gary S. "A Theory of Competition Among Pressure Groups for Political Influence." *Quarterly Journal of Economics* 98 (1983): 371-400.

———. *Accounting for Tastes*. Cambridge: Harvard University Press, 1996.

Becker, Gary S., and Julio Jorge Elias. "Introducing Incentives in the Market for Live and Cadaveric

NEXT 167

推力——決定你的健康、財富與快樂

Nudge: Improving Decisions About Health, Wealth, and Happiness

作者—理查・塞勒（Richard H. Thaler）、凱斯・桑思坦（Cass R. Sunstein）
譯者—張美惠
主編—莊瑞琳
編輯—吳崢鴻
美術編輯—黃暐鵬
執行企畫—曾秉常
董事長
發行人—孫思照
總經理—莫昭平
總編輯—林馨琴
出版者—時報文化出版企業股份有限公司
台北市10803和平西路三段二四〇號四樓
發行專線—（〇二）二三〇六—六八四二
讀者服務專線—〇八〇〇—二三一—七〇五・（〇二）二三〇四—七一〇三
讀者服務傳真—（〇二）二三〇四—六八五八
郵撥—一九三四四七二四　時報文化出版公司
信箱—台北郵政七九～九九信箱
時報悅讀網—http://www.readingtimes.com.tw
電子郵件信箱—history@readingtimes.com.tw
法律顧問—理律法律事務所　陳長文、李念祖律師
印刷—凌晨印刷有限公司
初版一刷—二〇〇九年八月二十四日
初版二刷—二〇〇九年九月二十三日
定價—三六〇元
⊙行政院新聞局局版北市業字第八〇號

ISBN: 978-957-13-5083-7
Printed in Taiwan

國家圖書館出版品預行編目資料

推力：決定你的健康、財富與快樂 / 理查・塞勒（Richard H. Thaler），凱斯・桑思坦（Cass R. Sunstein）著；張美惠譯. -- 初版. -- 臺北市：時報文化, 2009.08
面；　公分. --（Next；167）
譯自：Nudge : improving decisions about health, wealth, and happiness

ISBN 978-957-13-5083-7（平裝）

1. 經濟學　2. 商業心理學　3. 消費者行為

550.14　　98013816